普通高等教育经管类专业系列教材

U0659348

纳税申报实训教程

（微课版）

崔 婕 主编

清华大学出版社

北 京

内 容 简 介

本书是一本以企业纳税申报全流程为核心的实务指导用书，紧密围绕我国现行税收政策法规，通过理论与实践深度融合的方式，助力读者系统掌握纳税申报的核心技能。全书以企业办税岗位能力需求为导向，采用 6 个任务模块化设计，构建了"基础认知—分税种精讲—综合实训"的渐进式学习体系，是财税从业人员、财经类专业学生提升纳税实务能力的实用工具书。

通过本书的系统学习，读者不仅能掌握各税种申报表填写技巧，还能构建"政策解读—税款计算—系统操作—风险防控"的完整办税能力体系，快速适应数字经济时代下智能财税工作的新要求。

本书配套的电子课件和实战演练答案可以到 http://www.tupwk.com.cn/downpage 网站下载，也可以扫描前言中的"配套资源"二维码获取。扫描前言中的"教学视频"二维码可以直接观看教学视频。

图书在版编目(CIP)数据

纳税申报实训教程：微课版 / 崔婕主编. -- 北京：
清华大学出版社, 2025. 7. -- (普通高等教育经管类专
业系列教材). -- ISBN 978-7-302-69656-8

Ⅰ. F812.424

中国国家版本馆CIP数据核字第2025EM5541号

责任编辑：胡辰浩
封面设计：周晓亮
版式设计：妙思品位
责任校对：成凤进
责任印制：宋 林

出版发行：清华大学出版社
　　　　　网　　　址：https://www.tup.com.cn, https://www.wqxuetang.com
　　　　　地　　　址：北京清华大学学研大厦A座　　　　　邮　　编：100084
　　　　　社 总 机：010-83470000　　　　　邮　　购：010-62786544
　　　　　投稿与读者服务：010-62776969, c-service@tup.tsinghua.edu.cn
　　　　　质 量 反 馈：010-62772015, zhiliang@tup.tsinghua.edu.cn
印 装 者：三河市铭诚印务有限公司
经　　销：全国新华书店
开　　本：185mm×260mm　　　印　　张：16.25　　　字　　数：396千字
版　　次：2025年8月第1版　　　印　　次：2025年8月第1次印刷
定　　价：69.80元

产品编号：110801-01

随着我国财税数字化转型的深入推进，企业对税务岗位人才的实践能力要求日益提高。为响应国家"深化产教融合、校企合作"的号召，本书由高校财税专业教师与浙江衡信教育科技有限公司联合开发，是一本以真实企业纳税场景为基础，依托衡信教育自主研发的"智慧税务云平台"，打造理论与实践深度融合的创新型实训教材。本书立足最新税收政策，以"理论为基、实训为本"的理念，结合真实业务场景编写而成。本书以纳税申报全流程为主线，采用"认知—分析—操作"的渐进式结构设计。

任务一，初识纳税工作。该部分从宏观视角解析我国税收体系与征管机制，帮助读者建立对纳税申报的系统认知。

任务二至任务五，聚焦增值税、消费税、企业所得税、个人所得税四大主体税种的纳税申报实训操作。每章均设置政策解析、计税逻辑、申报表填写、系统模拟操作，通过仿真实训案例，引导读者完成从税款计算到申报完成的完整闭环。

任务六，其他常见税种纳税申报实训操作。该部分对房产税、印花税等高频税种做了充分的理论分析，并附以详细的纳税申报实务操作要点。

区别于传统教材的编写模式，本书突出两大特色：其一，紧扣最新税收政策修订要点，确保案例设计与现行法规精准对接；其二，融入电子税务局、自然人税收管理系统等数字化申报平台的界面截图与分步指引，实现"手把手"教学。

本书既可作为高等院校财税类专业核心课程的配套教材，也可作为企业财务人员岗位培训的参考资料，尤其适合创业者、新办企业办税人员作为日常工作的案头工具书。建议读者在学习过程中同步登录电子税务局实训平台进行操作演练，通过"学—练—思"的循环强化，真正将知识转化为职业能力。

本书内容是多人智慧的集成，编写工作得到了浙江衡信教育科技有限公司的大力支持。经理蔡延凯、业务专家上官文芳、袁青青，企业导师刘凤娟、王玉珍提供了帮助、业务指导、技术支撑。本书由崔婕主编，具体编写分工为：王玉飞编写任务一、任务二；梁村编写任务三、任务四、任务六；崔婕编写任务五。除以上作者外，参与编写的还有吴秀明、周珂等人，在此一并表示感谢。

纳税申报是一项需要持续精进的技能，税收政策的动态调整与征管技术的迭代升级，要求从业者始终保持学习状态。愿这本凝聚实务经验的实训教程，助力读者在纳税申报的实践中行稳致远，成为读者财税职业生涯的得力助手。

由于时间较紧，书中难免有不足之处，恳请专家和广大读者批评指正。本书的编写过程参考了相关文献，在此向这些文献的作者深表感谢。我们的电话是010-62796045，邮箱是992116@qq.com。

本书配套的电子课件和实战演练答案可以到http://www.tupwk.com.cn/downpage网站下载，也可以扫描下方的"配套资源"二维码获取。扫描下方的"教学视频"二维码可以直接观看教学视频。

配套资源

教学视频

作　者

2025年6月

目 录

任务一

纳税准备工作

学习目标

1. 理解税法相关基础理论，以及税务登记、纳税人资格认定、发票管理等相关政策规定。

2. 通过本任务的学习，学生可以从整体上对纳税工作有初步认识，掌握税务登记、纳税人资格认定、发票领用等技能，为税务申报工作打下坚实基础。

1.1 税法的认知

1.1.1 税法要素

1. 纳税义务人

纳税义务人又称"纳税主体"，是税法规定的直接负有纳税义务的单位和个人。纳税义务人有两种基本形式：自然人和法人。自然人可划分为居民纳税人和非居民纳税人。法人可划分为居民企业和非居民企业，还可按单位、企业的不同性质进行分类，如机关法人、事业法人、企业法人、社团法人等。

2. 征税对象

征税对象又称课税对象、征税客体，即税法规定对什么征税，是征纳税双方权利义务共同指向的客体或标的物，是区别一种税与另一种税的重要标志。

3. 计税依据

计税依据又称税基，是税法中用于计算征税对象应纳税款的直接数量依据，它解决了对征税对象课税的计算问题，是对课税对象的量的规定。计税依据具体分为三种：一是从价计征，以计税金额为计税依据；二是从量计征，以征税对象的实物单位量(如重量、体积)为计税依据；三是复合计税，即同时以征税对象的计税金额和实物单位量为计税依据。

4. 税目

税目是在税法中对征税对象分类规定的具体征税项目。税目反映征税的具体范围，是对课税对象质的界定。税目体现征税的广度。

5. 税率

税率是指对征税对象的征收比例或征收额度。税率是计算税额的尺度，也是衡量税负轻重与否的重要标志。税率体现征税的深度。税率的类别和形式如表1-1所示。

表1-1 税率的类别和形式

税率		具体形式	应用的税种
比例税率		单一比例税率 差别比例税率 幅度比例税率	增值税、城市维护建设税、企业所得税等
定额税率		按征税对象确定的计量单位直接规定固定的税额	城镇土地使用税、车船税等
累进税率	全额累进税率	把计税基数的全部都按照相适应的最高税率计算应纳税额	我国目前没有采用
	超额累进税率	把征税对象按数额大小分成若干等级，每一等级规定一个税率，税率依次提高，将征税对象依所属等级同时适用几个税率分别计算，再将计算结果相加后得出应纳税款	个人所得税中的工资、薪金所得，个体工商户的生产经营所得，以及劳动报酬所得中的加成征收
	全率累进税率	按征税对象相对比例划分征税级距，就征税对象全部数额按与之相适应的级距税率计征的累进税率	我国目前没有采用
	超率累进税率	将征税对象数额的相对率划分若干级距，分别规定相应的差别税率，相对率每超过一个级距的，对超过的部分按高一级的税率计算征税	土地增值税

6. 纳税环节

纳税环节是指在从生产到消费的流转过程中纳税义务人基于相应的征税对象应当缴纳税款的环节。纳税义务人要掌握生产、批发、零售、进出口、收入取得、费用支出等各个环节上的税种分布。

7. 纳税期限

纳税期限是指纳税人按照税法规定缴纳税款的期限。它是税收强制性、固定性在时间上的体现。超过期限未交的，即属于欠税，应依法加收滞纳金。国家开征的每一种税都有纳税期限的规定，不同性质的税种及不同情况的纳税人，其纳税期限也不相同。

纳税期限一般有两种形式：一是按期纳税，将纳税人发生纳税义务的一定期间作为纳税期限；二是按次纳税，将纳税人从事生产、经营活动的次数作为纳税计算期。纳税申报期限是指税收法律、法规规定或者税务机关依照税收法律、法规的规定确定的纳税人、扣缴义务人向税务机关办理申报和纳税的期限。

各税种的纳税期限及纳税申报期限，如表1-2所示。

表 1-2　各税种的纳税期限及纳税申报期限

税种	纳税期限	纳税申报期限
增值税	1个月/1季度	期满后15日内
	1日、3日、5日、10日、15日	期满后5日内预缴，次月1日起15日内申报纳税并结清上月应纳税款
消费税	1个月/1季度	期满后15日内
	1日、3日、5日、10日、15日	期满后5日内预缴，次月1日起15日内申报纳税并结清上月应纳税款
城建税、教育费附加	1个月/1季度	期满后15日内
	1日、3日、5日、10日、15日	期满后5日内预缴，次月1日起15日内申报纳税并结清上月应纳税款
关税	进口货物自运输工具申报进境之日起14日内；出口货物在运抵海关监管区后装货的24小时以内	关税的纳税义务人或其代理人，应在海关填发税款缴纳证之日起15日内向指定银行缴纳；不能按期缴纳税款，经海关总署批准，可延期缴纳，但最长不得超过6个月
资源税	1个月/1季度	期满后15日内
土地增值税	签订房地产转让合同后7日内	
房产税	纳税人将原有房产用于生产经营	从生产经营之月起
	纳税人自行新建房屋用于生产经营	从建成之次月起
	委托施工企业建设的房屋	从办理验收手续之次月起(此前已使用或出租、出借的新建房屋，应从使用或出租、出借的当月起)
	纳税人购置新建商品房	自房屋交付使用之次月起
	购置存量房	自办理房屋权属转移、变更登记手续，房地产权属登记机关签发房屋权属证书之次月起
	纳税人出租、出借房产	自交付出租、出借房产之次月起
	房地产开发企业自用、出租、出借自建商品房	自房屋使用或交付之次月起
城镇土地使用税	购置新建商品房	自房屋交付使用之次月起
	购置存量房	自办理房屋权属转移、变更登记手续，房地产权属登记机关签发房屋权属证书之次月起
	出租、出借房产	自交付出租、出借房产之次月起
	出让或转让方式有偿取得土地使用权的	应由受让方从合同约定交付土地时间之次月起
	纳税人新征用的耕地	自批准征用之日起满1年时
	纳税人新征用的非耕地	自批准征用次月起
耕地占用税	在收到自然资源主管部门的书面通知之日起30日内缴纳	
车辆购置税	购买/进口/取得之日起60日内	

(续表)

税种	纳税期限	纳税申报期限
车船使用税	取得车船所有权或管理权的当月	
	购置发票所载日期的当月	
印花税	1季度/1年	自季度/年度终了之日起15日内
	按次	自纳税义务发生之日起15日内
契税	依法办理土地、房屋权属登记手续前	签订土地、房屋权属转移合同的当天,或者取得其他具有土地、房屋权属转移合同性质的凭证当天
企业所得税	按年计征,分月或分季预缴,年终汇算清缴,多退少补	自月份或者季度终了之日起15日内
		自年度终了之日起5个月内
个人所得税	年所得6万元以上的纳税人	次年3月1日至6月30日内办理纳税申报
	个体工商户和个人独资、合伙企业投资者取得的生产经营所得应纳的税款	分月预缴的,纳税人在每月终了后15日内办理纳税申报分季预缴的,纳税人在每个季度终了后15日内办理纳税申报;在取得所得的次年3月31日前,向经营所在地主管税务机关办理汇算清缴
	代扣代缴	次月15日内

8. 纳税地点

纳税地点是根据各个税种纳税对象的纳税环节和有利于对税款的税源控制而规定的纳税人(包括代征、代扣、代缴义务人)的具体纳税地点。

9. 减税免税

减税免税是指对某些纳税人和征税对象采取减少征税或免予征税的特殊规定。

10. 罚则

罚则是指对违反税法的行为采取的处罚措施。

11. 附则

附则一般会规定与该法紧密相关的内容,例如,税法的解释权、生效时间等。

1.1.2 税收的分类

根据不同的划分标准,我国税收分类情况如表1-3所示。

表1-3 我国税收分类情况表

分类方式	类别	具体种类
按征税对象	货物和劳务税(流转税类)	增值税、消费税、关税
	所得税类	企业所得税、个人所得税
	财产税类	房产税、车船税、契税
	资源税类	资源税、土地增值税、城镇土地使用税、耕地占用税
	行为税类	环境保护税、印花税、车辆购置税、城市维护建设税、烟叶税、船舶吨税

(续表)

分类方式	类别	具体种类
按征收管理的分工体系	工商税类	增值税、消费税、资源税、企业所得税、个人所得税、城市维护建设税、 房产税、车船税、土地增值税、城镇土地使用税、印花税、车辆购置税等
	关税类	进出口关税(由海关代征的进口环节增值税、消费税和船舶吨税)
按税收征收权限和收入支配权限	中央税	海关负责征收的税种，消费税，铁道部门、各银行总行、各保险总公司集中交纳的城市维护建设税属于中央政府收入
	地方税	城镇土地使用税、房产税、车船税、契税、土地增值税等
	中央地方共享税	增值税、企业所得税、个人所得税、印花税等
按计税标准	从价税	增值税、企业所得税、个人所得税
	从量税	资源税、车船税、城镇土地使用税、消费税中的啤酒和黄酒
	复合税	消费税(卷烟、白酒)

1.2　税务登记

　　税务登记是税务机关对纳税人的生产、经营活动进行登记并据此对纳税人实施税务管理的一种法定制度。税务登记又称纳税登记，它是税务机关对纳税人实施税收管理的首要环节和基础工作，是征纳双方法律关系成立的依据和证明，也是纳税人必须依法履行的义务。

　　根据《中华人民共和国税收征收管理办法》和国家税务总局印发的《税务登记管理办法》，我国税务登记包括以下内容。

1.2.1　设立税务登记

1. 设立税务登记的相关规定

(1) 纳税人在申报办理税务登记时，应当根据不同情况向税务机关如实提供以下证件。

① 工商营业执照或其他核准执业证件。

② 有关合同、章程、协议书。

③ 组织机构统一代码证书。

④ 法定代表人或负责人或业主的居民身份证、护照或者其他合法证件。其他需要提供的有关证件、资料，由省、自治区、直辖市税务机关确定。

(2) 纳税人在申报办理税务登记时，应当如实填写《税务登记表》。《税务登记表》的主要内容包括如下方面。

① 单位名称、法定代表人或者业主姓名及其居民身份证、护照或者其他合法证件的号码。

② 住所、经营地点。

③ 登记类型。

④ 核算方式。

⑤ 生产经营方式。

⑥ 生产经营范围。

⑦ 注册资金(资本)、投资总额。

⑧ 生产经营期限。

⑨ 财务负责人、联系电话。

⑩ 国家税务总局确定的其他有关事项。

(3) 纳税人提交的证件和资料齐全且《税务登记表》的填写内容符合规定的，税务机关应当日办理并发放税务登记证件。纳税人提交的证件和资料不齐全或《税务登记表》的填写内容不符合规定的，税务机关应当场通知其补正或重新填报。

(4) 税务登记证件的主要内容包括：纳税人名称、税务登记代码、法定代表人或负责人、生产经营地址、登记类型、核算方式、生产经营范围(主营、兼营)、发证日期、证件有效期等。

(5) 已办理税务登记的扣缴义务人应当自扣缴义务发生之日起30日内，向税务登记地税务机关申报办理扣缴税款登记。税务机关在其税务登记证件上登记扣缴税款事项，税务机关不再发放扣缴税款登记证件。

根据税收法律、行政法规的规定可不办理税务登记的扣缴义务人，应当自扣缴义务发生之日起30日内，向机构所在地税务机关申报办理扣缴税款登记。税务机关发放扣缴税款登记证件。

2. 设立税务登记程序

(1) 税务登记的申请。办理税务登记是为了建立正常的征纳秩序，是纳税人履行纳税义务的第一步。为此，纳税人必须严格按照规定的期限，向当地主管税务机关及时申报办理税务登记手续，实事求是地填报登记项目。

(2) 办理纳税人税务登记。提供的资料包括：工商营业执照或其他核准执业证件；有关合同、章程、协议书；组织机构统一代码证书；法定代表人或负责人或业主居民身份证、护照或者其他合法证件。其他需要提供的有关证件、资料由省、自治区、直辖市税务机关确定。

(3) 税务登记证的核发。纳税人提交的证件和资料齐全且《税务登记表》的填写内容符合规定的，税务机关应当日办理并发放税务登记证件。纳税人提交的证件和资料不齐全或《税务登记表》的填写内容不符合规定的，税务机关应当场通知其补正或重新填报。

税务登记证件的主要内容包括：纳税人名称、税务登记代码、法定代表人或负责人、生产经营地址、登记类型、核算方式、生产经营范围(主营、兼营)、发证日期、证件有效期等。

根据2014年国家税务总局《关于推进工商营业执照、组织机构代码证和税务登记证"三证合一"改革的若干意见》，税务登记证和工商营业执照、组织机构代码证实行"三证合一"，由"三证联办"和"一证三码"逐渐发展为"一证一码"。"三证联办"是指工商、质监、税务部门实现工商营业执照、组织机构代码证和税务登记证"三证"联办同发。"一证三码"是工商、质监、税务部门的工商营业执照、组织机构代码证和税务登记证共同赋码，向市场主体发放包含"三证"功能三个代码的证照，简称"一证三码"。

根据2015年国家税务总局《关于落实"三证合一"登记制度改革的通知》，自2015年10月1日起，新设立企业、农民专业合作社领取由工商行政管理部门核发加载法人其他组织社会统一社会信用代码的营业执照后，无须再次进行税务登记，不再领取税务登记证。企业办理涉税事宜时，在完成补充信息采集后，凭加载统一代码的营业执照可代替税务登记证使用。工商登记"一个窗口"统一受理申请后，申请材料和登记信息在部门间共享，各部门数据互换、档案互认。

根据国家税务总局2016年《关于明确社会组织等纳税人使用统一社会信用代码及办理税务登记有关问题的通知》，对于2016年1月1日以后在机构编制、民政部门登记设立并取得统一社会信用代码的纳税人，以18位统一社会信用代码为其纳税人识别号，按照现行规定办理税务登记，发放税务登记证件。

2016年7月5日，国务院办公厅印发《关于加快推进"五证合一、一照一码"登记制度改革的通知》。从2016年10月1日起，"五证合一、一照一码"登记制度改革在全国范围内全面落地实施。五证是在原三证的基础上增加了统计证号及社保登记证号。

需要注意的是，2016年10月1日到2017年12月31日为过渡期，"三证合一"继续有效，这期间需要到工商行政管理部门申请换发"五证合一"的营业执照。2018年1月1日后过渡期结束，一律使用"五证合一"，未换发的证照不再有效。

按照"多证合一"等商事制度改革要求，领取加载统一社会信用代码证件的企业、农民专业合作社、个体工商户及其他组织无须单独到税务机关办理换发事项，其领取的证件作为税务登记证件使用。

3. 设立税务登记操作流程

(1) 在电子税务局页面，单击右上角的"登录"按钮，如图1-1所示。

图1-1　登录页面

(2) 选择"自然人业务"，单击"用户注册"，勾选"我已阅读并同意"，单击"下一步"按钮，录入法人身份信息，如图1-2至图1-4所示。

图1-2　用户注册页面(1)

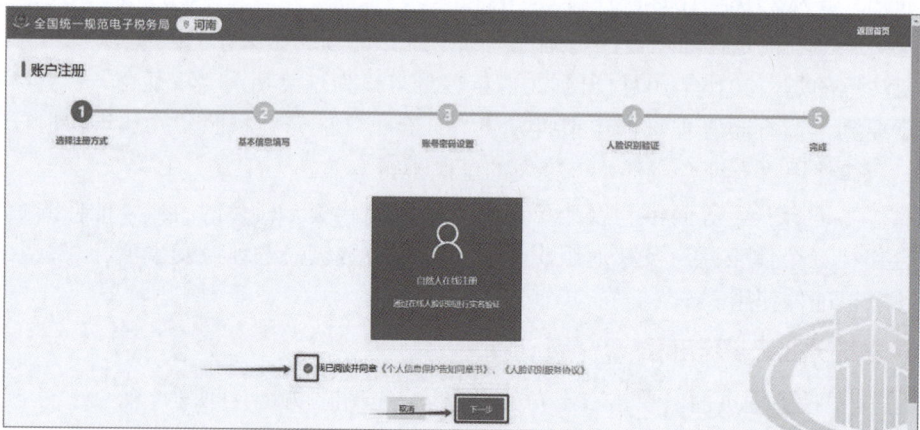

图1-3　用户注册页面(2)

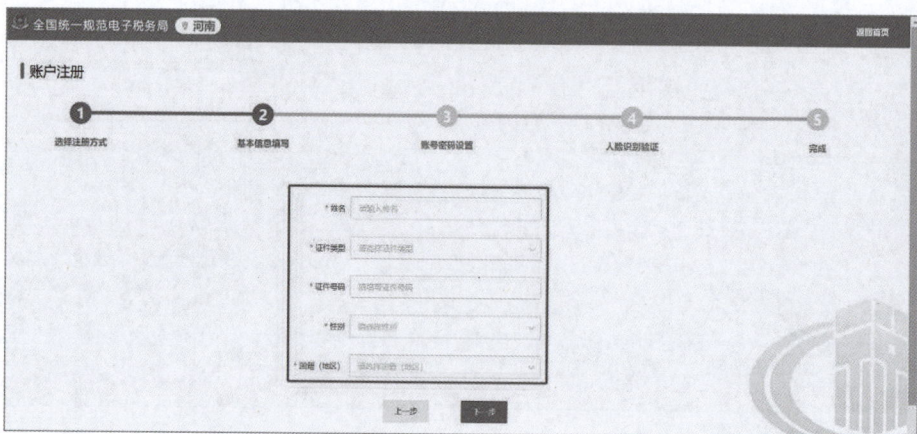

图1-4　用户注册页面(3)

(3) 实名注册完成后，选择"自然人业务"，输入账户信息，单击"登录"按钮进行登录；在"热门服务"下选择"新办纳税人开业"，如图1-5、图1-6所示。

图 1-5　用户登录页面

图 1-6　新办纳税人开业

(4) 系统自动带出法人名下新注册/未进行税务登记企业信息，单击系统带出来的统一社会信用代码，如图1-7所示。

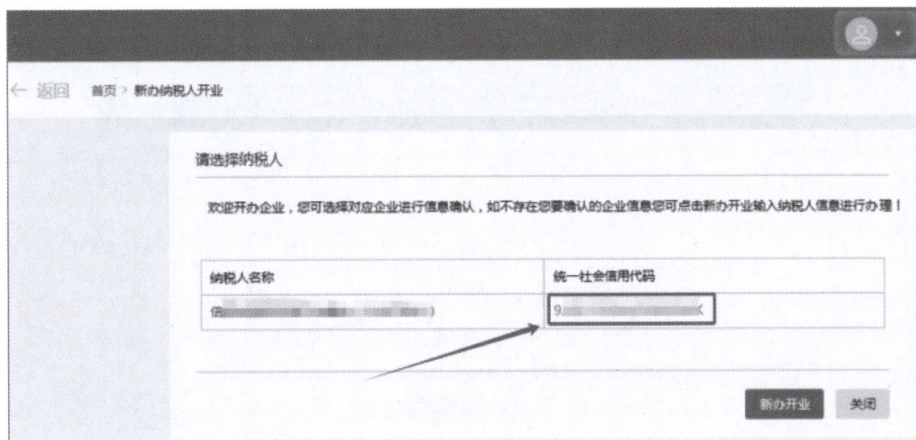

图 1-7　选择纳税人

(5) 进行信息确认，带红色星号*的为必填项，需要补充完整，最后单击"确定"按钮即可，如图1-8、图1-9所示。

图 1-8　信息确认 (1)

图 1-9　信息确认 (2)

(6) 最后，提交后等待税务机关进行审核，如图1-10所示。

图 1-10　提交审核

1.2.2 变更税务登记

变更税务登记是指纳税人办理设立税务登记后，因税务登记内容发生变化，向税务机关申请将税务登记内容重新调整为与实际情况一致的一种税务登记管理制度。变更的内容主要包括：变更注册资本、改变法人代表、改变登记注册类型、改变注册地址或者经营地址(涉及主管税务机关变动的办理注销登记)、改变银行账号、变更核算方式或者投资方、变更分支机构、变更经营范围等。

(1) 纳税人已在工商行政管理机关办理变更登记的，应当自工商行政管理机关变更登记之日起30日内，向原税务登记机关如实提供下列证件、资料，申报办理变更税务登记。

① 工商登记变更表。

② 纳税人变更登记内容的有关证明文件。

③ 税务机关发放的原税务登记证件(登记证正、副本和《税务登记表》等)。

④ 其他有关资料。

(2) 纳税人按照规定不需要在工商行政管理机关办理变更登记，或者其变更登记的内容与工商登记内容无关的，应当自税务登记内容实际发生变化之日起30日内，或者自有关机关批准或者宣布变更之日起30日内，持下列证件到原税务登记机关申报办理变更税务登记。

① 纳税人变更登记内容的有关证明文件。

② 税务机关发放的原税务登记证件(登记证正、副本和《税务登记表》等)。

③ 其他有关资料。

(3) 纳税人提交的有关变更登记的证件、资料齐全的，应如实填写《税务登记变更表》，符合规定的，税务机关应当日办理；不符合规定的，税务机关应通知其补正。

(4) 税务机关应当于受理当日办理变更税务登记。纳税人《税务登记表》和《税务登记证》中的内容都发生变更的，税务机关按变更后的内容重新发放税务登记证件；纳税人《税务登记表》的内容发生变更而《税务登记证》中的内容未发生变更的，税务机关不重新发放税务登记证件。

(5) 变更税务登记操作流程。

纳税人发生市场监管部门登记信息(包括登记注册类型、纳税人名称、注册地信息、经营范围、法定代表人信息等)变更时，向市场监督管理部门申报办理变更登记，市场监督管理部门完成信息变更后将变更信息共享至外部信息交换平台，税务机关接收市场监管部门变更信息后更新税务系统内纳税人对应信息；涉税市场主体非市场监管部门登记信息(如生产经营地、财务负责人等)发生变化时，可向主管税务机关申请变更。具体操作流程如下。

① 登录电子税务局后，单击"我要办税"|"综合信息报告"|"身份信息报告"|"涉税市场主体身份信息变更"功能菜单。

② 当市场监管部门的登记信息发生变更时，应进行如下操作。

A. 进入"涉税市场主体身份信息变更"功能界面，系统自动带出市场监管部门变更的登记信息，并在身份信息确认界面上方提示："如无其他变更项目，您可直接点击确定，如有其他变更项目您可点击新增添加变更事项！"，单击"确定"按钮，如图1-11和图1-12所示。

图 1-11　我要办税

图 1-12　涉税市场主体身份信息变更

　　B.跳转至保存成功页面并提示，"已为您办理完成涉税市场主体身份信息变更。可点击下载《变更税务登记表》"。单击"返回首页"，即可返回主页。单击"继续变更"，可返回功能界面进行变更操作。单击"变更税务登记表"，可下载变更信息表单，如图1-13所示。

图 1-13　保存页面

③非市场监管部门的登记信息发生变更时，应进行如下操作。

A. 进入"涉税市场主体身份信息变更"，单击"新增"。

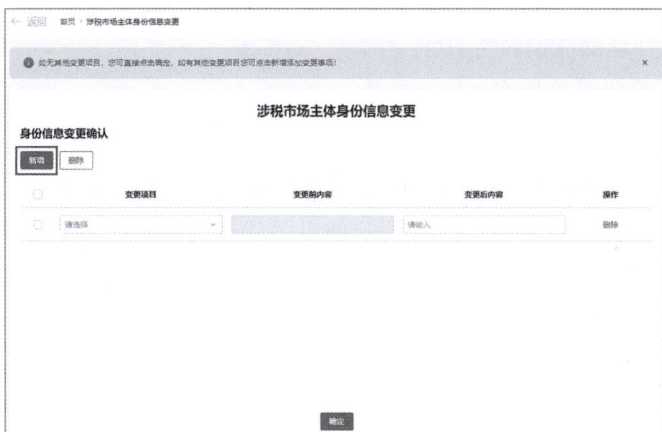

图 1-14　身份信息变更确认

B. 选择变更项目，填写变更后内容，确认无误后勾选变更项目，单击"确定"，如图1-15所示。

图 1-15　确定页面

C. 界面显示"已为您办理完成涉税市场主体身份信息变更。可点击下载《变更税务登记表》"。单击"返回首页"，即可返回主页；单击"继续变更"，可返回功能界面进行变更操作；单击"变更税务登记表"，可下载变更信息表单，如图1-16所示。

图 1-16　保存页面

1.2.3 注销税务登记

注销税务登记是指纳税人税务登记内容发生了根本性变化，依法需终止履行纳税义务时向税务机关申报办理的注销税务登记手续。

1. 注销税务登记的适用范围及时间要求

(1) 纳税人发生解散、破产、撤销及其他情形，依法终止纳税义务的，应当在向工商行政管理机关或者其他机关办理注销登记前，持有关证件和资料向原税务登记机关申报办理注销税务登记；按规定不需要在工商行政管理机关或者其他机关办理注册登记的，应当自有关机关批准或者宣告终止之日起15日内，持有关证件和资料向原税务登记机关申报办理注销税务登记。

(2) 纳税人被工商行政管理机关吊销营业执照或者被其他机关予以撤销登记的，应当自营业执照被吊销或者被撤销登记之日起15日内，向原税务登记机关申报办理注销税务登记。

(3) 纳税人因住所、经营地点变动，涉及变更税务登记机关的，应当在向工商行政管理机关或者其他机关申请办理变更、注销登记前，或者住所、经营地点变动前，持有关证件和资料，向原税务登记机关申报办理注销税务登记，并自注销税务登记之日起30日内向迁达地税务机关申报办理税务登记。

(4) 境外企业在中国境内承包建筑、安装、装配、勘探工程和提供劳务的，应当在项目完工、离开中国境内前15日内，持有关证件和资料，向原税务登记机关申报办理注销税务登记。

2. 注销税务登记需准备的材料

纳税人办理注销税务登记前，应当向税务机关提交相关证明文件和资料，结清应纳税款、多退(免)税款、滞纳金和罚款，缴销发票、税务登记证件和其他税务证件，经税务机关核准后，办理注销税务登记手续。

3. 填写《清税申报表》

根据 2015 年国家税务总局《关于落实"三证合一"登记制度改革的通知》，已实行"三证合一，一照一码"登记模式的企业、农民专业合作社办理注销登记，须先向主管税务机关申报清税，填写《清税申报表》。清税完毕后由受理税务机关根据清税结果向纳税人统一出具《清税证明》。

4. 进一步优化办理企业税务注销程序

对向市场监管部门申请简易注销的纳税人，符合下列情形之一的，可免予到税务机关办理清税证明，直接向市场监管部门申请办理注销登记。

① 未办理过涉税事宜的纳税人，主动到税务机关办理清税的，税务机关可根据纳税人提供的营业执照即时出具清税文书。

② 办理过涉税事宜但未领用发票、无欠税(滞纳金)及罚款的纳税人，主动到税务机关办理清税，资料齐全的，税务机关即时出具清税文书；资料不齐的，可采取"承诺制"容缺办理，在其做出承诺后，即时出具清税文书。

③ 经人民法院裁定宣告破产的纳税人，持人民法院终结破产程序裁定书向税务机关申请税务注销的，税务机关即时出具清税文书，按照有关规定核销"死欠"。

对向市场监管部门申请一般注销的纳税人，税务机关在为其办理税务注销时，进一步落实限时办结规定。对未处于税务检查状态、无欠税(滞纳金)及罚款、已缴销增值税专用发票及税控专用设备，且符合下列情形之一的纳税人，优化即时办结服务，采取"承诺制"容缺办理，即纳税人在办理税务注销时，若资料不齐，可在其做出承诺后，税务机关即时出具清税文书。

① 纳税信用级别为A级和B级的纳税人。

② 控股母公司纳税信用级别为A级的M级纳税人。

③ 省级人民政府引进人才或经省级以上行业协会等机构认定的行业领军人才等创办的企业。

④ 未纳入纳税信用级别评价的定期定额个体工商户。

⑤ 未达到增值税纳税起征点的纳税人。

纳税人应按承诺的时限补齐资料并办结相关事项。若未履行承诺的，税务机关将对其法定代表人、财务负责人纳入纳税信用D级管理。

处于非正常状态的纳税人在办理税务注销前，需先解除非正常状态，补办纳税申报手续。符合以下情形的，税务机关可打印相应税种和相关附加的《批量零申报确认表》，经纳税人确认后，进行批量处理。

① 非正常状态期间增值税、消费税和相关附加需补办的申报均为零申报的。

② 非正常状态期间企业所得税月(季)度预缴需补办的申报均为零申报，且不存在弥补前期亏损情况的。

纳税人办理税务注销前，无须向税务机关提出终止"委托扣款协议书"申请。税务机关办结税务注销后，委托扣款协议自动终止。

对已实行实名办税的纳税人，免予提供以下证件、资料。

① 《税务登记证》正(副)本、《临时税务登记证》正(副)本和《发票领购簿》。

② 市场监督管理部门吊销营业执照决定原件(复印件)。

③ 上级主管部门批复文件或董事会决议原件(复印件)。

④ 项目完工证明、验收证明等相关文件原件(复印件)。

任务二

增值税及附加税费纳税申报实训操作

📖 **学习目标** |

1. 理解增值税的概念及征税范围，了解不同纳税义务人使用的不同增值税计税方法，掌握增值税应纳税额的计算。

2. 理解发票管理相关理论知识，能正确在税务实训平台上录入开票票面数据信息，开具电子发票。掌握税务实训平台上增值税及附加税费的纳税申报流程。

2.1 增值税的认知

2.1.1 增值税概述

1. 增值税的概念

增值税是以商品和劳务在流转过程中产生的增值额作为征税对象而征收的一种流转税。根据我国增值税法的规定，增值税是对在我国境内销售货物或者加工、修理修配劳务，销售服务、无形资产、不动产以及进口货物的单位和个人，将其销售货物、劳务、服务、无形资产、不动产(以下统称应税销售行为)的增值额和货物进口金额作为计税依据而课征的一种流转税。

2. 增值税的征税范围

增值税的征税范围包括在境内发生应税销售行为以及进口货物等。根据《增值税暂行条例》《增值税暂行条例实施细则》《营改增通知》等规定，增值税的征税范围可分一般规定和特殊规定。

1) 征税范围的一般规定

(1) 销售货物即有偿转让货物的所有权。货物是指有形动产，包含电力、热力、气体在内供出售的物品。

(2) 提供加工、修理修配劳务。加工是指受托加工货物，即委托方提供原料及主要材料，受托方按照委托方的要求，制造货物并收取加工费的业务。修理修配是指受托对损伤和丧失功能的货物进行修复，使其恢复原状和功能的业务。

(3) 销售服务是指提供的交通运输服务、邮政服务、电信服务、建筑服务、金融服务、现代服务、生活服务。

(4) 销售无形资产是指转让无形资产所有权或者使用权的业务活动。无形资产是指不具实物形态，但能带来经济利益的资产，包括技术、商标、著作权、商誉、自然资源使用权和其他权益性无形资产。

(5) 销售不动产是指转让不动产所有权的业务活动。不动产是指不能移动或者移动后会引起性质、形状改变的财产，包括建筑物、构筑物等。

(6) 进口货物是指申报进入我国海关境内的货物。

2) 征税范围的特殊规定

增值税的征税范围除上述一般规定外，还对经济实务中某些特殊项目或行为是否属于增值税的征税范围，做出了具体界定。其中，增值税征税范围的特殊行为界定主要有视同销售行为和混合销售行为。

(1) 视同销售行为，主要包括以下几种。

① 将货物交付其他单位或者个人代销。

② 销售代销货物。

③ 设有两个以上机构并实行统一核算的纳税人，将货物从一个机构移送至其他机构用于销售，但相关机构设在同一县(市)的除外。

④ 将自产、委托加工的货物用于集体福利或者个人消费。

⑤ 将自产、委托加工或者购进的货物作为投资，提供给其他单位或者个体工商户。

⑥ 将自产、委托加工或者购进的货物分配给股东或者投资者。

⑦ 将自产、委托加工或者购进的货物无偿赠送给其他单位或者个人。

⑧ 单位或者个体工商户向其他单位或者个人无偿销售应税服务、无偿转让无形资产或者不动产，但用于公益事业或者以社会公众为对象的除外。

⑨ 财政部和国家税务总局规定的其他情形。

(2) 混合销售行为是指一项销售行为既涉及货物又涉及服务。从事货物的生产、批发或者零售的单位和个体工商户的混合销售，按照销售货物缴纳增值税；其他单位和个体工商户的混合销售，按照销售服务缴纳增值税。

2.1.2 增值税的纳税义务人

在中华人民共和国境内(以下简称境内)销售货物、劳务、服务、无形资产、不动产的单位和个人，为增值税纳税人。其中，单位是指企业、行政单位、事业单位、军事单位、社会团体及其他单位；个人是指个体工商户和其他个人。

1. 增值税一般纳税人和小规模纳税人的区分

增值税纳税人分为一般纳税人和小规模纳税人，纳税人身份不同，其适用的税率、计税方法等也不相同。纳税人身份的判定依据如下。

(1) 会计核算水平：是否健全，能否提供准确税务资料。

(2) 企业规模：年应征增值税销售额是否超过500万元。年应征增值税销售额指的是纳税人在连续不超过12个月或4个季度的经营期内累计应征增值税销售额，包括纳税申报销售额、稽查查补销售额和纳税评估调整销售额。

一般纳税人和小规模纳税人登记条件，如表2-1所示。

表2-1　一般纳税人和小规模纳税人登记条件

一般纳税人登记条件	小规模纳税人登记条件
年应征增值税销售额超过500万元的，除另有规定外，应办理一般纳税人登记	年应征增值税销售额不超过500万元(含500万元)，且会计核算不健全，不能按规定报送有关税务资料的增值税纳税人
年销售额未超过500万元，但会计核算健全，能提供准确税务资料的，可以办理一般纳税人登记	

2. 一般纳税人的登记

1) 一般纳税人的登记条件

《增值税一般纳税人登记管理办法》规定，增值税纳税人(以下简称"纳税人")，年应税销售额超过财政部、国家税务总局规定的小规模纳税人标准(以下简称"规定标准")的，应当向主管税务机关办理一般纳税人登记。

年应税销售额是指纳税人在连续不超过12个月或4个季度的经营期内累计应征增值税销售额，包括纳税申报销售额、稽查查补销售额、纳税评估调整销售额。

销售服务、无形资产或者不动产(以下简称"应税行为")有扣除项目的纳税人，其应税行为年应税销售额按未扣除之前的销售额计算。纳税人偶然发生的销售无形资产、转让不动产的销售额，不计入应税行为年应税销售额。

年应税销售额未超过规定标准的纳税人，会计核算健全，能够提供准确税务资料的，可以向主管税务机关办理一般纳税人登记。会计核算健全是指能够按照国家统一的会计制度规定设置账簿，根据合法、有效凭证进行核算。

下列纳税人不办理一般纳税人登记：按照政策规定，选择按照小规模纳税人纳税的；年应税销售额超过规定标准的其他个人。

纳税人登记为一般纳税人后，不得转为小规模纳税人，国家税务总局另有规定的除外。

2) 一般纳税人登记的程序

纳税人向主管税务机关填报《增值税一般纳税人登记表》，如实填写固定生产经营场所等信息，并提供税务登记证件；纳税人填报内容与税务登记信息一致的，主管税务机关当场登记；纳税人填报内容与税务登记信息不一致，或者不符合填列要求的，税务机关应当场告知纳税人需要补正的内容。一般纳税人的登记既可以前往当地的办税服务大厅进行办理，也可以在当地税务局网站上进行申请办理。

(1) 现场办理。

前往当地税务局办税大厅进行办理，需要携带印有社会信息代码的营业执照副本及企业公章，填写增值税一般纳税人资格登记表进行登记，该业务是即时办结的业务。

(2) 网上办理。

纳税人在办理该业务前，需存在有效的增值税税种登记信息，如不存在，系统会提示纳税人需先进行增值税税种登记。增值税一般纳税人登记分为确认式办理、补录式办理两种模式，系统根据纳税人的涉税数据自动匹配办理模式。

① 确认式办理模式。

登录电子税务局，选择"我要办税"|"综合信息报告"|"资格信息报告"|"增值税一般纳税人登记"。系统会自动带出相关信息，如图2-1所示。

其中"一般纳税人生效日"选择方式分两种情况，其一，纳税人当月不存在代开发票、自开发票或领用发票的情况，可自行选择增值税一般纳税人生效日；其二，纳税人当月存在代开发票、自开发票或领用发票的情况，系统自动带出一般纳税人生效日为"次月1日"，且不可修改。如纳税人想要选择从当月生效，需将本月代开、自开发票作废，并上交已领用的空白发票，再次进行增值税一般纳税人登记时即可选择一般纳税人生效日为"当月1日"。纳税人对信息确认后，单击"一键登记"即可。

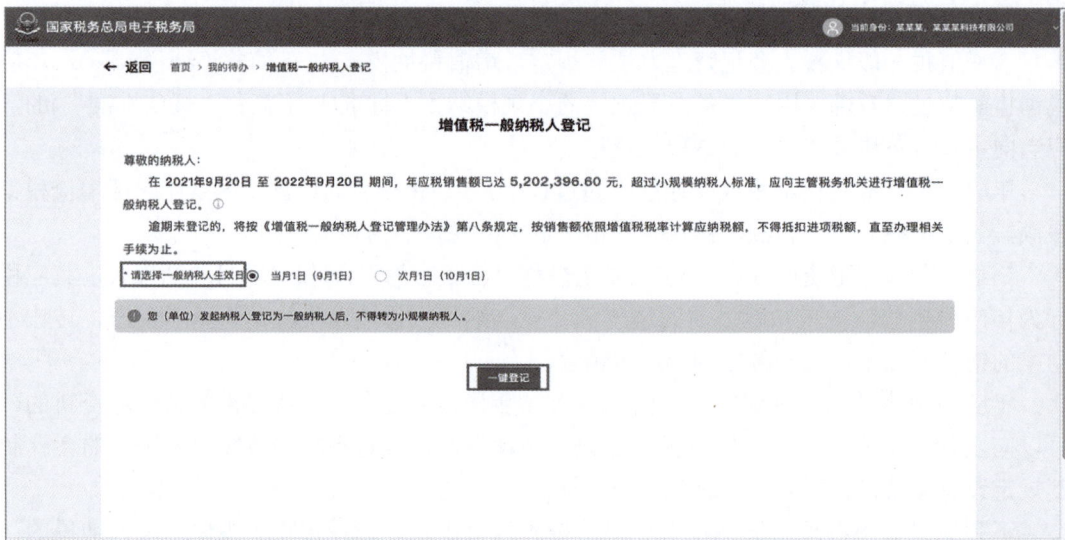

图2-1　增值税一般纳税人登记(1)

② 补录式办理模式。

补录式办理模式下，系统自动预填"一般纳税人生效之日"和"会计核算健全"等信息，"一般纳税人生效之日"选择方式与确认式办理模式相同。纳税人对登记表中缺失的信息进行补录后，可通过"预览登记表"进行详情查看，确认信息无误后，单击"提交"，如图2-2所示。

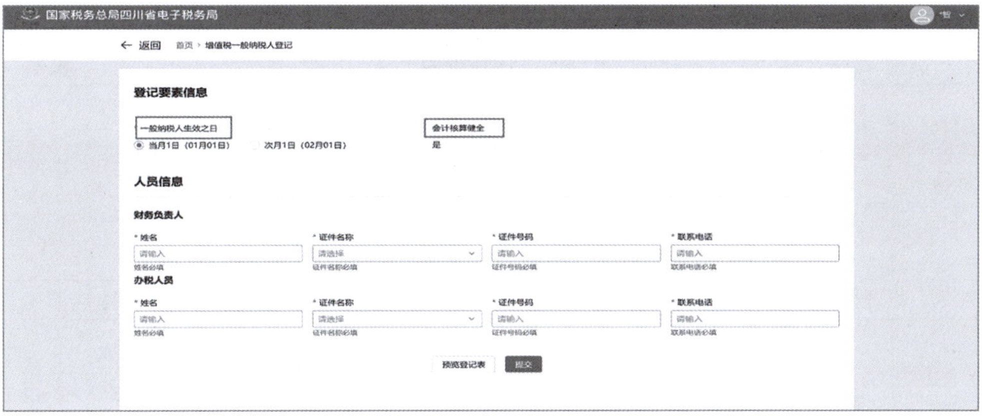

图2-2 增值税一般纳税人登记(2)

3) 一般纳税人登记的时限

纳税人应在年应税销售额超过规定标准的月份(或季度)的所属申报期结束后15日内按照规定办理相关手续；未按规定时限办理的，主管税务机关应当在规定时限结束后5日内制作《税务事项通知书》，告知纳税人应当在5日内向主管税务机关办理相关手续；逾期仍不办理的，次月起按销售额依照增值税税率计算应纳税额，不得抵扣进项税额，直至纳税人办理相关手续为止。

纳税人自一般纳税人生效之日起，按照增值税一般计税方法计算应纳税额，并可以按照规定领用增值税专用发票，财政部、国家税务总局另有规定的除外。

生效之日是指纳税人办理登记的当月1日或者次月1日，由纳税人在办理登记手续时自行选择。

3. 小规模纳税人的登记

小规模纳税人是指年应征增值税销售额在规定标准以下，并且会计核算不健全，不能按规定报送有关税务资料的增值税纳税人。

小规模纳税人的具体认定标准为年应征增值税销售额500万元及以下。

已登记为增值税一般纳税人的单位和个人，转登记日前连续12个月(以1个月为1个纳税期)或者连续4个季度(以1个季度为1个纳税期)累计销售额未超过500万元的一般纳税人，在2020年12月31日前，可选择转登记为小规模纳税人。

转登记纳税人按规定再次登记为一般纳税人后，不得再转登记为小规模纳税人。

2.1.3 增值税的税率与征收率

1. 增值税的税率

增值税的税率分别是13%、9%、6%和零税率，如表2-2所示。

表2-2　增值税税率表

类别	应税行为		税率
销售货物	销售或进口货物(另有列举的货物除外)		13%
	农产品(含粮食)、自来水、暖气、石油液化气、天然气、食用植物油、冷气、热水、煤气、居民用煤炭制品、食用盐、农机、饲料、农药、农膜、化肥、沼气、二甲醚、图书、报纸、杂志、音像制品、电子出版物		9%
提供加工、修理修配劳务			13%
销售服务	交通运输(包括陆路、水路、航空、管道运输)		9%
	邮政服务(包括邮政普遍服务、邮政特殊服务和其他邮政服务)		9%
	电信服务	基础电信服务	9%
		特殊电信服务	6%
	建筑服务		9%
	金融服务		6%
	现代服务	研发和技术服务、信息技术服务、文化创意服务、物流辅助服务、咨询鉴证服务、广播影视服务、商务辅助服务、其他现代服务	6%
		有形动产的经营和融资租赁服务	13%
		不动产的经营和融资租赁服务	9%
	生活服务		6%
销售无形资产	销售无形资产(除土地使用权外)		6%
	销售土地使用权		9%
销售不动产			9%

同时,纳税人购进农产品,原适用10%扣除率的,扣除率调整为9%;纳税人购进用于生产销售或委托加工13%税率货物的农产品,按照10%的扣除率计算进项税额;原适用16%税率且出口退税率为16%的出口货物,出口退税率调整至13%;原适用10%税率且出口退税率为10%的出口货物、跨境应税行为,出口退税率调整至9%。

除上述税率外,增值税还有一档零税率,主要适用于出口货物,跨境销售国务院规定范围内的服务、无形资产等。

2. 增值税的征收率

增值税采用简易征收办法计税时适用的税率为征收率,我国增值税征收率适用两种情况:一是小规模纳税人;二是一般纳税人销售货物、提供应税劳务、发生应税行为按规定可以选择简易办法计税的情况。具体征收率如表2-3所示。

表2-3　增值税征收率表

征收率	具体规定
小规模纳税人适用的征收率	(1) 小规模纳税人因经营规模小，且会计核算不健全，难以实行凭专用发票抵扣进项税额的制度，因而实行按销售额与征收率计算应纳税额的简易办法，征收率为3%； (2) 根据《营业税改征增值税试点实施办法》的规定，小规模纳税人的下列行为按照5%的征收率计算应纳税额：①小规模纳税人销售其取得(含自建)的不动产(不含个体工商户销售购买的住房)；②房地产开发企业中的小规模纳税人，销售自行开发的房地产项目；③其他个人销售其取得(含自建)的不动产(不含其购买的住房)；④小规模纳税人出租其取得的不动产(不含个人出租住房)；⑤其他个人出租其取得的不动产(不含住房)；⑥个人出租住房，应按照5%的征收率减按1.5%计算应纳税额
纳税人销售自己使用过的固定资产	(1) 一般纳税人：①一般纳税人销售自己使用过的不得抵扣且未抵扣进项税额的固定资产，按简易办法依3%征收率减按2%征收增值税；②一般纳税人销售自己使用过的增值税转型以后购进或者自制的固定资产，按照适用税率征收增值税； (2) 小规模纳税人：小规模纳税人销售自己使用过的固定资产，减按2%征收率征收增值税
纳税人销售自己使用过的除固定资产外的物品	(1) 一般纳税人销售自己使用过的除固定资产以外的物品，应当按照适用税率征收增值税； (2) 小规模纳税人销售自己使用过的除固定资产以外的物品，应按3%的征收率征收增值税
纳税人销售旧货	纳税人销售旧货，按照简易办法依照3%征收率减按2%征收增值税
一般纳税人可选择按照简易办法征税的情形	一般纳税人销售自产的下列货物，可选择按照简易办法依照3%征收率计算缴纳增值税： (1) 县级及县级以下小型水力发电单位生产的电力； (2) 建筑用和生产建筑材料所用的砂、土、石料； (3) 以自己采掘的砂、土、石料或其他矿物连续生产的砖、瓦、石灰(不含黏土实心砖、瓦)； (4) 用微生物、微生物代谢产物、动物毒素、人或动物的血液或组织制成的生物制品； (5) 自来水； (6) 商品混凝土(仅限于以水泥为原料生产的水泥混凝土) 【提示】一般纳税人销售不动产、出租不动产依照5%的征收率计算缴纳增值税；一般纳税人选择简易办法计算缴纳增值税后，36个月内不得变更
一般纳税人销售特定货物	一般纳税人销售货物属于下列情形之一的，暂按简易办法依照3%征收率计算缴纳增值税： (1) 寄售商店代销寄售物品(包括居民个人寄售的物品在内)； (2) 典当业销售死当物品

2.1.4　增值税应纳税额的计算

不同企业需要根据不同的业务计算增值税应纳税额，具体计算如表2-4所示。

表2-4　增值税计算表

计税方法	适用主体	计算公式
一般计税方法	一般纳税人	当期应纳增值税税额=当期销项税额-当期进项税额 =当期销售额×适用税率-当期进项税额
简易计税方法	• 小规模纳税人 • 一般纳税人的特定情形	当期应纳增值税税额=当期销售额×征收率
扣缴计税方法	扣缴义务人	应扣缴税额=购买方支付的价款÷(1+税率)×税率

1. 一般纳税人增值税应纳税额的计算

1) 增值税销项税额的确定

纳税人销售货物或提供劳务、应税服务，按照销售额或应税劳务收入、应税服务收入与规定的税率计算，并向购买方收取的增值税额为销项税额。具体公式如下。

$$销项税额=销售额×税率$$

从上述公式可以看出，在增值税税率一定的情况下，计算销项税额的关键在于确定销售额。实务中，企业在发生增值税应税项目时，可先确定销售额，再根据销售额确定销项税额。

在确定销售额的过程中，企业可按销售时提供发票的不同，将销售额分为如下三种情况来确定。

(1) 增值税专用发票的销售额，这部分销售额可以从电子税务局的税务数字账户查询，并可以打印本月专用发票的开票记录及开票金额。

(2) 增值税普通发票的销售额，这部分销售额可以从电子税务局的税务数字账户查询，并可以打印本月普通发票的开票记录及开票金额。

(3) 未开具发票的销售额，企业偶尔会发生一些零散的销售业务，这些业务的购买方大多数是个人，销售时往往采用现金结算，不开具发票，开具的可能是收据。在这种情况下，收到的总价款是价税合计金额，可以用"不含税销售额=收到的总价款÷(1+适用税率)"这个公式计算销售额；企业发生的一些视同销售业务，如果不开具发票，也要确认销售额，计算缴纳增值税。

2) 增值税进项税额的确定

准予抵扣的进项税额有以下几种情形：从销售方取得的增值税专用发票(含税控机动车销售统一发票，下同)上注明的增值税额；从海关取得的海关进口增值税专用缴款书上注明的增值税额；购进农产品，除取得增值税专用发票或者海关进口增值税专用缴款书外，按照农产品收购发票或者销售发票上注明的农产品买价和10%的扣除率计算的进项税额；从境外单位或者个人购进服务、无形资产或者不动产，自税务机关或者扣缴义务人取得的解缴税款的完税凭证上注明的增值税额；收费公路通行费增值税电子普通发票上注明的增值税税额；购进国内旅客运输服务取得的增值税电子普通发票上注明的增值税税额。

3) 增值税应纳税额的确定

应纳增值税额=销项税额-可抵扣进项税额

2. 小规模纳税人增值税应纳税额的计算

小规模纳税人销售货物、劳务、服务、无形资产和不动产，实行按照销售额和征收率计算应纳税额的简易办法。其应纳税额的计算公式如下。

$$应纳税额=不含税销售额\times征收率$$

$$不含税的销售额=含税销售额\div(1+征收率)$$

小规模纳税人的纳税征收率主要包含如下内容。

(1) 小规模纳税人增值税征收率为3%，财政部和国家税务总局另有规定的除外。

(2) 小规模纳税人(除其他个人外)销售自己使用过的固定资产，减按2%的征收率征收增值税。

(3) 小规模纳税人销售、出租不动产的征收率为5%。

(4) 小规模纳税人提供劳务派遣服务等，可以选择差额征收，按照简易计税方法依5%的征收率计算缴纳增值税。

(5) 小规模纳税人购进货物时即使取得了增值税专用发票，也不能抵扣进项税额。

(6) 自2023年1月1日至2027年12月31日，增值税小规模纳税人发生增值税应税销售行为，合计月销售额未超过10万元(以1个季度为1个纳税期的，季度销售额未超过30万元，下同)的，免征增值税。增值税小规模纳税人适用3%征收率的应税销售收入，减按1%征收率征收增值税；适用3%预征率的预缴增值税项目，减按1%预征率预缴增值税。

2.1.5　增值税附加税费的计算

为贯彻落实中办、国办印发的《关于进一步深化税收征管改革的意见》，深入推进税务领域"放管服"改革，优化营商环境，切实减轻纳税人、缴费人申报负担，国家税务总局发布了《关于增值税、消费税与附加税费申报表整合有关事项的公告》，明确规定，自2021年8月1日起，全面推行增值税、消费税分别与附加税费申报表整合工作。因此，在一般纳税人增值税及附加税费纳税申报实务中，根据当期确认的增值税应纳税额，乘以企业适用的城市建设税税率、教育费附加征收比率和地方教育费附加征收比率，计算得出三项附加税费应纳税额。

1. 城市维护建设税

1) 城市维护建设税的概念及特点

城市维护建设税是对在中华人民共和国境内缴纳增值税、消费税的单位和个人征收的，以其实际缴纳的"两税"税额，以及出口货物、劳务或者跨境销售服务、无形资产增值税免抵税额为计税依据的一种税。城市维护建设税属于一种附加税，具有税款专款专用、实行地区差别比例税率、征收范围较广等特点。

2) 城市维护建设税的税率

城市维护建设税采用地区差别比例税率，纳税人按所在地在市区、县城、镇和不在上述区域适用不同税率。市区、县城、镇按照行政区划确定。纳税人所在地不同，适用税率的档次也不同。具体规定为：纳税人所在地为市区的，税率为7%；纳税人所在地为县城、镇的，税率为5%；纳税人所在地不在市区、县城或镇的，税率为1%。

3) 城市维护建设税应纳税额的计算

应纳税额=纳税人实际缴纳的增值税、消费税税额以及出口货物、劳务或者跨境销售服务、无形资产增值税免抵税额×适用税率

2. 教育费附加和地方教育附加

1) 教育费附加和地方教育附加的概念

教育费附加和地方教育附加是对缴纳增值税、消费税的单位和个人，以其实际缴纳的税额为计算依据征收的一种附加费。

2) 教育费附加和地方教育附加的税率

教育费附加的征收率为3%，地方教育附加的征收率为2%。

3) 教育费附加和地方教育附加的计算

应纳教育费附加=实际缴纳的增值税、消费税税额×3%

应纳地方教育附加=实际缴纳的增值税、消费税税额×2%

2.2 增值税发票管理

2.2.1 发票的概念

发票是指一切单位和个人在购销商品、提供或接受服务及从事其他经营活动中，所开具和收取的业务凭证，是会计核算的原始依据，也是审计机关、税务机关执法检查的重要依据。发票只能证明业务发生，不能证明款项是否收付，收据是收付款凭证，是证明款项收付的凭证。

在经济活动中，发票大多是由出售方向购买方签发的文本，内容包括向购买者提供产品或服务的名称、规格、数量、价格等。我国会计制度规定有效的购买产品或服务的发票称为税务发票，每一张发票都必须有独一无二的编号，防止发票重复或跳号。

2.2.2 发票的类型

数电票即全面数字化的发票。数电发票为单一联次，以数字化形态存在，目前主要包括电子发票(增值税专用发票)、电子发票(普通发票)、电子发票(航空运输电子客票行程单)、电子发票(铁路电子客票)、电子发票(机动车销售统一发票)、电子发票(二手车销售统一发票)等。数电票可以根据特定业务标签生成建筑服务、成品油、报废产品收购等特定业务发票，是与纸质发票具有同等法律效力的全新发票，不以纸质形式存在、不用介质支撑、不需要申请领用。电子发票将纸质发票的票面信息全面数字化，通过标签管理将多个票种集成归并为电子发票单一票种，设立税务数字账户，实现全国统一赋码、智能赋予发票开具金额总额度、自动流转交付。

增值税专用发票(含增值税电子专用发票)是指增值税一般纳税人销售货物或者提供应税劳务开具的发票，是购买方支付增值税额并按照增值税有关规定可以抵扣增值税进项税额的凭证。

增值税普通发票(含电子普通发票、通行费发票)是指增值税纳税人销售货物或者提供应税劳务、服务时，通过增值税税控系统开具的普通发票。

机动车销售统一发票是指凡从事机动车零售业务的单位和个人，从2006年8月1日起，在销售机动车(不包括销售旧机动车)收取款项时开具的发票。

二手车销售统一发票是指二手车经销企业、经纪机构和拍卖企业，在销售、中介和拍卖二手车收取款项时，通过开票软件开具的发票。

以上是主要发票类型，还有非增值税发票管理系统开具的发票，具体包括：通用机打发票、通用定额发票、火车票、客运发票、出租车发票、通行费发票、门票等。特别提醒的是，有些发票慢慢取消使用，如接四川省简阳市税务机关通知，依照政策规定取消定额发票发放业务，简阳市汽车运输有限公司从2023年10月1日开始已不能申领定额票据。

为落实中办、国办印发的《关于进一步深化税收征管改革的意见》要求，加大推广使用数电票的力度，截至2024年12月1日，除(中国)港澳台外，全国已经实现数电票试点全覆盖，本书将重点介绍数电票相关内容。数电发票的票面基本内容包括：发票名称、发票号码、开票日期、购买方信息、销售方信息、项目名称、规格型号、单位、数量、单价、金额、税率/征收率、税额、合计、价税合计、备注、开票人等，具体票样如图2-3至图2-8所示。

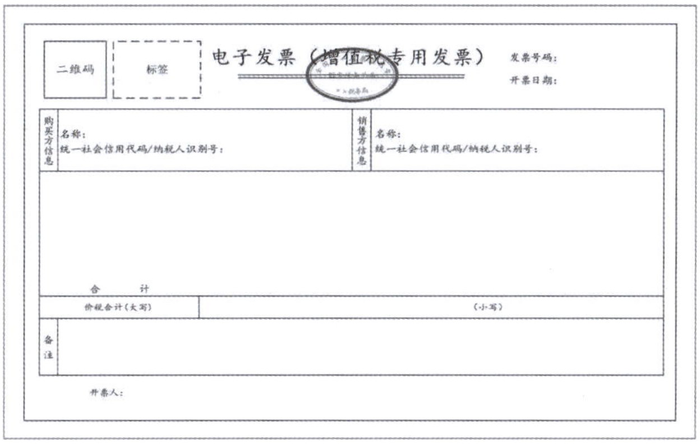

图2-3　电子发票(增值税专用发票)

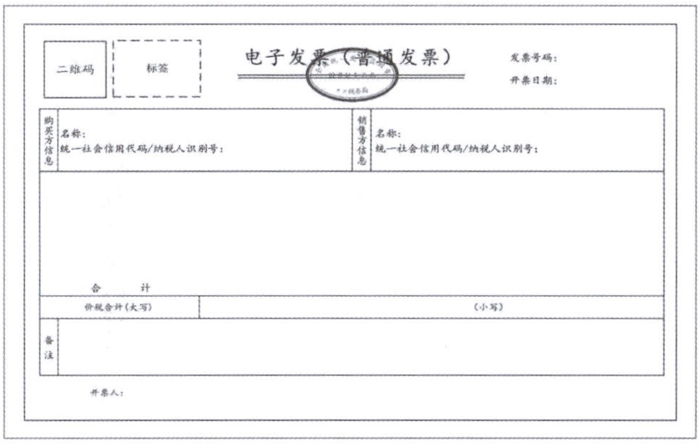

图2-4　电子发票(增值税普通发票)

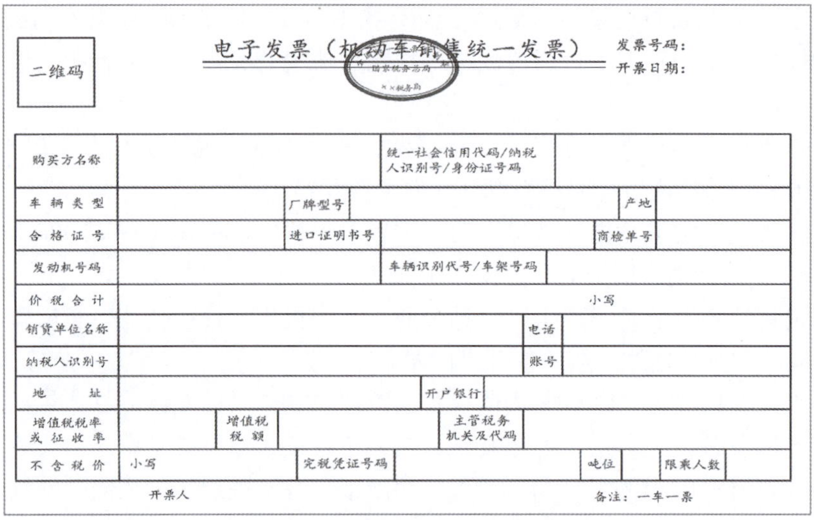

二维码

电子发票（机动车销售统一发票）

国家税务总局 ××税务局

发票号码：
开票日期：

购买方名称			统一社会信用代码/纳税人识别号/身份证号码				
车 辆 类 型		厂牌型号			产地		
合 格 证 号		进口证明书号		商检单号			
发动机号码			车辆识别代号/车架号码				
价 税 合 计				小写			
销货单位名称				电话			
纳税人识别号				账号			
地 址			开户银行				
增值税税率或征收率		增值税税额		主管税务机关及代码			
不 含 税 价	小写	完税凭证号码		吨位		限乘人数	

开票人　　　　备注：一车一票

图2-5　电子发票(机动车销售统一发票)

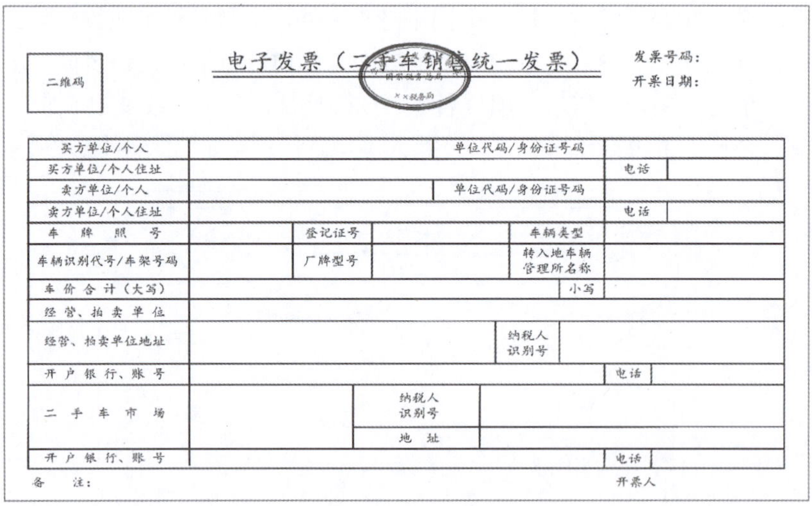

二维码

电子发票（二手车销售统一发票）

国家税务总局 ××税务局

发票号码：
开票日期：

买方单位/个人			单位代码/身份证号码		
买方单位/个人住址				电话	
卖方单位/个人			单位代码/身份证号码		
卖方单位/个人住址				电话	
车 牌 照 号		登记证号		车辆类型	
车辆识别代号/车架号码		厂牌型号		转入地车辆管理所名称	
车 价 合 计（大写）				小写	
经 营、拍 卖 单 位					
经营、拍卖单位地址			纳税人识别号		
开 户 银 行、账 号				电话	
二 手 车 市 场		纳税人识别号			
		地 址			
开 户 银 行、账 号				电话	

备　注：　　　　开票人

图2-6　电子发票(二手车销售统一发票)

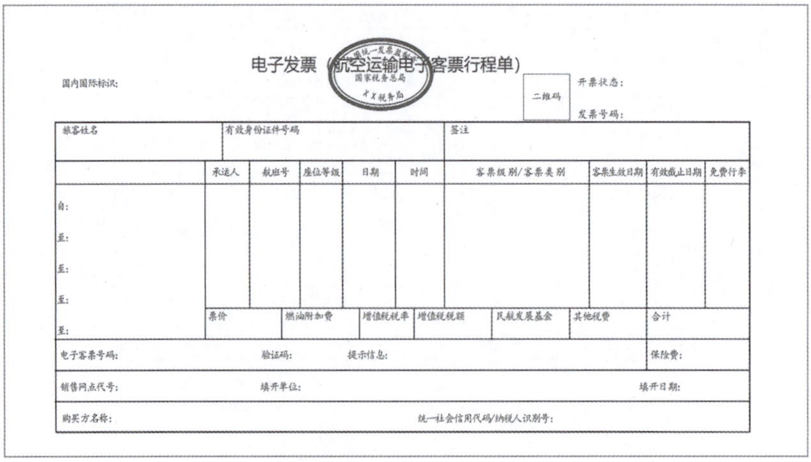

电子发票（航空运输电子客票行程单）

全国统一发票监制章 国家税务总局 ××税务局

国内国际标识：

二维码

开票状态：
发票号码：

旅客姓名		有效身份证件号码				签注			
	承运人	航班号	座位等级	日期	时间	客票级别/客票类别	客票生效日期	有效截止日期	免费行李
自： 至： 至： 至： 至：									
	票价	燃油附加费	增值税税率	增值税税额	民航发展基金	其他税费	合计		
电子客票号码：		验证码：	提示信息：					保险费：	
销售网点代号：		填开单位：						填开日期：	
购买方名称：				统一社会信用代码/纳税人识别号：					

图2-7　电子发票(航空运输电子客票行程单)

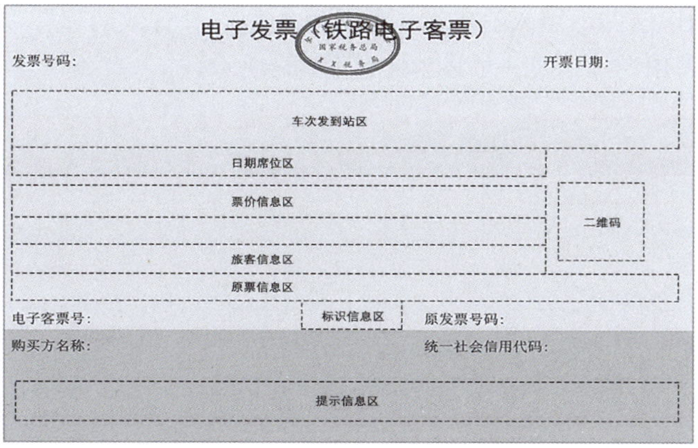

图2-8　电子发票(铁路电子客票)

2.2.3　发票额度调整

税务机关根据纳税人的税收风险程度、纳税信用级别、实际经营情况等因素，通过电子发票服务平台授予发票总额度，并实行动态调整。发票总额度是指一个自然月内，纳税人发票开具总金额(不含增值税)的上限额度。

发票总额度的动态确定有四种方式，包括月初赋额调整、赋额临时调整、赋额定期调整、人工赋额调整。其中，月初赋额调整是指信息系统每月初自动对纳税人的发票总额度进行调整；赋额临时调整是指纳税信用良好的纳税人当月开具发票金额首次达到当月发票总额度的一定比例时，信息系统自动为其临时调增一次当月发票总额度；赋额定期调整是指信息系统自动对纳税人当月发票总额度进行调整；人工赋额调整是指纳税人因实际经营情况发生变化申请调整发票总额度，主管税务机关确认未发现异常的，为纳税人调整发票总额度。

以"人工赋额调整"为例，具体操作步骤如下。

(1) 登录电子税务局，单击"我要办税"|"发票使用"，进入功能页面，单击"发票额度调整申请"，如图2-9所示。

图2-9　登录界面

(2) 单击"新增申请",填入"申请调整额度类型""有效期起""有效期止""申请调整额度""申请理由"等信息,如图2-10、图2-11所示。

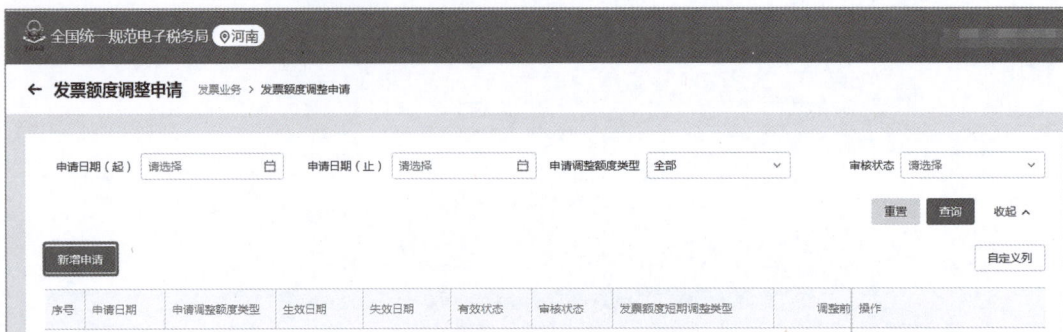

图2-10　新增申请

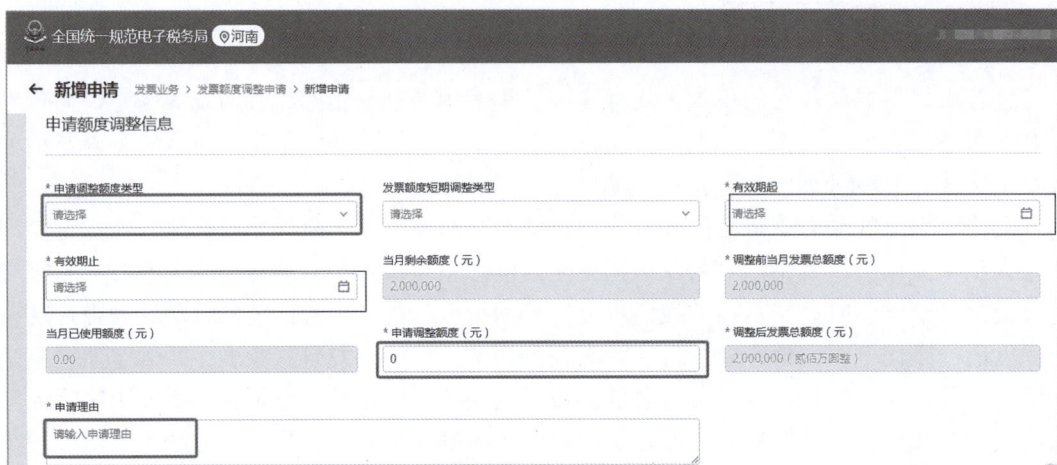

图2-11　申请额度调整信息填写

(3) 下拉至附件资料模块,上传相关资料后,单击"申请",如图2-12所示。提交申请后,会跳出提交成功提示,单击"确定",等待人工审核,如图2-13所示。

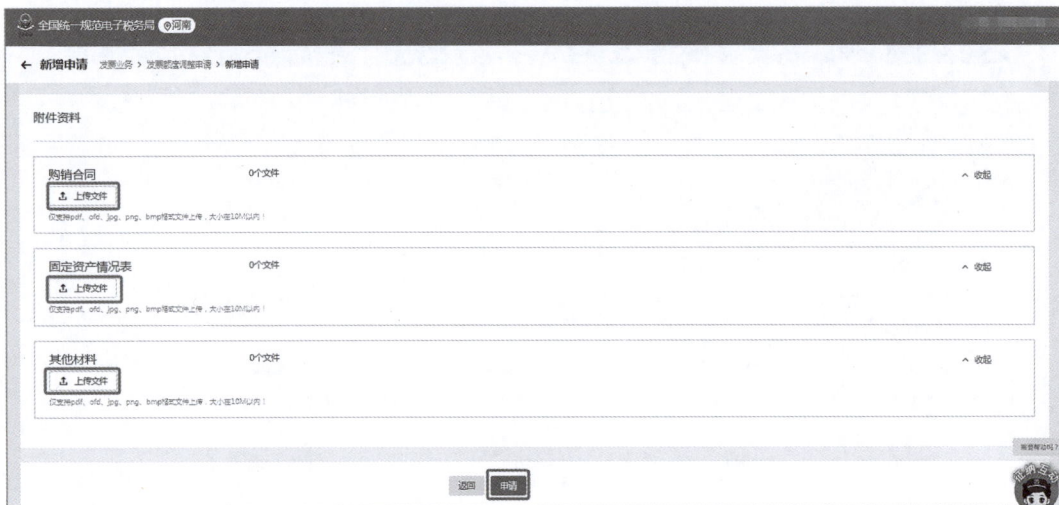

图2-12　附件资料上传

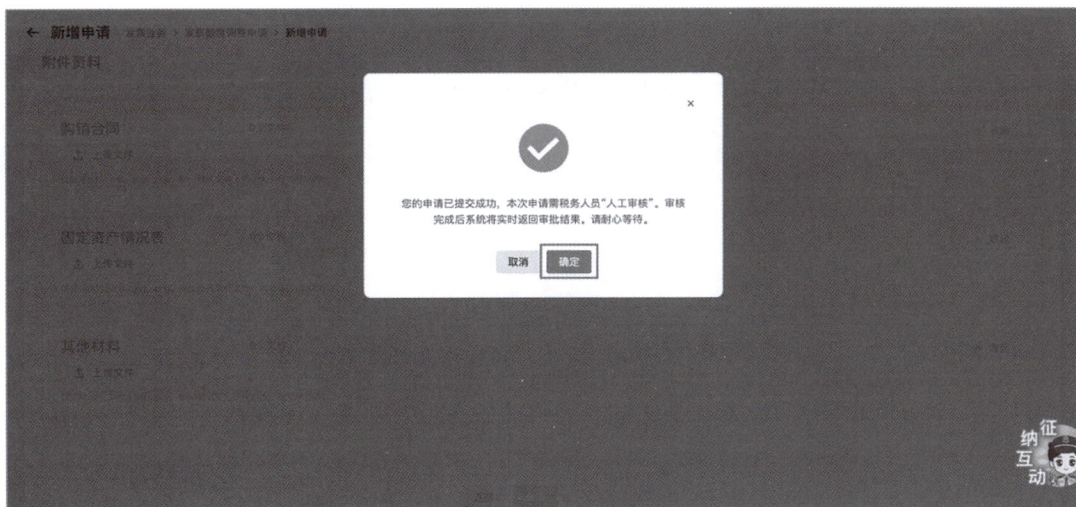

图2-13　新增申请提交

(4) 纳税人提交申请后，需等待税务机关审核通过后方可使用。如需查询申请进度，可返回"我要办税"|"发票使用"，在"发票额度调整申请"页面查询申请日期、申请调整额度类型、审核状态等信息。

2.3　增值税发票相关操作

2.3.1　开票信息维护

(1) 登录电子税务局，单击"我要办税"|"发票使用"，进入功能页面，单击"开票信息维护"，如图2-14所示。

图2-14　登录界面

(2) 进入"开票信息维护"页面，单击"项目信息维护"，如图2-15所示。

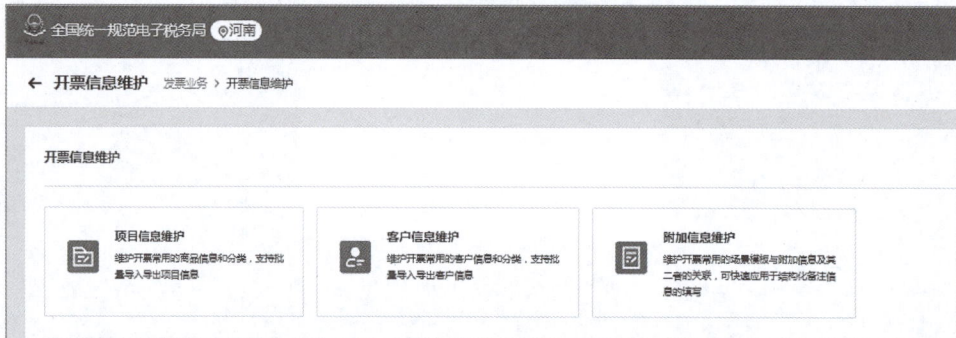

图2-15　开票信息维护

(3) 单击"添加"，录入商品信息，单击"保存"完成操作，如图2-16所示。

图2-16　增加项目信息

(4) 依然在"开票信息维护"页面，单击"客户信息维护"，录入客户资料，单击"确定"，完成操作，如图2-17所示。

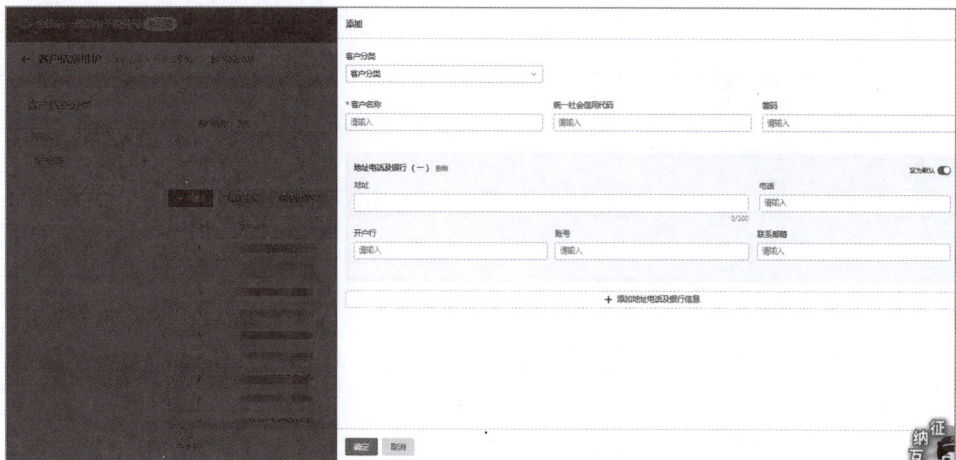

图2-17　增加客户信息

2.3.2 发票填开

1. 蓝字发票填开

(1) 登录电子税务局，单击"我要办税"|"发票使用"|"蓝字发票开具"|"立即开票"|"电子发票"，进入发票页面，如图2-18至图2-20所示。

图2-18 登录界面

图2-19 立即开票

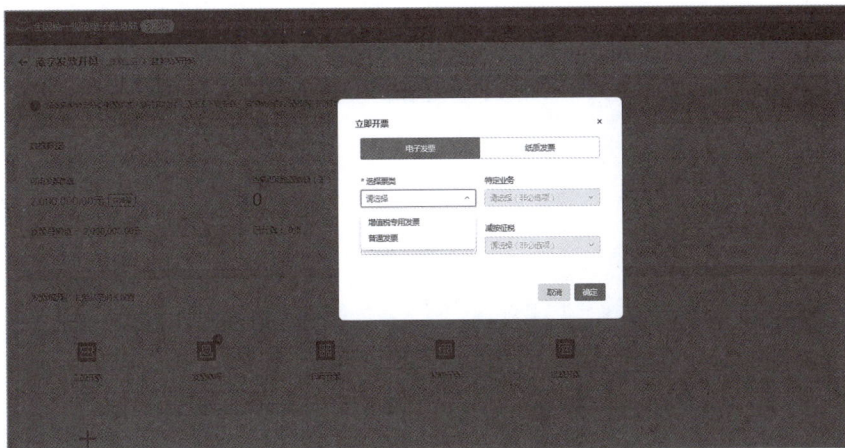

图2-20 选择发票种类

（2）以开具普通发票为例：在"购买方信息"部分，依次填写"购买方地址"|"电话"|"购方开户银行"，银行账号可以勾选是否展示；在"开票信息"部分，依次填写"项目名称""规格型号""单位""数量""单价"信息；在"备注信息"部分，可以填写"收款人""经办人""复核人"等信息，如图2-21、图2-22所示。

图2-21　蓝字发票开具

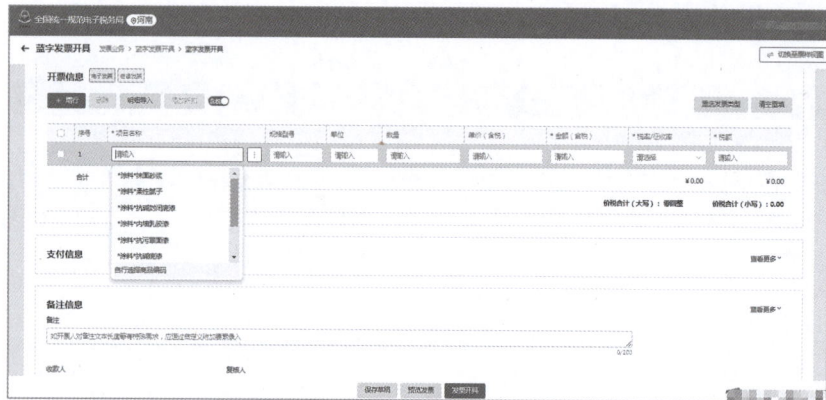

图2-22　填写票面信息

（3）如果企业开具特定业务发票，需在"立即开票"页面勾选"特定业务"的类型，如图2-23所示。以"建筑服务"为例，发票基本信息填写完，还需填写特定信息"建筑项目名称""建筑服务发生地""跨地标志"等信息，如图2-24所示。

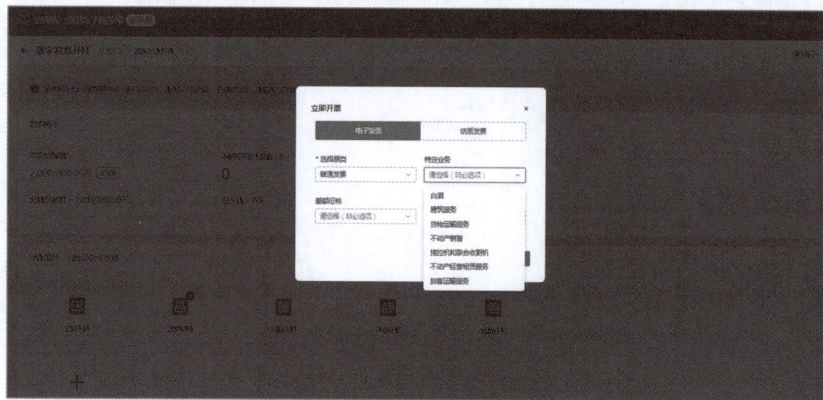

图2-23　特定业务类型选择

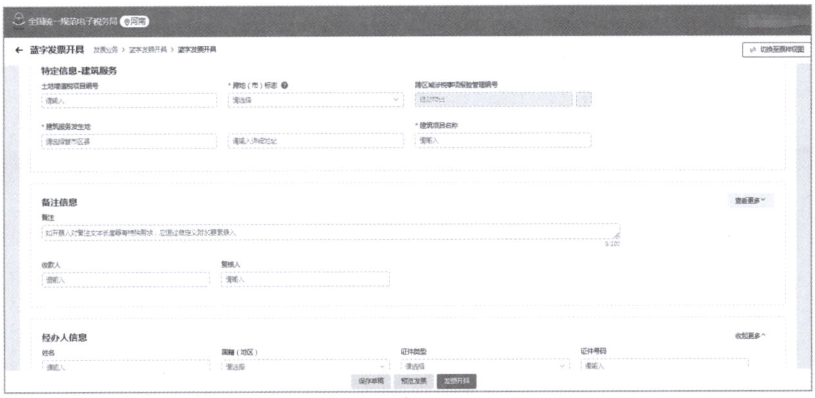

图2-24　特定业务信息填写

(4) 相关发票信息填完之后，单击"预览发票"，进行发票预览，如图2-25所示。

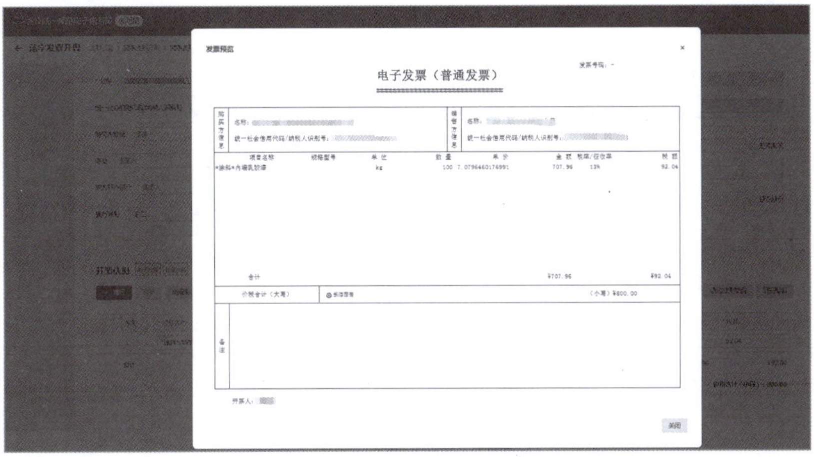

图2-25　填写完成的增值税发票

(5) 确认信息无误后，可单击"发票开具"，选择交付方式(邮箱、二维码、pdf、ofd、xml、直接打印)，数电发票要求入账方式为xml格式。

2. 红字发票填开

蓝字数电发票开具后，如发生销售退回(包括全部退回和部分退回)、开票有误、应税服务中止(包括全部中止和部分中止)、销售折让等情形的，应当按照规定开具红字数电发票。

蓝字数电发票未进行用途确认及入账确认的，开票方发起红冲流程，并直接开具红字数电发票。农产品收购发票、报废产品收购发票、光伏收购发票等，无论是否进行用途确认或入账确认，均由开票方发起红冲流程，并直接开具红字数电发票；蓝字数电发票已进行用途确认或入账确认的(用于出口退税勾选和确认的仍按现行规定执行)，开票方或受票方均可发起红冲流程，并经对方确认《红字发票信息确认单》(以下简称《确认单》)后，由开票方开具红字数电发票。《确认单》发起后72小时内未经确认的，自动作废。若蓝字数电发票已用于出口退税勾选和确认的，需操作进货凭证信息回退并确认通过后，由开票方发起红冲流程，并直接开具红字数电发票；受票方已将数电发票用于增值税申报抵扣的，应暂依《确认单》所列增值税税额从当期进项税额中转出，待取得开票方开具的红字数电发票后，与《确认单》一并作为记账凭证。

红字增值税发票开具流程如下。

(1) 登录电子税务局，单击"我要办税"|"发票使用"|"红字发票开具"|"红字信息确认单录入"，进入"红字信息确认单录入"页面，如图2-26至图2-27所示。

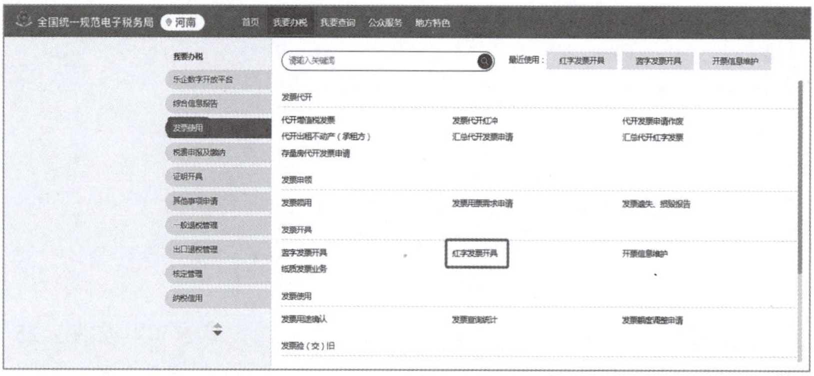

图2-26　红字发票开具

图2-27　红字信息确认单录入

(2) 在红字信息确认单填写页面，录入需要开具红字发票的"数电票号码"，单击"查询"。查询到需要红冲的发票，单击右侧的"选择"按钮，如图2-28所示。

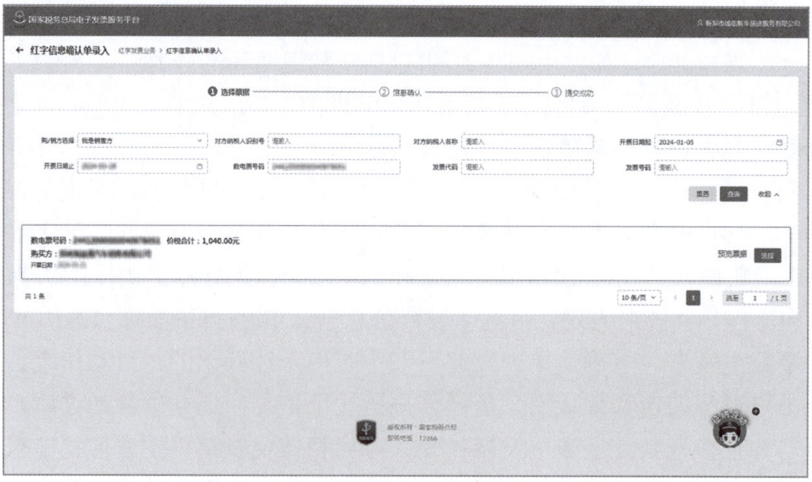

图2-28　信息选择页面

(3) 确认票据信息，勾选"开具红字发票原因"，单击"提交"，如图2-29所示。

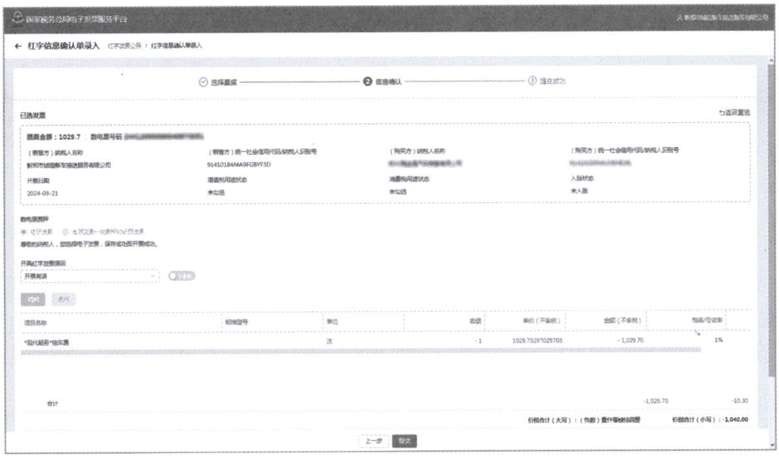

图2-29 信息选择页面

(4) 提交成功后，依据提示开具红字发票。如果红字信息表不需要购买方确认，系统提示直接生成红字发票，单击"确定"，弹出"开票成功"页面即可，如图2-30至图2-31所示。

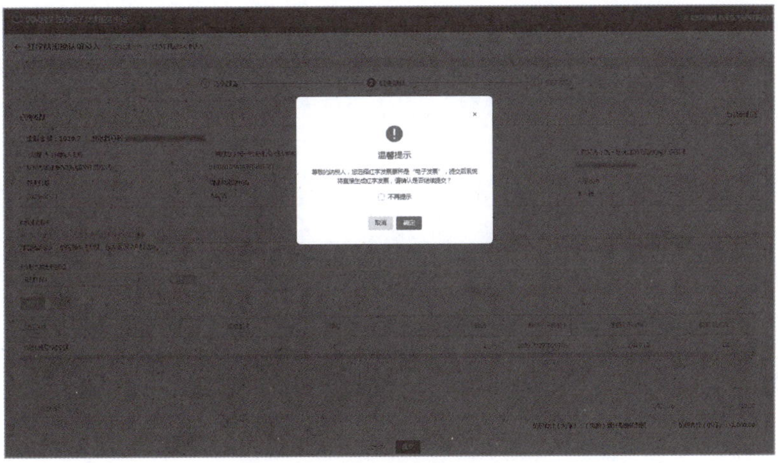

图2-30 信息选择成功提示页面

图2-31 红字发票开具成功

(5) 如果红字信息表需购买方确认后才能开具，则单击"红字发票确认信息处理"。根据红字发票实际抵扣及入账状态，确认相关红字信息后，单击"红字发票开具"开具红字发票，如图2-32至图2-33所示。

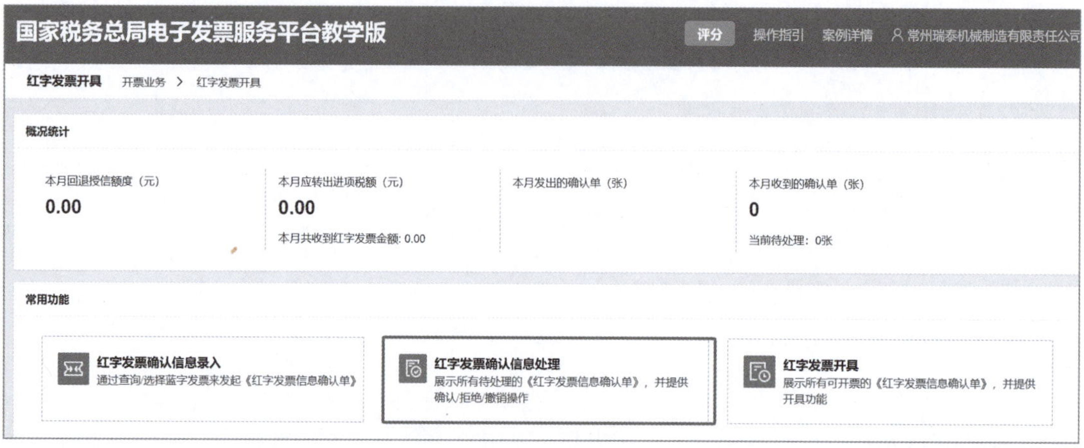

图2-32　红字发票确认信息处理

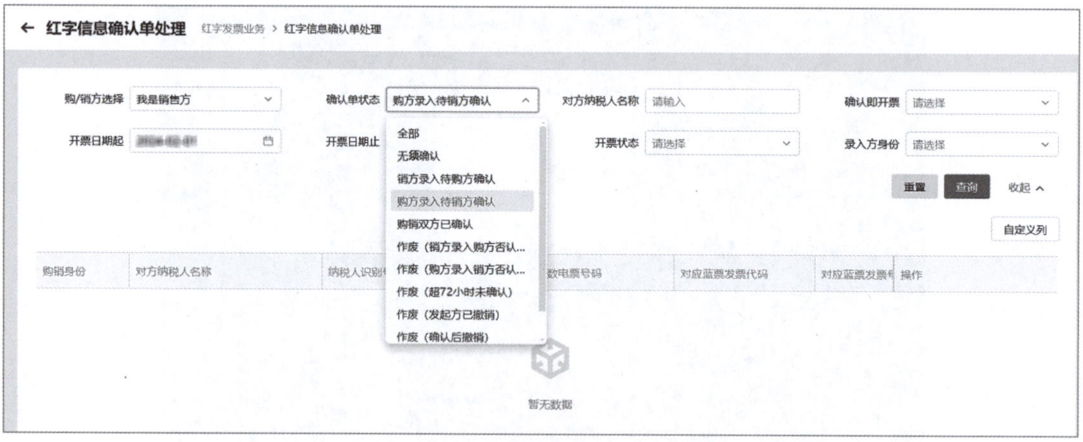

图2-33　红字发票确认单状态

2.4　一般纳税人增值税及附加税费纳税申报流程

在一般纳税人增值税及附加税费纳税申报实务中，首先，一般纳税人企业根据每月发生的销售业务实际确认开票收入和未开票收入，将其税额作为销项税额入账；其次，一般纳税人企业根据每月取得的增值税专用发票进行勾选确认，勾选发票提交之后，将其作为进项税额确认。月末用销项税额减去进项税额作为当月的增值税应纳税额。最后，根据当期确认的增值税应纳税额，乘以一般纳税人企业适用的城市建设税税率、教育费附加征收比率和地方教育费附加征收比率，计算得出三项附加税费应纳税额。

一般纳税人增值税及附加税费申报缴税工作，于次月的1号至15号申报当月的增值税及附加税费，具体的申报流程如图2-34所示。

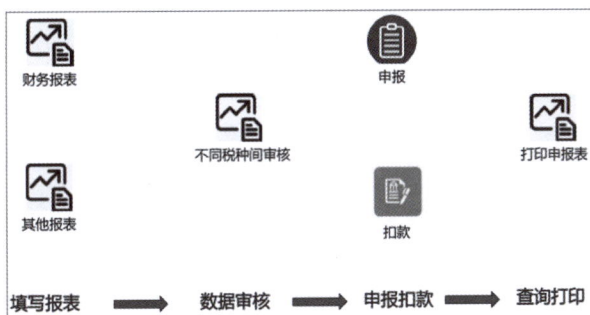

图2-34　申报流程

2.4.1　增值税销项税额的确定

在实务中，企业销项税额的确定可在电子税务局网上查看，具体流程如下。

(1) 登录电子税务局，单击"我要办税"|"税务数字账户"|"发票业务"，进入发票业务页面后，单击"发票查询统计"|"开票数据统计及发票领用查询"，如图2-35至图2-37所示。

(2) 进入开票数据统计及发票领用查询页面后，选择"发票来源""票种""起始时间""终止时间"，单击"查询"，系统分别会根据发票种类、税率/征收率统计当期销项税额。单击"导出"即可获取当期销项税额统计，如图2-38所示。

图2-35　登录税务数字账户

图2-36　发票查询统计

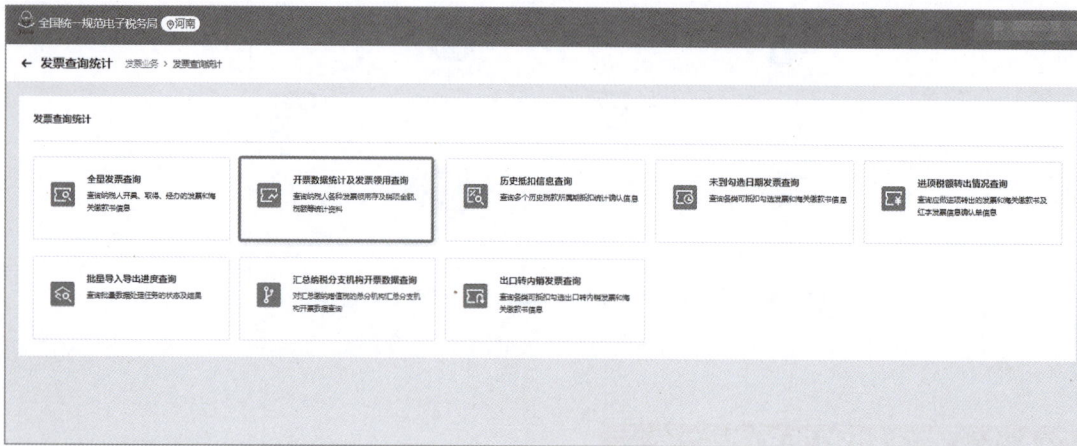

图2-37　开票数据查询及统计

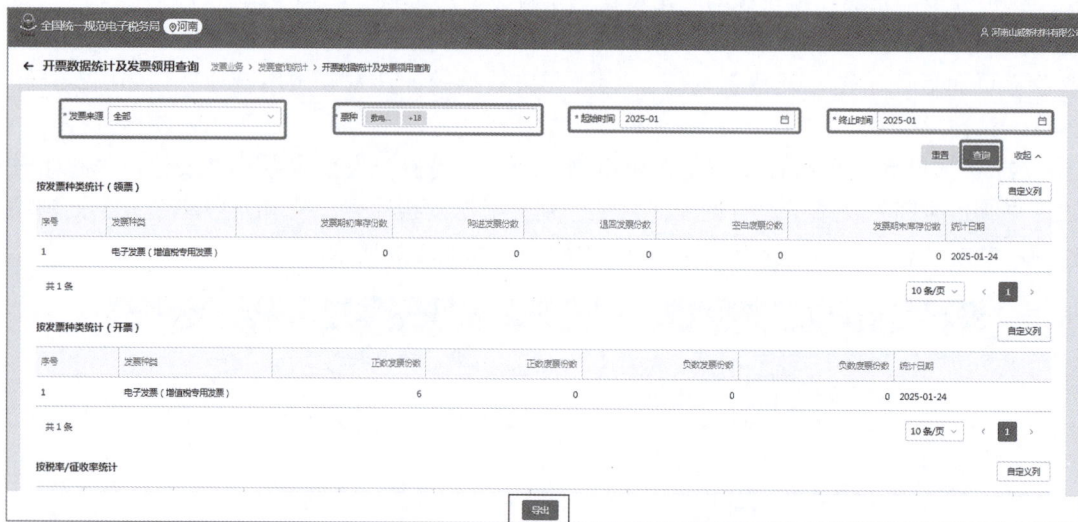

图2-38　开票数据查询及统计

2.4.2　增值税进项税额的确定

实务中，企业确认当期可以抵扣的进项税额，需在增值税纳税申报之前进行发票勾选确认，具体操作如下。

(1) 登录电子税务局，单击"我要办税"|"税务数字账户"|"发票业务"|"发票勾选确认"|"抵扣类勾选"，进入抵扣勾选页面。"勾选状态"选择"未勾选"，选择开票起止日期，单击"查询"，查找对应的发票进行勾选。最后，单击"确认"，如图2-39至图2-42所示。

(2) 提交成功后，单击"确认"，如图2-43所示。

(3) 确认勾选成功后，单击"统计确认"|"下载发票明细"，即可获取用途确认信息表，如图2-44至图2-46所示。

图 2-39　登录页面

图 2-40　税务数字账户

图 2-41　发票勾选确认

图 2-42　发票勾选页面

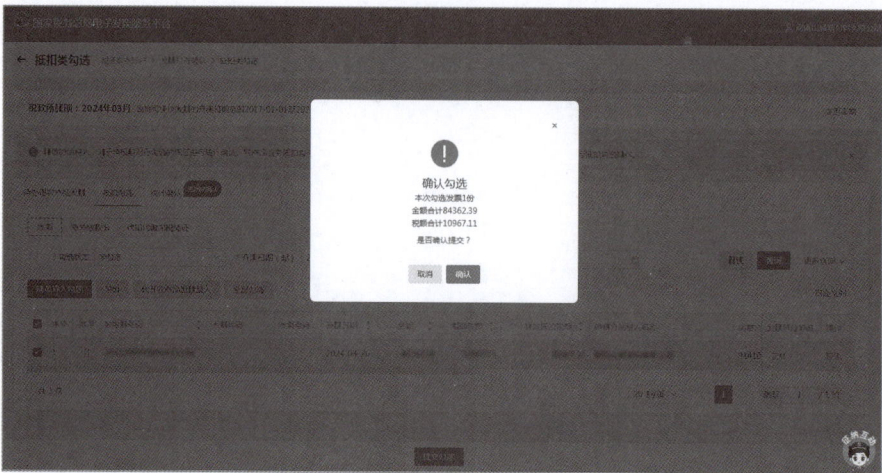

图2-43　发票确认勾选

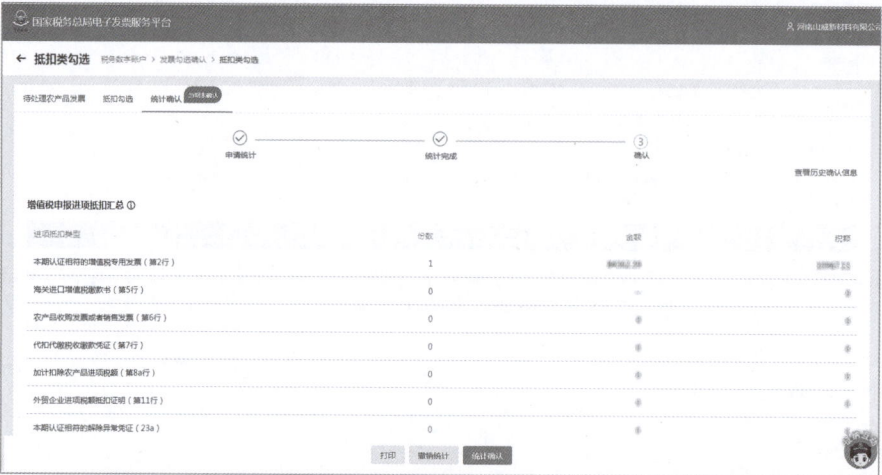

图2-44　发票勾选统计确认

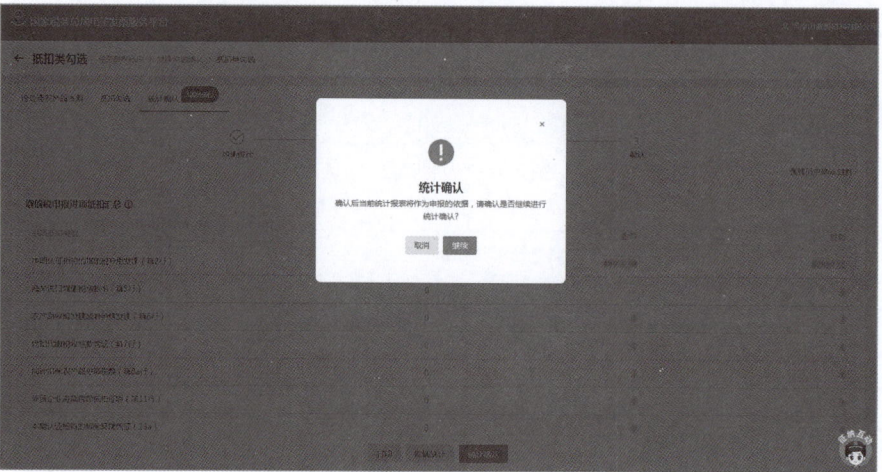

图2-45　统计确认提示页面

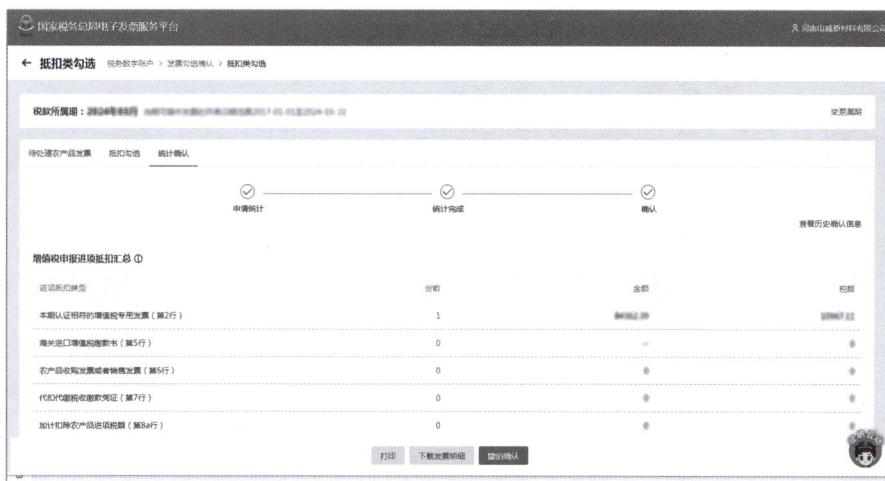

图2-46 进项抵扣汇总页面

2.4.3 一般纳税人增值税及附加税费纳税申报

实务中，会计应于每月15日之前申报上个月的增值税，纳税人员登录电子税务局，单击"我要办税"|"税费申报及缴纳"进入增值税及附加税费申报页面，页面左侧为需要填写的报表。

1. 增值税及附加税费纳税申报表、附列资料简介

申报增值税时需要填写的报表包括《增值税及附加税费申报表》《增值税及附加税费申报表附列资料(一)》《增值税及附加税费申报表附列资料(二)》《增值税及附加税费申报表附列资料(三)》《增值税及附加税费申报表附列资料(四)》《增值税及附加税费申报表附列资料(五)》，以及《增值税减免税申报明细表》。

申报增值税及附加税费时，填报各类表格的具体顺序如下。

步骤一：填写《增值税及附加税费申报表附列资料(一)》(本期销售情况明细)第1～11列，第12～14列由有差额扣除项目的纳税人填写。

步骤二：填写《增值税及附加税费申报表附列资料(二)》(本期进项税额明细)。

步骤三：填写《增值税及附加税费申报表附列资料(三)》(服务、不动产和无形资产扣除项目明细)。此表由有差额扣除项目的纳税人填写。

步骤四：填写《增值税及附加税费申报表附列资料(四)》(税额抵减情况表)。此表由有税额抵减业务的纳税人填写。

步骤五：根据附表数据填写《增值税及附加税费申报表》(一般纳税人适用)。

步骤六：填写《增值税减免税申报明细表》。此表由有减免税业务的纳税人填写。

步骤七：根据主表数据填写《增值税及附加税费申报表(一般纳税人适用)附列资料(五)》(附加税费情况表)，需再回主表确认城市维护建设税、教育费附加及地方教育附加，确认无误后再次保存主表。

2. 增值税纳税申报表及附列资料填写方法

步骤一：填写《增值税及附加税费申报表附列资料(一)》(本期销售情况明细)，如表2-5所示。

表2-5 增值税及附加税费申报表附列资料(一)

(本期销售情况明细)

纳税人名称:(公章)　　　　税款所属时间: 年 月 日至 年 月 日　　　　金额单位:元(列至角分)

项目及栏次		开具增值税专用发票		开具其他发票		未开具发票		纳税检查调整		合计		价税合计	服务、不动产和无形资产扣除项目本期实际扣除金额	扣除后	
		销售额	销项(应纳)税额	销售额	销项(应纳)税额	销售额	销项(应纳)税额	销售额	销项(应纳)税额	销售额	销项(应纳)税额	价税合计		含税(免税)销售额	销项(应纳)税额
		1	2	3	4	5	6	7	8	$9=1+3+5+7$	$10=2+4+6+8$	$11=9+10$	12	$13=11-12$	$14=13\div(100\%+$ 税率或征收率$)\times$ 税率或征收率
一、一般计税方法征税	全部征税项目	13%税率的货物及加工修理修配劳务	1	——												
		13%税率的服务、不动产和无形资产	2													
		9%税率的货物及加工修理修配劳务	3													
		9%税率的服务、不动产和无形资产	4													
		6%税率	5													
	其中:即征即退项目	即征即退货物及加工修理修配劳务	6													
		即征即退应税服务、不动产和无形资产	7													

（续表）

项目及栏次		开具增值税专用发票		开具其他发票		未开具发票		纳税检查调整		合计			服务、不动产和无形资产扣除项目本期实际扣除金额	扣除后	
		销售额	销项(应纳)税额	销售额	销项(应纳)税额	销售额	销项(应纳)税额	销售额	销项(应纳)税额	销售额	销项(应纳)税额	价税合计		含税(免税)销售额	销项(应纳)税额
		1	2	3	4	5	6	7	8	9=1+3+5+7	10=2+4+6+8	11=9+10	12	13=11-12	$14=13 \div (100\%+税率或征收率) \times 税率或征收率$
二、简易计税方法征税	全部征税项目	6%征收率 8											—	—	
		5%征收率的货物及加工修理修配劳务 9							—				—	—	
		5%征收率的服务、不动产和无形资产 10													
		4%征收率 11							—				—	—	
		3%征收率的货物及加工修理修配劳务 12													
		3%征收率的服务、不动产和无形资产 13							—				—	—	
		预征率% 13a													
		预征率% 13b													
		预征率% 13c													

（续表）

项目及栏次			开具增值税专用发票		开具其他发票		未开具发票		纳税检查调整		合计			服务、不动产和无形资产扣除项目本期实际扣除金额	扣除后	
			销售额	销项(应纳)税额	销售额	销项(应纳)税额	销售额	销项(应纳)税额	销售额	销项(应纳)税额	销售额	销项(应纳)税额	价税合计		含税(免税)销售额	销项(应纳)税额
			1	2	3	4	5	6	7	8	9=1+3+5+7	10=2+4+6+8	11=9+10	12	13=11-12	$14=13÷(100\%+税率或征收率)×税率或征收率$
二、简易计税方法征税	其中：即征即退项目	即征即退货物及加工修理修配劳务 14			—	—	—					—				—
		即征即退服务、不动产和无形资产 15			—	—	—					—				—
三、免抵退税		货物及加工修理修配劳务 16											—			—
		服务、不动产和无形资产 17											—			—
四、免税		货物及加工修理修配劳务 18											—			—
		服务、不动产和无形资产 19											—			—

《增值税及附加税费申报表附列资料(一)》的填制方法如下。

1) 各列说明

第1至2列"开具增值税专用发票": 反映本期开具增值税专用发票(含税控机动车销售统一发票,下同)的情况。

第3至4列"开具其他发票": 反映除增值税专用发票以外本期开具的其他发票的情况。

第5至6列"未开具发票": 反映本期未开具发票的销售情况。

第7至8列"纳税检查调整": 反映经税务、财政、审计部门检查并在本期调整的销售情况。

第9至11列"合计": 按照表中所列公式填写。营业税改征增值税的纳税人,服务、不动产和无形资产有扣除项目的,第1至11列应填写扣除之前的征(免)税销售额、销项(应纳)税额和价税合计额。

第12列"服务、不动产和无形资产扣除项目本期实际扣除金额": 营业税改征增值税的纳税人,服务、不动产和无形资产有扣除项目的,按《附列资料(三)》第5列对应各行次数据填写,其中本列第5栏等于《附列资料(三)》第5列第3行与第4行之和;服务、不动产和无形资产无扣除项目的,本列填写"0"。其他纳税人不填写。营业税改征增值税的纳税人,服务、不动产和无形资产按规定汇总计算缴纳增值税的分支机构,当期服务、不动产和无形资产有扣除项目的,填入本列第13行。

第13列"扣除后""含税(免税)销售额": 营业税改征增值税的纳税人,服务、不动产和无形资产有扣除项目的,本列各行次=第11列对应各行次-第12列对应各行次。其他纳税人不填写。

第14列"扣除后""销项(应纳)税额": 营业税改征增值税的纳税人,按以下要求填写本列,其他纳税人不填写。

(1) 服务、不动产和无形资产按照一般计税方法计税。

本列第2行、第4行:若本行第12列为0,则该行次第14列等于第10列。若本行第12列不为0,则仍按照第14列所列公式计算。计算后的结果与纳税人实际计提销项税额有差异的,按实际填写。本列第5行=第13列÷(100%+对应行次税率)×对应行次税率。本列第7行"按一般计税方法计税的即征即退服务、不动产和无形资产"具体填写要求见"各行说明"第2条第(2)项第③点的说明。

(2) 服务、不动产和无形资产按照简易计税方法计税。

本列各行次=第13列÷(100%+对应行次征收率)×对应行次征收率。本列第13行"预征率%"不按本列的说明填写。具体填写要求见"各行说明"第4条第(2)项。

(3) 服务、不动产和无形资产实行免抵退税或免税的,本列不填写。

2) 各行说明

第1至5行"一、一般计税方法征税""全部征税项目"各行:按不同税率和项目分别填写按一般计税方法计算增值税的全部征税项目。有即征即退征税项目的纳税人,本部分数据中既包括即征即退税项目,又包括不享受即征即退政策的一般征税项目。

第6至7行"一、一般计税方法征税""其中:即征即退项目"各行:只反映按一般计税方法计算增值税的即征即退项目。按照税法规定不享受即征即退政策的纳税人,不填写本行。即征即退项目是全部征税项目的其中数。

第6行"即征即退货物及加工修理修配劳务":反映按一般计税方法计算增值税且享受即征即退政策的货物和加工修理修配劳务。本行不包括服务、不动产和无形资产的内容。

(1) 本行第9列"合计""销售额"栏:反映按一般计税方法计算增值税且享受即征即退政策的货物及加工修理修配劳务的不含税销售额。该栏不按第9列所列公式计算,应按照税法规定据实填写。

(2) 本行第10列"合计""销项(应纳)税额"栏:反映按一般计税方法计算增值税且享受即征即退政策的货物及加工修理修配劳务的销项税额。该栏不按第10列所列公式计算,应按照税法规定据实填写。

第7行"即征即退应税服务、不动产和无形资产":反映按一般计税方法计算增值税且享受即征即退政策的服务、不动产和无形资产。本行不包括货物及加工修理修配劳务的内容。

(1) 本行第9列"合计""销售额"栏:反映按一般计税方法计算增值税且享受即征即退政策的服务、不动产和无形资产的不含税销售额。服务、不动产和无形资产有扣除项目的,按扣除之前的不含税销售额填写。该栏不按第9列所列公式计算,应按照税法规定据实填写。

(2) 本行第10列"合计""销项(应纳)税额"栏:反映按一般计税方法计算增值税且享受即征即退政策的服务、不动产和无形资产的销项税额。服务、不动产和无形资产有扣除项目的,按扣除之前的销项税额填写。该栏不按第10列所列公式计算,应按照税法规定据实填写。

(3) 本行第14列"扣除后""销项(应纳)税额"栏:反映按一般计税方法征收增值税且享受即征即退政策的服务、不动产和无形资产实际应计提的销项税额。服务、不动产和无形资产有扣除项目的,按扣除之后的销项税额填写;服务、不动产和无形资产无扣除项目的,按本行第10列填写。该栏不按第14列所列公式计算,应按照税法规定据实填写。

第8至12行"二、简易计税方法征税""全部征税项目"各行:按不同征收率和项目分别填写按简易计税方法计算增值税的全部征税项目。有即征即退征税项目的纳税人,本部分数据中既包括即征即退项目,也包括不享受即征即退政策的一般征税项目。

第13a至13c行"二、简易计税方法征税""预征率%":反映按规定汇总计算缴纳增值税的分支机构,预征增值税销售额、预征增值税应纳税额。其中,第13a行"预征率%"适用于所有实行汇总计算缴纳增值税的分支机构纳税人;第13b、13c行"预征率%"适用于部分实行汇总计算缴纳增值税的铁路运输纳税人。

(1) 第13a至13c行第1至6列按照销售额和销项税额的实际发生数填写。

(2) 第13a行第14列,纳税人按规定据实填写;第13b至13c行第14列,纳税人按"应预征缴纳的增值税=应预征增值税销售额×预征率"公式计算后据实填写。

第14至15行"二、简易计税方法征税""其中:即征即退项目"各行:只反映按简易计税方法计算增值税的即征即退项目。按照税法规定不享受即征即退政策的纳税人,不填写本行。即征即退项目是全部征税项目的其中数。

第14行"即征即退货物及加工修理修配劳务"：反映按简易计税方法计算增值税且享受即征即退政策的货物及加工修理修配劳务。本行不包括服务、不动产和无形资产的内容。

(1) 本行第9列"合计""销售额"栏：反映按简易计税方法计算增值税且享受即征即退政策的货物及加工修理修配劳务的不含税销售额。该栏不按第9列所列公式计算，应按照税法规定据实填写。

(2) 本行第10列"合计""销项(应纳)税额"栏：反映按简易计税方法计算增值税且享受即征即退政策的货物及加工修理修配劳务的应纳税额。该栏不按第10列所列公式计算，应按照税法规定据实填写。

第15行"即征即退服务、不动产和无形资产"：反映按简易计税方法计算增值税且享受即征即退政策的服务、不动产和无形资产。本行不包括货物及加工修理修配劳务的内容。

(1) 本行第9列"合计""销售额"栏：反映按简易计税方法计算增值税且享受即征即退政策的服务、不动产和无形资产的不含税销售额。服务、不动产和无形资产有扣除项目的，按扣除之前的不含税销售额填写。该栏不按第9列所列公式计算，应按照税法规定据实填写。

(2) 本行第10列"合计""销项(应纳)税额"栏：反映按简易计税方法计算增值税且享受即征即退政策的服务、不动产和无形资产的应纳税额。服务、不动产和无形资产有扣除项目的，按扣除之前的应纳税额填写。该栏不按第10列所列公式计算，应按照税法规定据实填写。

(3) 本行第14列"扣除后""销项(应纳)税额"栏：反映按简易计税方法计算增值税且享受即征即退政策的服务、不动产和无形资产实际应计提的应纳税额。服务、不动产和无形资产有扣除项目的，按扣除之后的应纳税额填写；服务、不动产和无形资产无扣除项目的，按本行第10列填写。

第16行"三、免抵退税""货物及加工修理修配劳务"：反映适用免、抵、退税政策的出口货物、加工修理修配劳务。

第17行"三、免抵退税""服务、不动产和无形资产"：反映适用免、抵、退税政策的服务、不动产和无形资产。

第18行"四、免税""货物及加工修理修配劳务"：反映按照税法规定免征增值税的货物及劳务和适用零税率的出口货物及劳务，但零税率的销售额中不包括适用免、抵、退税办法的出口货物及劳务。

第19行"四、免税""服务、不动产和无形资产"：反映按照税法规定免征增值税的服务、不动产、无形资产和适用零税率的服务、不动产、无形资产，但零税率的销售额中不包括适用免、抵、退税办法的服务、不动产和无形资产。

步骤二：填写《增值税及附加税费申报表附列资料(二)》(本期进项税额明细)，如表2-6所示。

表2-6　增值税及附加税费申报表附列资料(二)

(本期进项税额明细)

税款所属时间：　　年　月　日至　　年　月　日

纳税人名称：(公章)　　　　　　　　　　　　　　　　　　　　金额单位：元(列至角分)

一、申报抵扣的进项税额				
项目	栏次	份数	金额	税额
(一) 认证相符的增值税专用发票	1=2+3			
其中：本期认证相符且本期申报抵扣	2			
前期认证相符且本期申报抵扣	3			
(二) 其他扣税凭证	4=5+6+7+8a+8b			
其中：海关进口增值税专用缴款书	5			
农产品收购发票或者销售发票	6			
代扣代缴税收缴款凭证	7		—	
加计扣除农产品进项税额	8a	—	—	
其他	8b			
(三) 本期用于购建不动产的扣税凭证	9			
(四) 本期用于抵扣的旅客运输服务扣税凭证	10			
(五) 外贸企业进项税额抵扣证明	11	—		
当期申报抵扣进项税额合计	12=1+4+11			

二、进项税额转出额		
项目	栏次	税额
本期进项税转出额	13=14至23之和	
其中：免税项目用	14	
集体福利、个人消费	15	
非正常损失	16	
简易计税方法征税项目用	17	
免抵退税办法不得抵扣的进项税额	18	
纳税检查调减进项税额	19	
红字专用发票信息表注明的进项税额	20	
上期留抵税额抵减欠税	21	
上期留抵税额退税	22	
异常凭证转出进项税额	23a	
其他应作进项税额转出的情形	23b	

三、待抵扣进项税额				
项目	栏次	份数	金额	税额
(一) 认证相符的增值税专用发票	24	—	—	—
期初已认证相符但未申报抵扣	25			
本期认证相符且本期未申报抵扣	26			
期末已认证相符但未申报抵扣	27			
其中：按照税法规定不允许抵扣	28			
(二) 其他扣税凭证	29=30至33之和			
其中：海关进口增值税专用缴款书	30			

(续表)

三、待抵扣进项税额				
项目	栏次	份数	金额	税额
农产品收购发票或者销售发票	31			
代扣代缴税收缴款凭证	32		—	
其他	33			
	34			
四、其他				
项目	栏次	份数	金额	税额
本期认证相符的增值税专用发票	35			
代扣代缴税额	36		—	—

第1至12栏"一、申报抵扣的进项税额"：分别反映纳税人按税法规定符合抵扣条件，在本期申报抵扣的进项税额。第1栏"(一)认证相符的增值税专用发票"：反映纳税人取得的认证相符本期申报抵扣的增值税专用发票情况。该栏应等于第2栏"其中：本期认证相符且本期申报抵扣"与第3栏"前期认证相符且本期申报抵扣"数据之和。适用取消增值税发票认证规定的纳税人，通过增值税发票综合服务平台选择用于抵扣的增值税专用发票，视为"认证相符"(下同)。

第2栏"其中：本期认证相符且本期申报抵扣"：反映本期认证相符且本期申报抵扣的增值税专用发票的情况。本栏是第1栏的其中数，本栏只填写本期认证相符且本期申报抵扣的部分。

第3栏"前期认证相符且本期申报抵扣"：反映前期认证相符且本期申报抵扣的增值税专用发票的情况。本栏是第1栏的其中数。纳税人本期申报抵扣的收费公路通行费增值税电子普通发票(以下简称通行费电子发票)应当填写在第1至3栏对应栏次中。第1至3栏中涉及的增值税专用发票均不包含从小规模纳税人处购进农产品时取得的专用发票，但购进农产品未分别核算用于生产销售13%税率货物和其他货物服务的农产品进项税额情况除外。

第4栏"(二)其他扣税凭证"：反映本期申报抵扣的除增值税专用发票之外的其他扣税凭证的情况。具体包括：海关进口增值税专用缴款书、农产品收购发票或者销售发票(含农产品核定扣除的进项税额)、代扣代缴税收缴款凭证、加计扣除农产品进项税额和其他符合政策规定的扣税凭证。该栏应等于第5至8b栏之和。

第5栏"其中：海关进口增值税专用缴款书"：反映本期申报抵扣的海关进口增值税专用缴款书的情况。

第6栏"农产品收购发票或者销售发票"：反映纳税人本期购进农业生产者自产农产品取得(开具)的农产品收购发票或者销售发票情况。从小规模纳税人处购进农产品时取得增值税专用发票情况填写在本栏，但购进农产品未分别核算用于生产销售13%税率货物和其他货物服务的农产品进项税额情况除外。"税额"栏＝农产品销售发票或者收购发票上注明的农产品买价×9%+增值税专用发票上注明的金额×9%。上述公式中的"增值税专用发票"是指纳税人从小规模纳税人处购进农产品时取得的专用发票。执行农产品增值税进项税额核定扣除办法的，填写当期允许抵扣的农产品增值税进项税额，不填写"份数""金额"。

第7栏"代扣代缴税收缴款凭证"：填写本期按规定准予抵扣的完税凭证上注明的增值税额。

第8a栏"加计扣除农产品进项税额"：填写纳税人将购进的农产品用于生产销售或委托受托加工13%税率货物时加计扣除的农产品进项税额。该栏不填写"份数""金额"。

第8b栏"其他"：反映按规定本期可以申报抵扣的其他扣税凭证情况。纳税人按照规定不得抵扣且未抵扣进项税额的固定资产、无形资产、不动产，发生用途改变，用于允许抵扣进项税额的应税项目，可在用途改变的次月将按公式计算出的可以抵扣的进项税额，填入本栏"税额"中。

第9栏"(三)本期用于购建不动产的扣税凭证"：反映按规定本期用于购建不动产的扣税凭证上注明的金额和税额。购建不动产是指纳税人2016年5月1日后取得并在会计制度上按固定资产核算的不动产或者2016年5月1日后取得的不动产在建工程。取得不动产，包括以直接购买、接受捐赠、接受投资入股、自建以及抵债等各种形式取得不动产，不包括房地产开发企业自行开发的房地产项目。本栏次包括第1栏中本期用于购建不动产的增值税专用发票和第4栏中本期用于购建不动产的其他扣税凭证。本栏"金额""税额"≥0。

第10栏"(四)本期用于抵扣的旅客运输服务扣税凭证"：反映按规定本期购进旅客运输服务，所取得的扣税凭证上注明或按规定计算的金额和税额。本栏次包括第1栏中按规定本期允许抵扣的购进旅客运输服务取得的增值税专用发票和第4栏中按规定本期允许抵扣的购进旅客运输服务取得的其他扣税凭证。本栏"金额""税额"≥0。第9栏"(三)本期用于购建不动产的扣税凭证"+第10栏"(四)本期用于抵扣的旅客运输服务扣税凭证"税额≤第1栏"认证相符的增值税专用发票"+第4栏"其他扣税凭证"税额。

第11栏"(五)外贸企业进项税额抵扣证明"：填写本期申报抵扣的税务机关出口退税部门开具的《出口货物转内销证明》列明允许抵扣的进项税额。

第12栏"当期申报抵扣进项税额合计"：反映本期申报抵扣进项税额的合计数。按表中所列公式计算填写。

第13至23b栏"二、进项税额转出额"各栏：分别反映纳税人已经抵扣但按规定应在本期转出的进项税额明细情况。

第13栏"本期进项税额转出额"：反映已经抵扣但按规定应在本期转出的进项税额合计数。按表中所列公式计算填写。

第14栏"其中：免税项目用"：反映用于免征增值税项目，按规定应在本期转出的进项税额。

第15栏"集体福利、个人消费"：反映用于集体福利或者个人消费，按规定应在本期转出的进项税额。

第16栏"非正常损失"：反映纳税人发生非正常损失，按规定应在本期转出的进项税额。

第17栏"简易计税方法征税项目用"：反映用于按简易计税方法征税项目，按规定应在本期转出的进项税额。营业税改征增值税的纳税人，服务、不动产和无形资产按规定汇总计算缴纳增值税的分支机构，当期应由总机构汇总的进项税额也填入本栏。

第18栏"免抵退税办法不得抵扣的进项税额"：反映按照免、抵、退税办法的规定，由于征税税率与退税税率存在税率差，在本期应转出的进项税额。

第19栏"纳税检查调减进项税额"：反映税务、财政、审计部门检查后而调减的进项税额。

第20栏"红字专用发票信息表注明的进项税额"：填写增值税发票管理系统校验通过的《开具红字增值税专用发票信息表》注明的在本期应转出的进项税额。

第21栏"上期留抵税额抵减欠税"：填写本期经税务机关同意，使用上期留抵税额抵减欠税的数额。

第22栏"上期留抵税额退税"：填写本期经税务机关批准的上期留抵税额退税额。

第23a栏"异常凭证转出进项税额"：填写本期异常增值税扣税凭证转出的进项税额。异常增值税扣税凭证转出后，经核实允许继续抵扣的，纳税人重新确认用于抵扣的，在本栏次填入负数。

第23b栏"其他应作进项税额转出的情形"：反映除上述进项税额转出情形外，其他应在本期转出的进项税额。

第24至34栏"三、待抵扣进项税额"各栏：分别反映纳税人已经取得，但按税法规定不符合抵扣条件，暂不予在本期申报抵扣的进项税额情况及按税法规定不允许抵扣的进项税额情况。

第24至28栏涉及的增值税专用发票均不包括从小规模纳税人处购进农产品时取得的专用发票，但购进农产品未分别核算用于生产销售13%税率货物和其他货物服务的农产品进项税额情况除外。

第25栏"期初已认证相符但未申报抵扣"：反映前期认证相符，但按照税法规定暂不予抵扣及不允许抵扣，结存至本期的增值税专用发票情况。

第26栏"本期认证相符且本期未申报抵扣"：反映本期认证相符，但按税法规定暂不予抵扣及不允许抵扣，而未申报抵扣的增值税专用发票情况。

第27栏"期末已认证相符但未申报抵扣"：反映截至本期期末，按照税法规定仍暂不予抵扣及不允许抵扣且已认证相符的增值税专用发票情况。

第28栏"其中：按照税法规定不允许抵扣"：反映截至本期期末已认证相符但未申报抵扣的增值税专用发票中，按照税法规定不允许抵扣的增值税专用发票情况。纳税人本期期末已认证相符待抵扣的通行费电子发票应当填写在第24至28栏对应栏次中。

第29栏"(二)其他扣税凭证"：反映截至本期期末仍未申报抵扣的除增值税专用发票之外的其他扣税凭证情况。具体包括：海关进口增值税专用缴款书、农产品收购发票或者销售发票、代扣代缴税收完税凭证和其他符合政策规定的扣税凭证。该栏应等于第30至33栏之和。

第30栏"其中：海关进口增值税专用缴款书"：反映已取得但截至本期期末仍未申报抵扣的海关进口增值税专用缴款书情况。

第31栏"农产品收购发票或者销售发票"：反映已取得但截至本期期末仍未申报抵扣的农产品收购发票或者农产品销售发票情况。从小规模纳税人处购进农产品时取得增值税专用发票情况填写在本栏，但购进农产品未分别核算用于生产销售13%税率货物和其他货物服务的农产品进项税额情况除外。

第32栏"代扣代缴税收缴款凭证"：反映已取得但截至本期期末仍未申报抵扣的代扣代缴税收完税凭证情况。

第33栏"其他"：反映已取得但截至本期期末仍未申报抵扣的其他扣税凭证的情况。

第35至36栏"四、其他"各栏。

第35栏"本期认证相符的增值税专用发票"：反映本期认证相符的增值税专用发票的情况。纳税人本期认证相符的通行费电子发票应当填写在本栏次中。

第36栏"代扣代缴税额"：填写纳税人根据《中华人民共和国增值税暂行条例》第十八条扣缴的应税劳务增值税额与根据营业税改征增值税有关政策规定扣缴的服务、不动产和无形资产增值税额之和。

步骤三：填写《增值税及附加税费申报表附列资料(三)》(服务、不动产和无形资产扣除项目明细)，如表2-7所示。

表2-7　增值税及附加税费申报表附列资料(三)

(服务、不动产和无形资产扣除项目明细)

纳税人名称：(公章)　　　税款所属时间：　年　月　日至　年　月　日

金额单位：元(列至角分)

项目及栏次		本期服务、不动产和无形资产价税合计额(免税销售额)	服务、不动产和无形资产扣除项目				
			期初余额	本期发生额	本期应扣除金额	本期实际扣除金额	期末余额
		1	2	3	4=2+3	5(5≤1且5≤4)	6=4-5
13%税率的项目	1						
9%税率的项目	2						
6%税率的项目(不含金融商品转让)	3						
6%税率的金融商品转让项目	4						
5%征收率的项目	5						
3%征收率的项目	6						
免抵退税的项目	7						
免税的项目	8						

《增值税及附加税费申报表附列资料(三)》的填制方法如下(本表由营业税改征增值税应税服务有扣除项目的纳税人填写，其他纳税人不填写)。

第1列"本期服务、不动产和无形资产价税合计额(免税销售额)"：营业税改征增值税的服务、不动产和无形资产属于征税项目的，填写扣除之前的本期服务、不动产和无形资产价税合计额；营业税改征增值税的服务、不动产和无形资产属于免抵退税或免税项目的，填写扣除之前的本期服务、不动产和无形资产免税销售额。

本列各行次等于《增值税及附加税费申报表附列资料(一)》第11列对应行次，其中本列第3行和第4行之和等于《增值税及附加税费申报表附列资料(一)》第11列第5栏。

营业税改征增值税的纳税人，服务、不动产和无形资产按规定汇总计算缴纳增值税的分支机构，本列各行次之和等于《增值税及附加税费申报表附列资料(一)》第11列第13a、13b行之和。

第2列"服务、不动产和无形资产扣除项目"中"期初余额"列：填写服务、不动产和无形资产扣除项目上期期末结存的金额，试点实施之日的税款所属期填写"0"。本列各行次等于上期本表第6列对应行次。

本列第4行"6%税率的金融商品转让项目"年初首期填报时应填"0"。

第3列"服务、不动产和无形资产扣除项目"中"本期发生额"列：填写本期取得的按税法规定准予扣除的服务、不动产和无形资产扣除项目金额。

第4列"服务、不动产和无形资产扣除项目"中"本期应扣除金额"列：填写服务、不动产和无形资产扣除项目本期应扣除的金额。本列各行次=第2列对应各行次+第3列对应各行次。

第5列"服务、不动产和无形资产扣除项目"中"本期实际扣除金额"：填写服务、不动产和无形资产扣除项目本期实际扣除的金额。本列各行次≤第4列对应各行次，且本列各行次≤第1列对应各行次。

第6列"服务、不动产和无形资产扣除项目"中"期末余额"列：填写服务、不动产和无形资产扣除项目本期期末结存的金额。本列各行次=第4列对应各行次-第5列对应各行次。

步骤四：填写《增值税及附加税费申报表附列资料(四)》(税额抵减情况表)，如表2-8所示。

表2-8 增值税及附加税费申报表附列资料(四)

(税额抵减情况表)

税款所属时间： 年 月 日至 年 月 日

纳税人名称：(公章)　　　　　　　　　　　　　　　　　　　　　金额单位：元(列至角分)

一、税额抵减情况					
序号	抵减项目	期初余额	本期发生额	本期应抵减税额	本期实际抵减税额	期末余额
		1	2	3=1+2	4≤3	5=3-4
1	增值税税控系统专用设备费及技术维护费					
2	分支机构预征缴纳税款					
3	建筑服务预征缴纳税款					
4	销售不动产预征缴纳税款					
5	出租不动产预征缴纳税款					

序号	加计抵减项目	期初余额	本期发生额	本期调减额	本期可抵减额	本期实际抵减额	期末余额
		1	2	3	4=1+2-3	5	6=4-5
6	一般项目加计抵减额计算						
7	即征即退项目加计抵减额计算						
8	合计						

二、加计抵减情况

各行说明如下。

第1行由发生增值税税控系统专用设备费用和技术维护费的纳税人填写，反映纳税人增值税税控系统专用设备费用和技术维护费按规定抵减增值税应纳税额的情况。

第2行由营业税改征增值税纳税人，服务、不动产和无形资产按规定汇总计算缴纳增值税的总机构填写，反映其分支机构预征缴纳税款抵减总机构应纳增值税税额的情况。

第3行由销售建筑服务并按规定预缴增值税的纳税人填写，反映其销售建筑服务预征缴纳税款抵减应纳增值税税额的情况。

第4行由销售不动产并按规定预缴增值税的纳税人填写，反映其销售不动产预征缴纳税款抵减应纳增值税税额的情况。

第5行由出租不动产并按规定预缴增值税的纳税人填写，反映其出租不动产预征缴纳税款抵减应纳增值税税额的情况。

第6至8行仅限适用加计抵减政策的纳税人填写，反映其加计抵减情况。其他纳税人无须填写。第8行"合计"等于第6行、第7行之和。

各列说明如下。

第1列"期初余额"：填写上期期末结余的加计抵减额。

第2列"本期发生额"：填写按照规定本期计提的加计抵减额。

第3列"本期调减额"：填写按照规定本期应调减的加计抵减额。

第4列"本期可抵减额"：按表中所列公式填写。

第5列"本期实际抵减额"：反映按照规定本期实际加计抵减额，按以下要求填写。若第4列≥0，且第4列<主表第11栏-主表第18栏，则第5列=第4列；若第4列≥主表第11栏-主表第18栏，则第5列=主表第11栏-主表第18栏；若第4列<0，则第5列等于0。计算本列"一般项目加计抵减额计算"行和"即征即退项目加计抵减额计算"行时，公式中主表各栏次数据分别取主表"一般项目""本月数"列、"即征即退项目""本月数"列对应数据。

第6列"期末余额"：填写本期结余的加计抵减额，按表中所列公式填写。

步骤五：根据附表数据填写《增值税及附加税费申报表》(一般纳税人适用)，如表2-9所示。

表2-9　增值税及附加税费申报表

(一般纳税人适用)

税款所属时间：自　年 月 日至　年 月 日

填表日期：　年 月 日　　　　　　　　　　　　　金额单位：元(列至角分)

纳税人识别号(统一社会信用代码)：　　　　　　　　所属行业：

纳税人名称		法定代表人姓名			注册地址	生产经营地址
开户银行及账号		登记注册类型		电话号码		

项目	栏次		一般项目		即征即退项目	
			本月数	本年累计	本月数	本年累计
销售额	(一) 按适用税率计税销售额	1				
	其中：应税货物销售额	2				
	应税劳务销售额	3				
	纳税检查调整的销售额	4				
销售额	(二) 按简易办法计税销售额	5				
	其中：纳税检查调整的销售额	6				
	(三) 免、抵、退办法出口销售额	7		—		—
	(四) 免税销售额	8			—	—
	其中：免税货物销售额	9			—	—
	免税劳务销售额	10			—	—
税款计算	销项税额	11				
	进项税额	12				
	上期留抵税额	13				—
	进项税额转出	14				
	免、抵、退应退税额	15			—	—
	按适用税率计算的纳税检查应补缴税额	16			—	—
	应抵扣税额合计	17=12+13-14-15+16				
	实际抵扣税额	18				
	应纳税额	19=11-18				
	期末留抵税额	20=17-18				—
	简易计税办法计算的应纳税额	21				
	按简易计税办法计算的纳税检查应补缴税额	22			—	—
	应纳税额减征额	23				
	应纳税额合计	24=19+21-23				

(续表)

项目	栏次	一般项目		即征即退项目	
		本月数	本年累计	本月数	本年累计
税款缴纳	期初未缴税额(多缴为负数)	25			
	实收出口开具专用缴款书退税额	26		—	
	本期已缴税额	27=28+29+30+31			
	① 分次预缴税额	28		—	—
	② 出口开具专用缴款书预缴税额	29		—	—
	③ 本期缴纳上期应纳税额	30			
	④ 本期缴纳欠缴税额	31			
	期末未缴税额(多缴为负数)	32=24+25+26-27			
	其中：欠缴税额(≥0)	33=25+26-27		—	—
	本期应补(退)税额	34=24-28-29			
	即征即退实际退税额	35	—		
	期初未缴查补税额	36			
	本期入库查补税额	37			
	期末未缴查补税额	38=16+22+36-37			
附加税费	城市维护建设税本期应补(退)税额	39		—	
	教育费附加本期应补(退)费额	40		—	
	地方教育附加本期应补(退)费额	41		—	

声明：此表是根据国家税收法律法规及相关规定填写的，本人(单位)对填报内容(及附带资料)的真实性、可靠性、完整性负责。

纳税人(签章)：
年 月 日

经办人： 经办人身份证号： 代理机构签章： 代理机构统一社会信用代码：	受理人： 受理日期： 受理税务机关(章) 年 月 日

第1栏"(一)按适用税率计税销售额"：填写纳税人本期按一般计税方法计算缴纳增值税的销售额，包含：在财务上不作销售但按税法规定应缴纳增值税的视同销售和价外费用的销售额；外贸企业作价销售进料加工复出口货物的销售额；税务、财政、审计部门检查后按一般计税方法计算调整的销售额。营业税改征增值税的纳税人，服务、不动产和无形资产有扣除项目的，本栏应填写扣除之前的不含税销售额。本栏"一般项目"列"本月数"=《附列资料(一)》第9列第1至5行之和-第9列第6、7行之和。本栏"即征即退项目"列"本月数"=《附列资料(一)》第9列第6、7行之和。

第2栏"其中：应税货物销售额"：填写纳税人本期按适用税率计算增值税的应税货物的销售额。其包含在财务上不作销售但按税法规定应缴纳增值税的视同销售货物和价外费用销售额，以及外贸企业作价销售进料加工复出口货物的销售额。

第3栏"应税劳务销售额"：填写纳税人本期按适用税率计算增值税的应税劳务的销售额。

第4栏"纳税检查调整的销售额"：填写纳税人因税务、财政、审计部门检查，并按一般计税方法在本期计算调整的销售额。但享受增值税即征即退政策的货物、劳务和服务、不动产、无形资产，经纳税检查属于偷税的，不填入"即征即退项目"列，而应填入"一般项目"列。营业税改征增值税的纳税人，服务、不动产和无形资产有扣除项目的，本栏应填写扣除之前的不含税销售额。本栏"一般项目"列"本月数"=《附列资料(一)》第7列第1至5行之和。

第5栏"(二)按简易办法计税销售额"：填写纳税人本期按简易计税方法计算增值税的销售额。其包含纳税检查调整按简易计税方法计算增值税的销售额。营业税改征增值税的纳税人，服务、不动产和无形资产有扣除项目的，本栏应填写扣除之前的不含税销售额；服务、不动产和无形资产按规定汇总计算缴纳增值税的分支机构，其当期按预征率计算缴纳增值税的销售额也填入本栏。本栏"一般项目"列"本月数"≥《附列资料(一)》第9列第8至13b行之和-第9列第14、15行之和。本栏"即征即退项目"列"本月数"≥《附列资料(一)》第9列第14、15行之和。

第6栏"其中：纳税检查调整的销售额"：填写纳税人因税务、财政、审计部门检查，并按简易计税方法在本期计算调整的销售额。但享受增值税即征即退政策的货物、劳务和服务、不动产、无形资产，经纳税检查属于偷税的，不填入"即征即退项目"列，而应填入"一般项目"列。营业税改征增值税的纳税人，服务、不动产和无形资产有扣除项目的，本栏应填写扣除之前的不含税销售额。

第7栏"(三)免、抵、退办法出口销售额"：填写纳税人本期适用免、抵、退税办法的出口货物、劳务和服务、无形资产的销售额。营业税改征增值税的纳税人，服务、无形资产有扣除项目的，本栏应填写扣除之前的销售额。本栏"一般项目"列"本月数"=《附列资料(一)》第9列第16、17行之和。

第8栏"(四)免税销售额"：填写纳税人本期按照税法规定免征增值税的销售额和适用零税率的销售额，但零税率的销售额中不包括适用免、抵、退税办法的销售额。营业税改征增值税的纳税人，服务、不动产和无形资产有扣除项目的，本栏应填写扣除之前的免税销售额。本栏"一般项目"列"本月数"=《附列资料(一)》第9列第18、19行之和。

第9栏"其中：免税货物销售额"：填写纳税人本期按照税法规定免征增值税的货物销售额及适用零税率的货物销售额，但零税率的销售额中不包括适用免、抵、退税办法出口货物的销售额。

第10栏"免税劳务销售额"：填写纳税人本期按照税法规定免征增值税的劳务销售额及适用零税率的劳务销售额，但零税率的销售额中不包括适用免、抵、退税办法的劳务的销售额。

第11栏"销项税额"：填写纳税人本期按一般计税方法计税的货物、劳务和服务、不动产、无形资产的销项税额。营业税改征增值税的纳税人，服务、不动产和无形资产有扣除项目的，本栏应填写扣除之后的销项税额。本栏"一般项目"列"本月数"=《附列资料(一)》(第10列第1、3行之和-第10列第6行)+(第14列第2、4、5行之和-第14列第7行)。本栏"即征即退项目"列"本月数"=《附列资料(一)》第10列第6行+第14列第7行。

第12栏"进项税额"：填写纳税人本期申报抵扣的进项税额。本栏"一般项目"列"本月数"+"即征即退项目"列"本月数"=《附列资料(二)》第12栏"税额"。

第13栏"上期留抵税额"："本月数"按上一税款所属期申报表第20栏"期末留抵税额""本月数"填写。本栏"一般项目"列"本年累计"不填写。

第14栏"进项税额转出"：填写纳税人已经抵扣，但按税法规定本期应转出的进项税额。本栏"一般项目"列"本月数"+"即征即退项目"列"本月数"=《附列资料(二)》第13栏"税额"。

第15栏"免、抵、退应退税额"：反映税务机关退税部门按照出口货物、劳务和服务、无形资产免、抵、退办法审批的增值税应退税额。

第16栏"按适用税率计算的纳税检查应补缴税额"：填写税务、财政、审计部门检查，按一般计税方法计算的纳税检查应补缴的增值税税额。本栏"一般项目"列"本月数"≤《附列资料(一)》第8列第1至5行之和+《附列资料(二)》第19栏。

第17栏"应抵扣税额合计"：填写纳税人本期应抵扣进项税额的合计数。按表中所列公式计算填写。

第18栏"实际抵扣税额"："本月数"按表中所列公式计算填写。本栏"一般项目"列"本年累计"不填写。

第19栏"应纳税额"：反映纳税人本期按一般计税方法计算并应缴纳的增值税额。1.适用加计抵减政策的纳税人，按以下公式填写。本栏"一般项目"列"本月数"=第11栏"销项税额""一般项目"列"本月数"-第18栏"实际抵扣税额""一般项目"列"本月数"-"实际抵减额"。本栏"即征即退项目"列"本月数"=第11栏"销项税额""即征即退项目"列"本月数"-第18栏"实际抵扣税额""即征即退项目"列"本月数"-"实际抵减额"。适用加计抵减政策的纳税人是指，按照规定计提加计抵减额，并可从本期适用一般计税方法计算的应纳税额中抵减的纳税人(下同)。"实际抵减额"是指按照规定可从本期适用一般计税方法计算的应纳税额中抵减的加计抵减额，分别对应《附列资料(四)》第6行"一般项目加计抵减额计算"、第7行"即征即退项目加计抵减额计算"的"本期实际抵减额"列。

第20栏"期末留抵税额"："本月数"按表中所列公式填写。本栏"一般项目"列"本年累计"不填写。

第21栏"简易计税办法计算的应纳税额"：反映纳税人本期按简易计税方法计算并应缴纳的增值税额，但不包括按简易计税方法计算的纳税检查应补缴税额。按以下公式计算填写：本栏"一般项目"列"本月数"=《附列资料(一)》(第10列第8、9a、10、11行之和-第10列第14行)+(第14列第9b、12、13a、13b行之和-第14列第15行)。本栏"即征即退项目"列"本月数"=《附列资料(一)》第10列第14行+第14列第15行。营业税改征增值税的纳税人，服务、不动产和无形资产按规定汇总计算缴纳增值税的分支机构，应将预征增值税额填入本栏。预征增值税额=应预征增值税的销售额×预征率。

第22栏"按简易计税办法计算的纳税检查应补缴税额"：填写纳税人本期因税务、财政、审计部门检查并按简易计税方法计算的纳税检查应补缴税额。

第23栏"应纳税额减征额"：填写纳税人本期按照税法规定减征的增值税应纳税额。其包含按照规定可在增值税应纳税额中全额抵减的增值税税控系统专用设备费用以及技术维护费，支持和促进重点群体创业就业、扶持自主就业退役士兵创业就业等有关税收政策可扣减的增值税额，按照规定可填列的减按征收对应的减征增值税税额等。当本期减征额小于或等于第19栏"应纳税额"与第21栏"简易计税办法计算的应纳税额"之和时，按本期减征额实际填写；当本期减征额大于第19栏"应纳税额"与第21栏"简易计税办法计算的应纳税额"之和时，按本期第19栏与第21栏之和填写。本期减征额不足抵减部分结转下期继续抵减。

第24栏"应纳税额合计"：反映纳税人本期应缴增值税的合计数。按表中所列公式计算填写。

第25栏"期初未缴税额(多缴为负数)"："本月数"按上一税款所属期申报表第32栏"期末未缴税额(多缴为负数)""本月数"填写。"本年累计"按上年度最后一个税款所属期申报表第32栏"期末未缴税额(多缴为负数)""本年累计"填写。

第26栏"实收出口开具专用缴款书退税额"：本栏不填写。

第27栏"本期已缴税额"：反映纳税人本期实际缴纳的增值税额，但不包括本期入库的查补税款。按表中所列公式计算填写。

第28栏"①分次预缴税额"：填写纳税人本期已缴纳的准予在本期增值税应纳税额中抵减的税额。其中：①按规定汇总计算缴纳增值税的总机构，其可以从本期增值税应纳税额中抵减的分支机构已缴纳的税款，按当期实际可抵减数填入本栏，不足抵减部分结转下期继续抵减；②销售建筑服务、销售不动产、出租不动产并按规定预缴增值税的纳税人，其可以从本期增值税应纳税额中抵减的已缴纳的税款，按当期实际可抵减数填入本栏，不足抵减部分结转下期继续抵减。

第29栏"②出口开具专用缴款书预缴税额"：本栏不填写。

第30栏"③本期缴纳上期应纳税额"：填写纳税人本期缴纳上一税款所属期应缴未缴的增值税额。

第31栏"④本期缴纳欠缴税额"：反映纳税人本期实际缴纳和留抵税额抵减的增值税欠税额，但不包括缴纳入库的查补增值税额。

第32栏"期末未缴税额(多缴为负数)"："本月数"反映纳税人本期期末应缴未缴的增值税额，但不包括纳税检查应缴未缴的税额。按表中所列公式计算填写。"本年累计"与"本月数"相同。

第33栏"其中：欠缴税额(≥0)"：反映纳税人按照税法规定已形成欠税的增值税额。按表中所列公式计算填写。

第34栏"本期应补(退)税额"：反映纳税人本期应纳税额中应补缴或应退回的数额。按表中所列公式计算填写。

第35栏"即征即退实际退税额"：反映纳税人本期因符合增值税即征即退政策规定，而实际收到的税务机关退回的增值税额。

第36栏"期初未缴查补税额"："本月数"按上一税款所属期申报表第38栏"期末未缴查补税额""本月数"填写。"本年累计"按上年度最后一个税款所属期申报表第38栏"期末未缴查补税额""本年累计"填写。

第37栏"本期入库查补税额"：反映纳税人本期因税务、财政、审计部门检查而实际入库的增值税额，包括按一般计税方法计算并实际缴纳的查补增值税额和按简易计税方法计算并实际缴纳的查补增值税额。

第38栏"期末未缴查补税额"："本月数"反映纳税人接受纳税检查后应在本期期末缴纳而未缴纳的查补增值税额。按表中所列公式计算填写，"本年累计"与"本月数"相同。

第39栏"城市维护建设税本期应补(退)税额"：填写纳税人按税法规定应当缴纳的城市维护建设税。本栏"一般项目"列"本月数"=《附列资料(五)》第1行第11列。

第40栏"教育费附加本期应补(退)费额"：填写纳税人按规定应当缴纳的教育费附加。本栏"一般项目"列"本月数"=《附列资料(五)》第2行第11列。

第41栏"地方教育附加本期应补(退)费额"：填写纳税人按规定应当缴纳的地方教育附加。本栏"一般项目"列"本月数"=《附列资料(五)》第3行第11列。

步骤六：填写《增值税减免税申报明细表》，如表2-10所示，本表由享受增值税减免税优惠政策的增值税一般纳税人填写。

表2-10 增值税减免税申报明细表

税款所属时间： 自 年 月 日至 年 月 日

纳税人名称(公章)： 金额单位： 元(列至角分)

一、减税项目						
减税性质代码及名称	栏次	期初余额	本期发生额	本期应抵减税额	本期实际抵减税额	期末余额
		1	2	3=1+2	4≤3	5=3-4
合计	1					
	2					
	3					
	4					

二、免税项目						
免税性质代码及名称	栏次	免征增值税项目销售额	免税销售额扣除项目本期实际扣除金额	扣除后免税销售额	免税销售额对应的进项税额	免税额
		1	2	3=1-2	4	5
合计	1					
出口免税	2				—	
其中：跨境服务	3				—	

本表由享受增值税减免税优惠政策的增值税一般纳税人(以下简称增值税纳税人)填写。

"一、减税项目"由本期按照税收法律、法规及国家有关税收规定享受减征(包含税额式减征、税率式减征)增值税优惠的增值税纳税人填写。

"减税性质代码及名称"：根据国家税务总局最新发布的《减免税政策代码目录》所列减免性质代码、减免项目名称填写。同时有多个减征项目的，应分别填写。

第1列"期初余额"：填写应纳税额减征项目上期"期末余额"，为对应项目上期应抵减而不足抵减的余额。

第2列"本期发生额"：填写本期发生的按照规定准予抵减增值税应纳税额的金额。

第3列"本期应抵减税额"：填写本期应抵减增值税应纳税额的金额。本列按表中所列公式填写。

第4列"本期实际抵减税额"：填写本期实际抵减增值税应纳税额的金额。本列各行≤第3列对应各行。一般纳税人填写时，第1行"合计"本列数＝申报表主表第23行"一般项目"列"本月数"。小规模纳税人填写时，第1行"合计"本列数＝申报表主表第16行"本期应纳税额减征额""本期数"。

第5列"期末余额"：按表中所列公式填写。

"二、免税项目"由本期按照税收法律、法规及国家有关税收规定免征增值税的增值税纳税人填写。

"免税性质代码及名称"：根据国家税务总局最新发布的《减免税政策代码目录》所列减免性质代码、减免项目名称填写。同时有多个免税项目的，应分别填写。

"出口免税"填写增值税纳税人本期按照税法规定出口免征增值税的销售额，但不包括适用免、抵、退税办法出口的销售额。

第1列"免征增值税项目销售额"：填写增值税纳税人免税项目的销售额。免税销售额按照有关规定允许从取得的全部价款和价外费用中扣除价款的，应填写扣除之前的销售额。一般纳税人填写时，本列"合计"等于申报表主表第8行"一般项目"列"本月数"。

第2列"免税销售额扣除项目本期实际扣除金额"：免税销售额按照有关规定允许从取得的全部价款和价外费用中扣除价款的，据实填写扣除金额；无扣除项目的，本列填写"0"。

第3列"扣除后免税销售额"：按表中所列公式填写。

第4列：本列不填写。

第5列"免税额"：一般纳税人不填写本列。小规模纳税人按下列公式计算填写，且本列各行数应大于或等于0。

步骤七：以《增值税及附加税费纳税申报表》(一般纳税人适用)计算出来的"本期应补(退)税额"为依据，系统自动计算填写《增值税及附加税费申报表(一般纳税人适用)附列资料(五)》，确认无误后再次保存主表。《增值税及附加税费申报表(一般纳税人适用)附列资料(五)》(附加税费情况表)如表2-11所示。

税(费)款所属时间：　　年　月　日至　　年　月　日
纳税人名称：(公章)
金额单位：元(列至角分)

表2-11　增值税及附加税费申报表(一般纳税人适用)附列资料(五)
(附加税费情况表)

本期是否适用小微企业"六税两费"减免政策　□是　□否　　□个体工商户　□小型微利企业

税(费)种	计税(费)依据			税(费)率(%)	本期应纳税(费)额	适用减免税(费)额		小微企业"六税两费"减免政策			试点建设培育产教融合型企业减免政策		本期已缴税(费)额	本期应补(退)税(费)额
	增值税税额	增值税免抵税额	留抵退税本期扣除额			减免性质代码	减免税(费)额	减免政策起止时间	减征比例(%)	减征额	减免性质代码	本期抵免金额		
	1	2	3	4	5=(1+2-3)×4	6	7	8	8	9=(5-7)×8	10	11	12	13=5-7-9-11-12
城市维护建设税 1														
教育费附加 2														
地方教育附加 3														
合计 4	—	—	—	—				—			—	—		

本期是否适用试点建设培育产教融合型企业抵免政策　□是　□否

当期新增投资额	5
上期留抵可抵免金额	6
结转下期可抵免金额	7

可用于扣除的增值税留抵退税额使用情况

当期新增可以用于扣除的留抵退税额	8
上期结存可用于扣除的留抵退税额	9
结转下期可用于扣除的留抵退税额	10

《增值税及附加税费申报表(一般纳税人适用)附列资料(五)》的填制方法如下。

1) 各行说明

"本期是否适用小微企业'六税两费'减免政策":纳税人在税款所属期内适用个体工商户、小型微利企业减免政策的,勾选"是";否则,勾选"否"。

"减免政策适用主体":适用小微企业"六税两费"减免政策的,填写本项。纳税人是个体工商户的,在"个体工商户"前勾选;纳税人是小型微利企业的,在"小型微利企业"前勾选。

"适用减免政策起止时间":填写适用减免政策的起止年月,不得超出当期申报的税款所属期限。

"本期是否适用试点建设培育产教融合型企业抵免政策":符合《财政部关于调整部分政府性基金有关政策的通知》(财税〔2019〕46号)规定的试点建设培育产教融合型企业,选择"是";否则,选择"否"。

第5行"当期新增投资额":填写试点建设培育产教融合型企业当期新增投资额减去股权转让、撤回投资等金额后的投资净额,该数值可为负数。

第6行"上期留抵可抵免金额":填写上期的"结转下期可抵免金额"。

第7行"结转下期可抵免金额":填写本期抵免应缴教育费附加、地方教育附加后允许结转下期抵免部分。

第8行"当期新增可用于扣除的留抵退税额":填写本期经税务机关批准的上期留抵税额退税额。本栏等于《附列资料二》第22栏"上期留抵税额退税"。

第9行"上期结存可用于扣除的留抵退税额":填写上期的"结转下期可用于扣除的留抵退税额"。

第10行"结转下期可用于扣除的留抵退税额":填写本期扣除后剩余的增值税留抵退税额,结转下期可用于扣除的留抵退税额=当期新增可用于扣除的留抵退税额+上期结存可用于扣除的留抵退税额-留抵退税本期扣除额。

2) 各列说明

第1列"增值税税额":填写主表增值税本期应补(退)税额。

第2列"增值税免抵税额":填写上期经税务机关核准的增值税免抵税额。

第3列"留抵退税本期扣除额":填写本期因增值税留抵退税扣除的计税依据。当第8行与第9行之和大于第1行第1列与第1行第2列之和时,第3列第1至3行分别按对应第1列与第2列之和填写。当第8行与第9行之和(大于0)小于或等于第1行第1列与第1行第2列之和时,第3列第1至3行分别按第8行与第9行之和对应填写。当第8行与第9行之和(小于或等于0)小于或等于第1行第1列与第1行第2列之和时,第3列第1至3行均填写0。

第4列"税(费)率":填写适用税(费)率。

第5列"本期应纳税(费)额":填写本期按适用的税(费)率计算缴纳的应纳税(费)额。计算公式为:本期应纳税(费)额=(增值税税额+增值税免抵税额-留抵退税本期扣除额)×税(费)率。

第6列"减免性质代码"：按《减免税政策代码目录》中附加税费适用的减免性质代码填写，试点建设培育产教融合型企业抵免不填列此列。有减免税(费)情况的必填。

第7列"减免税(费)额"：填写本期减免的税(费)额。

第8列"减征比例(%)"：填写纳税人所在省级政府根据《关于进一步实施小微企业"六税两费"减免政策的公告》(财税〔2022〕10号)确定的减征比例。

第9列"减征额"：填写纳税人本期享受"六税两费"见证政策的减征额。

第10列"减免性质代码"：符合《财政部关于调整部分政府性基金有关政策的通知》(财税〔2019〕46号)规定的试点建设培育产教融合型企业分别填写教育费附加产教融合试点减免性质代码61101402、地方教育附加产教融合试点减免性质代码99101401。不适用建设培育产教融合型企业抵免政策的则为空。

第11列"本期抵免金额"：填写试点建设培育产教融合型企业本期抵免的教育费附加、地方教育附加金额。

第12列"本期已缴税(费)额"：填写本期应纳税(费)额中已经缴纳的部分。该列不包括本期预缴应补(退)税费情况。

第13列"本期应补(退)税(费)额"：该列次与主表第39至41栏对应相等。计算公式为：本期应补(退)税(费)额=本期应纳税(费)额-本期减免税(费)额-试点建设培育产教融合型企业本期抵免金额-本期已缴税(费)额。

3. 纳税人预缴税款需填写《增值税及附加税费预缴表》

纳税人跨县(市)提供建筑服务、房地产开发企业预售自行开发的房地产项目、纳税人出租与机构所在地不在同一县(市)的不动产，按规定需要在项目所在地或不动产所在地主管税务机关预缴税款的，需填写《增值税及附加税费预缴表》。

2.5 小规模纳税人增值税及附加税费纳税申报流程

小规模纳税人申报既可以是月度申报也可以是季度申报，这主要看主管税务机关如何规定。但需要注意的是，《国家税务总局关于合理简并纳税人申报缴税次数的公告》中规定，自2016年4月1日起增值税小规模纳税人缴纳增值税、消费税以及随增值税、消费税附征的城市维护建设税、教育费附加等税费，原则上实行按季申报。

小规模纳税人申报需要填写的报表包括：《增值税及附加税费申报表(小规模纳税人适用)》(见表2-12)；《增值税及附加税费申报表(小规模纳税人适用)附列资料(一)》(见表2-13)，本表由销售服务有扣除项目的纳税人填写，其他小规模纳税人不填报；《增值税减免税申报明细表》，本表为增值税一般纳税人和增值税小规模纳税人共用表，享受增值税减免税优惠的增值税小规模纳税人需填写本表。发生增值税税控系统专用设备费用、技术维护费及购置税控收款机费用的增值税小规模纳税人也需填报本表。仅享受月销售额不超过10万元(按季纳税30万元)免征增值税政策或未达起征点的增值税小规模纳税人无须填报本表；《增值税及附加税费申报表(小规模纳税人适用)附列资料(二)》(见表2-14)，本表计算小规模纳税人需要缴纳的城市维护建设税、教育费附加和地方教育附加。

表2-12 增值税及附加税费申报表(小规模纳税人适用)

纳税人识别号(统一社会信用代码): 纳税人名称(公章): 金额单位:元(列至角分)

税款所属期: 年 月 日至 年 月 日 填表日期: 年 月 日

项目	项目	栏次	本期数		本年累计	
			货物及劳务	服务、不动产和无形资产	货物及劳务	服务、不动产和无形资产
一、计税依据	(一) 应征增值税不含税销售额(3%征收率)	1				
	增值税专用发票不含税销售额	2				
	其他增值税发票不含税销售额	3				
	(二) 应征增值税不含税销售额(5%征收率)	4	—		—	
	增值税专用发票不含税销售额	5				
	其他增值税发票不含税销售额	6				
	(三) 销售使用过的固定资产不含税销售额	7(7≥8)		—		—
	其中:其他增值税发票不含税销售额	8		—		—
	(四) 免税销售额	9=10+11+12				
	其中:小微企业免税销售额	10				
	未达起征点销售额	11				
	其他免税销售额	12				
	(五) 出口免税销售额	13(13≥14)				
	其中:其他增值税发票不含税销售额	14				
	本期应纳税额	15				
二、税款计算	本期应纳税额减征额	16				
	本期免税额	17				
	其中:小微企业免税额	18				
	未达起征点免税额	19				
	应纳税额合计	20=15-16				
	本期预缴税额	21		—		—
	本期应补(退)税额	22=20-21		—		—

(续表)

项目	栏次	本期数		本年累计	
		货物及劳务	服务、不动产和无形资产	货物及劳务	服务、不动产和无形资产
三、附加税费　城市维护建设税本期应补(退)税额	23				
教育费附加本期应补(退)费额	24				
地方教育附加本期应补(退)费额	25				

纳税人或代理人声明:	如纳税人填报,由纳税人填写以下各栏:		
本纳税申报表是根据国家税收法律法规及相关规定填报的,我确定它是真实的、可靠的、完整的。	办税人员:	财务负责人:	
	法定代表人:	联系电话:	
	如委托代理人填报,由代理人填写以下各栏:		
	代理人名称(公章):　　经办人:		
	联系电话:		
主管税务机关:		接收人:	接收日期:

《增值税纳税申报表(小规模纳税人适用)》的填制方法如下。

本表"货物及劳务"与"服务、不动产及无形资产"各项目应分别填写。

"纳税人识别号"栏:填写纳税人的税务登记证号码。

"纳税人名称(公章)"栏:填写纳税人单位名称全称。

"税款所属期"栏:填写纳税人申报的增值税应纳税额的时间。

第1栏"应征增值税不含税销售额(3%征收率)":填写应税货物及劳务、应税服务的不含税销售额,不包括销售使用过的应税固定资产和销售旧货的不含税销售额、免税销售额、出口免税销售额、查补销售额。应税服务有扣除项目的纳税人,本栏填写扣除后的不含税销售额,与当期《增值税及附加税费申报表(小规模纳税人适用)附列资料一》第8栏数据一致。

第2栏"增值税专用发票不含税销售额":填写税务机关代开的增值税专用发票销售额合计。

第3栏"其他增值税发票不含税销售额":填写税控器具开具的应税货物及劳务、应税服务的普通发票注明的金额换算的不含税销售额。

第4栏"应征增值税不含税销售额(5%征收率)":填写本期发生应税行为适用5%征收率的不含税销售额。纳税人发生适用5%征收率应税行为且有扣除项目的,本栏填写扣除后的不含税销售额,与当期《增值税纳税申报表(小规模纳税人适用)附列资料》第16栏数据一致。

第5栏"增值税专用发票不含税销售额":填写税务机关代开的增值税专用发票销售额合计。

第6栏"其他增值税发票不含税销售额"：填写税控器具开具的发生应税行为的普通发票金额换算的不含税销售额。

第7栏"销售使用过的固定资产不含税销售额"：填写销售自己使用过的应税固定资产和销售旧货的不含税销售额，销售额=含税销售额/(1+3%)。

第8栏"其他增值税发票不含税销售额"：填写税控器具开具的销售自己使用过的应税固定资产和销售旧货的普通发票金额换算的不含税销售额。

第9栏"免税销售额"：填写销售免征增值税的应税货物及劳务、应税服务的销售额，不包括出口免税销售额。应税服务有扣除项目的纳税人，填写扣除之前的销售额。

第10栏"小微企业免税销售额"：填写符合小微企业免征增值税政策的免税销售额，不包括符合其他增值税免税政策的销售额。个体工商户和其他个人不填写本栏次。

第11栏"未达起征点销售额"：填写个体工商户和其他个人未达起征点(含支持小微企业免征增值税政策)的免税销售额，不包括符合其他增值税免税政策的销售额。本栏次由个体工商户和其他个人填写。

第12栏"其他免税销售额"：填写销售免征增值税的应税货物及劳务、应税服务的销售额，不包括符合小微企业免征增值税和未达起征点政策的免税销售额。

第13栏"出口免税销售额"：填写出口免征增值税应税货物及劳务、出口免征增值税应税服务的销售额。应税服务有扣除项目的纳税人，填写扣除之前的销售额。

第14栏"其他增值税发票不含税销售额"：填写税控器具开具的出口免征增值税应税货物及劳务、出口免征增值税应税服务的普通发票销售额。

第15栏"本期应纳税额"：填写本期按征收率计算的应纳税额。

第16栏"本期应纳税额减征额"：填写纳税人本期按照税法规定减征的增值税应纳税额。该项包含可在增值税应纳税额中全额抵减的增值税税控系统专用设备费用及技术维护费，可在增值税应纳税额中抵免的购置税控收款机的增值税税额。支持和促进重点群体创业就业、扶持自主就业退役士兵创业就业等有关税收政策可扣减的增值税额，按照规定可填列的减按征收对应的减征增值税税额等。当本期减征额小于或等于第15栏"本期应纳税额"时，按本期减征额实际填写；当本期减征额大于第15栏"本期应纳税额"时，按本期第15栏填写，本期减征额不足抵减部分结转下期继续抵减。

第17栏"本期免税额"：填写纳税人本期增值税免税额，免税额根据第9栏"免税销售额"和征收率计算。

第18栏"小微企业免税额"：填写符合小微企业免征增值税政策的增值税免税额，免税额根据第10栏"小微企业免税销售额"和征收率计算。

第19栏"未达起征点免税额"：填写个体工商户和其他个人未达起征点(含支持小微企业免征增值税政策)的增值税免税额，免税额根据第11栏"未达起征点销售额"和征收率计算。

第21栏"本期预缴税额"：填写纳税人本期预缴的增值税额，但不包括查补缴纳的增值税额。

第22栏"本期应补(退)税额"：填写纳税人本期应纳税额中应补缴或应退回的数额，按表中所列公式计算填写。

第23栏"城市维护建设税本期应补(退)税额"：填写纳税人按照税法规定应当缴纳的城市维护建设税。数据来自《增值税及附加税费申报表(小规模纳税人适用)附列资料(二)》计第1行第10列，系统自动填写。

第24栏"教育费附加本期应补(退)费额"：填写纳税人按照税法规定应当缴纳的教育费附加。数据来自《增值税及附加税费申报表(小规模纳税人适用)附列资料(二)》计第2行第10列，系统自动填写。

第25栏"地方教育附加本期应补(退)费额"：填写纳税人按照税法规定应当缴纳的地方教育附加。数据来自《增值税及附加税费申报表(小规模纳税人适用)附列资料(二)》计第3行第10列，系统自动填写。

表2-13　增值税及附加税费申报表(小规模纳税人适用)附列资料(一)

(服务、不动产和无形资产扣除项目明细)

税款所属期：　年 月 日至 　年 月 日　　　　　　　　　　填表日期：　年 月 日
纳税人名称(公章)：　　　　　　　　　　　　　　　　　　金额单位：元(列至角分)

项目		栏次	金额
应税行为(3%征收率)扣除额计算	期初余额	1	
	本期发生额	2	
	本期扣除额	3(3≤1+2之和，且3≤5)	
	期末余额	4=1+2-3	
应税行为(3%征收率)计税销售额计算	全部含税收入(适用3%征收率)	5	
	本期扣除额	6=3	
	含税销售额	7=5-6	
	不含税销售额	8=7÷(1+征收率)	
应税行为(5%征收率)扣除额计算	期初余额	9	
	本期发生额	10	
	本期扣除额	11(11≤9+10之和，且11≤13)	
	期末余额	12=9+10-11	
应税行为(5%征收率)计税销售额计算	全部含税收入(适用5%征收率)	13	
	本期扣除额	14=11	
	含税销售额	15=13-14	
	不含税销售额	16=15÷1.05	

表2-13所示的附列资料由应税服务有扣除项目的纳税人填写，各栏次均不包含免征增值税应税服务数额。具体填写方法如下。

"税款所属期"栏：填写纳税人申报的增值税应纳税额的时间。

"纳税人名称(公章)"栏：填写纳税人单位名称全称。

第1栏"期初余额"：填写应税服务扣除项目上期期末结存的金额，试点实施之日的税款所属期填写"0"。

第2栏"本期发生额"：填写本期取得的按税法规定准予扣除的应税服务扣除项目金额。

第3栏"本期扣除额"：填写应税服务扣除项目本期实际扣除的金额。"本期扣除额"≤第1栏"期初余额"+第2栏"本期发生额"之和，且≤第5栏"全部含税收入"。

第4栏"期末余额"：填写应税服务扣除项目本期期末结存的金额。

第5栏"全部含税收入(适用3%征收率)"：填写纳税人提供应税服务取得的全部价款和价外费用数额。

第6栏"本期扣除额"：填写本附列资料第3项"本期扣除额"栏数据。

第7栏"含税销售额"：填写应税服务的含税销售额。"含税销售额"=第5栏"全部含税收入"-第6栏"本期扣除额"。

第8栏"不含税销售额"：填写应税服务的不含税销售额。"不含税销售额"=第7栏"含税销售额"÷(1+3%)，与《增值税纳税申报表(小规模纳税人适用)》第1栏"应征增值税不含税销售额"中"本期数"下的应税服务栏数据一致。

第9栏"期初余额"：填写适用5%征收率的应税行为扣除项目上期期末存结的金额，试点实施之日的税款所属期填写"0"。

第10栏"本期发生额"：填写本期取得的按税法规定准予扣除的适用5%征收率的应税行为扣除项目金额。

第11栏"本期扣除额"：填写适用5%征收率的应税行为扣除项目本期实际扣除的金额。第11栏"本期扣除额"≤第9栏"期初余额"+第10栏"本期发生额"之和，且≤第13栏"全部含税收入(适用5%征收率)"。

第12栏"期末余额"：填写适用5%征收率的应税行为扣除项目本期期末存结的金额。

第13栏"全部含税收入(适用5%征收率)"：填写纳税人适用5%征收率的应税行为取得的全部价款和价外费用数额。

第14栏"本期扣除额"：填写本附列资料第11栏"本期扣除额"的数据。第14栏"本期扣除额"=第11栏"本期扣除额"。

第15栏"含税销售额"：填写适用5%征收率的应税行为的含税销售额。第15栏"含税销售额"=第13栏"全部含税收入(适用5%征收率)"-第14栏"本期扣除额"。

第16栏"不含税销售额"：填写适用5%征收率的应税行为的不含税销售额。第16栏"不含税销售额"=第15栏"含税销售额"÷(1+5%)，与《增值税纳税申报表(小规模纳税人适用)》第4栏"应征增值税不含税销售额(5%征收率)"中"本期数"下的"服务、不动产和无形资产"栏数据一致。

表2-14 增值税及附加税费申报表(小规模纳税人适用)附列资料(二)

(附加税费情况表)

填表日期：　年 月 日　　　　纳税人识别号：

税(费)款所属时间：　年 月 日至 年 月 日　　　纳税人名称：(公章)　　　　金额单位：元(列至角分)

税(费)种	被冲红所属期起			被冲红所属期止		本期减免税(费)额		增值税小规模纳税人"六税两费"减征政策		本期已缴税(费)额	本期应补(退)税(费)额
	计税(费)依据		税(费)率(%)	本期应纳税(费)额		减免性质代码	减免税(费)额	减征比例(%)	减征额		
	增值税税额	增值税限额减免金额									
	1	2	3	4		5	6	7	8=(4-6)×7	9	10=4-6-8-9
城市维护建设税											
教育费附加											
地方教育附加											
合计			—			—		—			

表2-14《增值税及附加税费申报表(小规模纳税人适用)附列资料(二)》中，"城市维护建设税""教育费附加"与"地方教育附加"各项目应分别填写，填制方法如下。

"纳税人识别号"栏：填写纳税人的税务登记号码。

"税款所属期"栏：填写纳税人申报的增值税应纳税额的时间。

"纳税人名称(公章)"栏：填写纳税人单位名称全称。

"被冲红所属期起"：纳税人应纳税款所属期的起始时间。

"被冲红所属期止"：纳税人应纳税款所属期的终止时间。

第1列"增值税税额"：填写主表增值税本期应补(退)税额。

第2列"增值税限额减免金额"：各行自动带出增值税减免税申报明细表中减免性质代码为"0001013612企业招用建档立卡贫困人口就业扣减增值税""0001013613企业招用登记失业半年以上人员扣减增值税""0001011814企业招用退役士兵扣减增值税"三项"本期实际抵减额"合计，不可修改。

第3列"税(费)率"：填写适用税(费)率。

第4列"本期应纳税(费)额"：填写本期按适用的税(费)率计算缴纳的应纳税(费)额。计算公式为：本期应纳税(费)额=(增值税税额+增值税免抵税额-留抵退税本期扣除额)×税(费)率。

第5列"减免性质代码"：按《减免税政策代码目录》中附加税费适用的减免性质代码填写，有减免税(费)情况的必填。

第6列"减免税(费)额"：填写本期减免的税(费)额。

第7列"减征比例"：填写纳税人所在省级政府根据《关于进一步实施小微企业"六税两费"减免政策的公告》(财税2022年第10号)确定的减征比例。

第8列"减征额"：填写纳税人本期享受"六税两费"见证政策的减征额。

第9列"本期已缴税(费)额"：填写本期应纳税(费)额中已经缴纳的部分。该列不包括本期预缴应补(退)税费情况。

第10列"本期应补(退)税(费)额"：该列次与主表第23～25栏对应相等。计算公式为：本期应补(退)税(费)额=本期应纳税(费)额-本期减免税(费)额-减征额-本期已缴税(费)额。

2.6　一般纳税人增值税及附加税费纳税申报模拟实训

2.6.1　案例资料

浙江才赢教育科技有限公司为一般纳税人，2025年3月初有上期留抵进项税额31 026.49元，2025年3月发生的经济业务如下。

(1) 15日，从三合科技有限公司购入打印机20台，金额共计19 111.76元，取得增值税专用发票一份，款已付，如图2-47所示。

3301192142　　浙江增值税专用发票　　NO 00386205　　3301192142 00386205

开票日期：20××年××月15日

购买方	名　　称：浙江才赢教育科技有限公司 纳税人识别号：913301027679916297 地 址、电 话：杭州市滨江区彩虹路8号 0571-88606000 开户行及账号：杭州联合银行浦沿支行 201000007406610	密码区	03》21*&25*2/26-141\61 21350332132132100.-**6 23/031**212/-0313-03133 23203***/>055—03*2223

货物或应税劳务、服务名称	规格型号	单位	数量	单价	金额	税率	税额
*计算机外部设备*打印机	HP P1108	台	20	845.653	16913.06	13%	2198.70
合　　计					¥16913.06		¥2198.70
价税合计（大写）	⊗壹万玖仟壹佰壹拾壹圆柒角陆分				（小写）¥19111.76		

销售方	名　　称：三合科技有限公司 纳税人识别号：913302201657196432 地 址、电 话：杭州市拱墅区花园路18号 0571-88860300 开户行及账号：工行花园支行 1202207219900126230	备注	三合科技有限公司 913302201657196432 发票专用章

收款人：　　复核：　　开票人：李华芳　　销售方：（章）

银行付讫

第三联：发票联　购买方记账凭证

税总函〔2017〕001号浙江印刷厂

图2-47　增值税专用发票(1)

(2) 15日，向立天实业有限公司销售打印机60台，货款共计190 282.96元，开具增值税专用发票一份，款项暂未收取，如图2-48所示。

3301192142　　浙江增值税专用发票　　NO 00000025　　3301192142 00000025

此联不作报销、扣税凭证使用

开票日期：20××年××月15日

购买方	名　　称：立天实业有限公司 纳税人识别号：913301247195359213 地 址、电 话：武汉市解放大道1008号 027-87689009 开户行及账号：工商银行汉口支行 421602375065708063212	密码区	03》21*&25*2/26-141\61 21350332132132100.-**6 23/031**212/-0313-03133 23203***/>055—03*2223

货物或应税劳务、服务名称	规格型号	单位	数量	单价	金额	税率	税额
*计算机外部设备*打印机	HP M254dw	台	60	2806.5333	168392.00	13%	21890.96
合　　计					¥168392.00		¥21890.96
价税合计（大写）	⊗壹拾玖万零贰佰捌拾贰圆玖角陆分				（小写）¥190282.96		

销售方	名　　称：浙江才赢教育科技有限公司 纳税人识别号：913301027679916297 地 址、电 话：杭州市滨江区彩虹路8号 0571-88606000 开户行及账号：杭州联合银行浦沿支行 201000007406610	备注	

收款人：　　复核：　　开票人：何爱萍　　销售方：（章）

第一联：记账联　销售方记账凭证

税总函〔2017〕001号浙江印刷厂

图2-48　增值税专用发票(2)

(3) 18日，收到内江凌丰汽车运输有限责任公司开具的运费增值税专用发票一份，款已付，如图2-49所示。

3301192142　浙江增值税专用发票　NO 00386355　3301192142　00386355

开票日期：20××年××月18日

购买方	名　　称：浙江才赢教育科技有限公司 纳税人识别号：913301027679916297 地址、电话：杭州市滨江区彩虹路8号 0571-88606000 开户行及账号：杭州联合银行浦沿支行 201000007406610	密码区	03》21*&25*2/26-141\61 21350332132132100.-**6 23/031**212/-0313-03133 23203***/>055—03*2223

货物或应税劳务、服务名称	规格型号	单位	数量	单价	金额	税率	税额
*运输服务*货物运输		次	1	21152.03	21152.03	9%	1903.68
合　　计					¥21152.03		¥1903.68
价税合计（大写）	⊗贰万叁仟零伍拾伍圆柒角壹分				（小写）¥23055.71		

银行付讫

销售方	名　　称：内江凌丰汽车运输有限公司 纳税人识别号：91330511002723625S 地址、电话：杭州市拱墅区富林路180号 0571-80032102 开户行及账号：工行城西支行古墩路支行 1202224909900154809	备注	起运地：浙江杭州 91330511002723625S 发票专用章

收款人：　　复核：　　开票人：李丹　　销售方：（章）

图2-49　增值税专用发票(3)

(4) 18日，向新大印刷有限公司销售打印机120台，货款共计276 999.37元，开具增值税专用发票一份，款项暂未收取，如图2-50所示。

3301192142　浙江增值税专用发票　NO 00000026　3301192142　00000026

此联不作报销、扣税凭证使用

开票日期：20××年××月18日

购买方	名　　称：新大印刷有限公司 纳税人识别号：91330165712567527 地址、电话：望江东路333号 0571-81065330 开户行及账号：杭州银行四季青支行 74418100312068	密码区	03》21*&25*2/26-141\61 21350332132132100.-**6 23/031**212/-0313-03133 23203***/>055—03*2223

货物或应税劳务、服务名称	规格型号	单位	数量	单价	金额	税率	税额
*计算机外部设备*打印机	爱普生L805	台	120	2042.7683	245132.19	13%	31867.18
合　　计					¥245132.19		¥31867.18
价税合计（大写）	⊗贰拾柒万陆仟玖佰玖拾玖圆叁角柒分				（小写）¥276999.37		

销售方	名　　称：浙江才赢教育科技有限公司 纳税人识别号：913301027679916297 地址、电话：杭州市滨江区彩虹路8号 0571-88606000 开户行及账号：杭州联合银行浦沿支行 201000007406610	备注	

收款人：　　复核：　　开票人：何爱萍　　销售方：（章）

图2-50　增值税专用发票(4)

(5) 20日，从联想科技有限公司购入计算机一台，金额共计3 977.81元，取得增值税专用发票一份，款已付，如图2-51所示。

3301192142　　浙江增值税专用发票　　NO 00562021　　3301192142 00562021

开票日期：20××年××月20日

税总函[2017]001号浙江印制厂

购买方	名称：浙江才赢教育科技有限公司 纳税人识别号：913301027679916297 地址、电话：杭州市滨江区彩虹路8号 0571-88606000 开户行及账号：杭州联合银行浦沿支行 201000007406610	密码区	03》21*&25*2/26-141\61 21350332132132100.-**6 23/031**212/-0313-03133 23203***/>055—03*2223

货物或应税劳务、服务名称	规格型号	单位	数量	单价	金额	税率	税额
*电子计算机*计算机		台	1	3520.19	3520.19	13%	457.62
合　　计				银行付讫	¥3520.19		¥457.62
价税合计（大写）	⊗叁仟玖佰柒拾柒圆捌角壹分				（小写）¥3977.81		

销售方	名称：联想科技有限公司 纳税人识别号：91330132957100152б 地址、电话：杭州市西湖区环城东路2号 0571-88666600 开户行及账号：招商银行杭州钱塘支行 571911935413131	备注	913301329571001526 发票专用章

收款人：　　复核：　　开票人：李妙　　销售方：（章）

第三联：发票联　购买方记账凭证

图2-51　增值税专用发票(5)

(6) 22日，向鑫鑫科技有限公司销售打印机2台，货款共计11 092.23元，开具增值税专用发票一份，款项暂未收取，如图2-52所示。

3301192142　　浙江增值税专用发票　　NO 00000027　　3301192142 00000027

此联不作报销、扣税凭证使用

开票日期：20××年××月22日

税总函[2017]001号浙江印制厂

购买方	名称：鑫鑫科技有限公司 纳税人识别号：913301247146199215 地址、电话：经济技术开发区李福南路1288号 0571-56621660 开户行及账号：工行经济技术开发区支行 1202050509900182542	密码区	03》21*&25*2/26-141\61 21350332132132100.-**6 23/031**212/-0313-03133 23203***/>055—03*2223

货物或应税劳务、服务名称	规格型号	单位	数量	单价	金额	税率	税额
*计算机外部设备*打印机	HP M403dm	台	2	4908.0650	9816.13	13%	1276.10
合　　计					¥9816.13		¥1276.10
价税合计（大写）	⊗壹万壹仟零玖拾贰圆贰角叁分				（小写）¥11092.23		

销售方	名称：浙江才赢教育科技有限公司 纳税人识别号：913301027679916297 地址、电话：杭州市滨江区彩虹路8号 0571-88606000 开户行及账号：杭州联合银行浦沿支行 201000007406610	备注	

收款人：　　复核：　　开票人：何爱萍　　销售方：（章）

第一联：记账联　销售方记账凭证

图2-52　增值税专用发票(6)

(7) 24日，取得海关进口增值税专用缴款书一份，款已付。进口的电脑用于销售，如图2-53所示。

杭州　　　　海关进口增值税　　　　专用缴款书

收入系统：税务系统　　填发日期：20××年××月24日　　号码No 290120231012152190-L02

收款单位	收入机关	中央金库		缴款单位或人	名称	浙江才赢教育科技有限公司	
	科目	进口增值税	预算级次　中央		账号	201000007406610	
	收款国库	浙江国税局杭州分局			开户银行	杭州联合银行浦沿支行	
税号	货物名称	数量	单位	完税价格(¥)	税率(%)	税款金额(¥)	
3917220000	电脑	2	台	10369.20	13%	1348.00	
金额人民币（大写）壹万壹仟柒佰壹拾柒圆贰角整					合计(¥)	¥11717.20	
申请单位编号	2200001988	报关单编号	002152410	填制单位		收款国库（银行）	
合同（批文）号	CCNTRACT03	运输工具（号）	CZS00				
缴款期限	20××年09月08日前	提/装货单号	TMLID59500911				
备注				制单人 复核人			

从填发缴款书之日起限15日内缴纳（期末遇法定节假日顺延），逾期按日征收税款总额万分之五的滞纳金

第一联（收据）国库收款签章后交缴款单位或缴纳人

图2-53　海关进口增值税专用缴款书

(8) 26日，从三合科技有限公司购入复印机45台，金额共计416 887.35元，取得增值税专用发票一份，款已付，如图2-54所示。

3301192142　　**浙江增值税专用发票**　　NO 00386186　　3301192142 00386186

开票日期：20××年××月26日

购买方	名　　称：浙江才赢教育科技有限公司 纳税人识别号：913301027679916297 地址、电话：杭州市滨江区彩虹路8号 0571-88606000 开户行及账号：杭州联合银行浦沿支行 201000007406610				密码区	03》21*825*2/26-141\61 21350332132132100.-**6 23/031**212/-0313-03133 23203***/>055—03*2223	
货物或应税劳务、服务名称	规格型号	单位	数量	单价	金额	税率	税额
*复印胶版印制设备*复印机	HP M436da	台	45	8198.3747	368926.86	13%	47960.49
合　　计					¥368926.86		¥47960.49
价税合计（大写）	⊗肆拾壹万陆仟捌佰捌拾柒圆叁角伍分				（小写）¥416887.35		
销售方	名　　称：三合科技有限公司 纳税人识别号：913302201657196432 地址、电话：杭州市拱墅区花园路18号 0571-88860300 开户行及账号：工行花园支行 1202207219900126230				备注	913302201657196432 发票专用章	

收款人：　　复核：　　开票人：李华青　　销售方：（章）

银行付讫

第三联：发票联　购买方记账凭证

图2-54　增值税专用发票(7)

(9) 26日，向立天实业有限公司销售打印机50台，货款共计173 097.76元，开具增值税普通发票一份，款项暂未收取，如图2-55所示。

(10) 28日，公司将自产产品打印机作为职工福利发放给员工，该批打印机共计48台，市场不含税售价共计为31 590.15元。

033011921230　　浙江增值税普通发票　　NO 10001121　　033011921230 10001121

此联不作报销、扣税凭证使用

开票日期：20××年××月26日

购买方	名称：立天实业有限公司 纳税人识别号：913301247195359213 地址、电话：武汉市解放大道1008号 027-87689009 开户行及账号：工商银行汉口支行 421602375065708063212				密码区	03》21*&25*2/26-141\61 21350332132132100.-**6 23/031**212/-0313-03133 23203***/>055—03*2223	
货物或应税劳务、服务名称	规格型号	单位	数量	单价	金额	税率	税额
*计算机外部设备*打印机	HP M403d	台	50	3063.6772	153183.86	13%	19913.90
合　计					¥153183.86		¥19913.90
价税合计（大写）	⊗壹拾柒万叁仟零玖拾柒圆柒角陆分				（小写）¥173097.76		
销售方	名称：浙江才赢教育科技有限公司 纳税人识别号：913301027679916297 地址、电话：杭州市滨江区彩虹路8号 0571-88606000 开户行及账号：杭州联合银行浦沿支行 201000007406610				备注		

收款人：　　复核：　　开票人：何爱萍　　销售方：（章）

第一联：记账联　销售方记账凭证

税总函[2017]001号衡信印刷

图2-55　增值税普通发票

要求：根据浙江才赢教育科技有限公司2025年3月的经济业务内容，利用税务实训平台，完成该公司当期增值税及附加税费申报实训。

注意：本案例为模拟实训案例，系统里不存在浙江才赢教育科技有限公司的销售发票和当期取得的进项发票。因此在申报表填写之前，需要根据业务内容进行发票采集，确认当期的销项税额、可抵扣进项税额及进项税额转出情况。

2.6.2 模拟申报

一般纳税人增值税及附加税费申报流程大致可分为6个环节，现结合案例演示申报的具体操作步骤。

1. 平台登录

(1) 登录“税务实训平台”，输入学校编码、学生账号及密码，如图2-56所示。

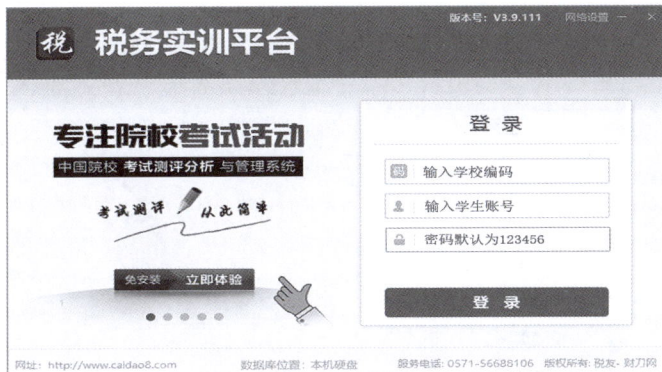

图2-56　平台登录页面

(2) 进入税务实训平台，如图2-57所示，然后选择"增值税"|"增值税一般纳税人网上申报实训系统"，如图2-58所示。根据业务发生时间，修改税款所属期为2025年3月，如图2-59所示。

图2-57　增值税端口

图2-58　增值税一般纳税人申报实训系统登录页面

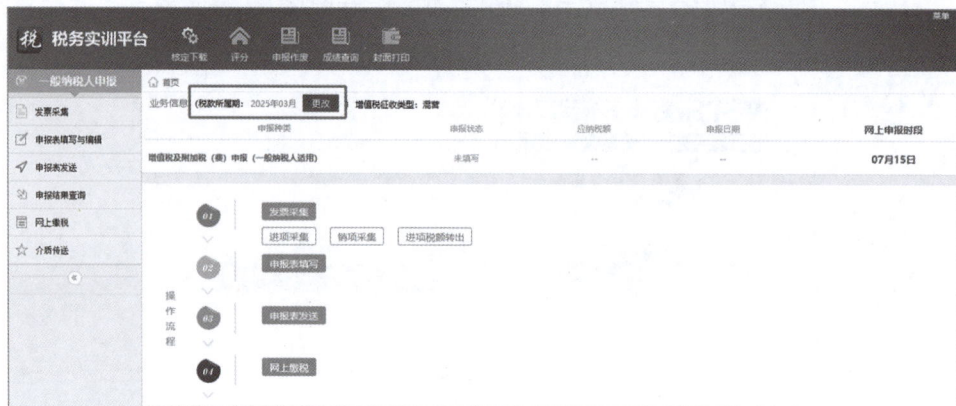

图2-59　修改税款所属期

2. 发票采集

根据案例公司发生的经济活动，采购业务包括业务1、3、5、7和8，其中业务1、3、5和8取得的增值税专用发票，业务7取得的海关专用缴款书，以上均默认为可抵扣项目；销售业务包括业务2、4、6、9和10，其中业务2、4、6开具增值税专用发票，业务9开具增值税普通发票，业务10为无票视同销售业务。

1) 进项采集

(1) 增值税专用发票采集。

单击"进项采集"，选择"增值税专用发票"|"采集"|"录入"，填写开票时间、发票代码、发票号码、货物名称(多个货物时，填写其中一个即可)、金额、税率(税率可选择13%、9%……)、税额(根据金额和税率自动计算)等信息。填写后，单击"确定"即可。以业务1为例，如图2-60所示。

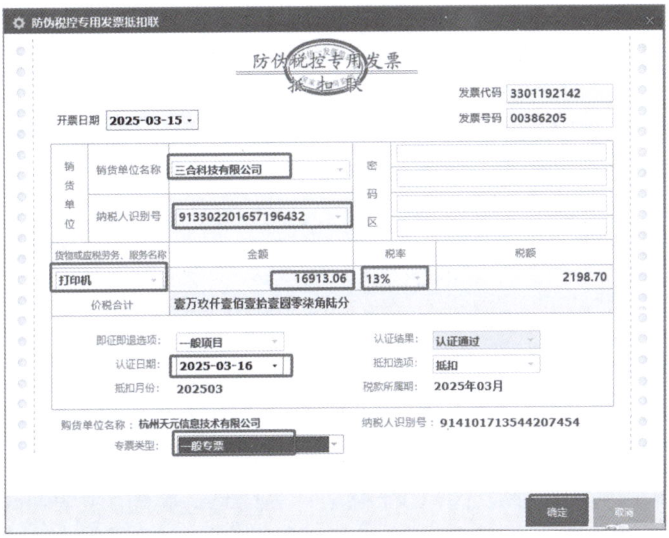

图2-60　增值税专用发票采集(1)

(2) 海关专用缴款书采集。

单击"进项采集"，选择"海关缴款书"|"采集"|"录入"，填写：填发日期、缴款书号码、货物名称、数量、单位、完税价格、税率、税款金额(根据金额和税率自动计算)等信息。填写后，单击"确定"即可。以业务7为例，如图2-61所示。

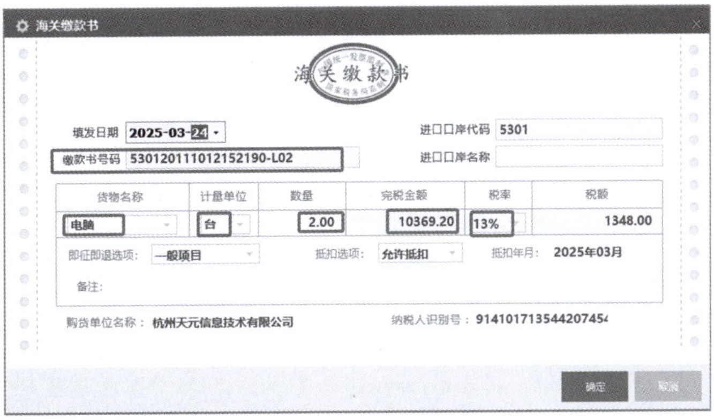

图2-61　海关专用缴款书采集

2) 销项采集

(1) 增值税专用发票采集。

单击"销项采集",选择"增值税专用发票"|"采集"|"录入",填写:开票日期、发票代码、发票号码、购货单位名称、纳税人识别号、货物名称、金额、税率、税额(根据金额和税率自动计算)、征税项目等信息。填写后,单击"确定"即可。以业务2为例,如图2-62所示。

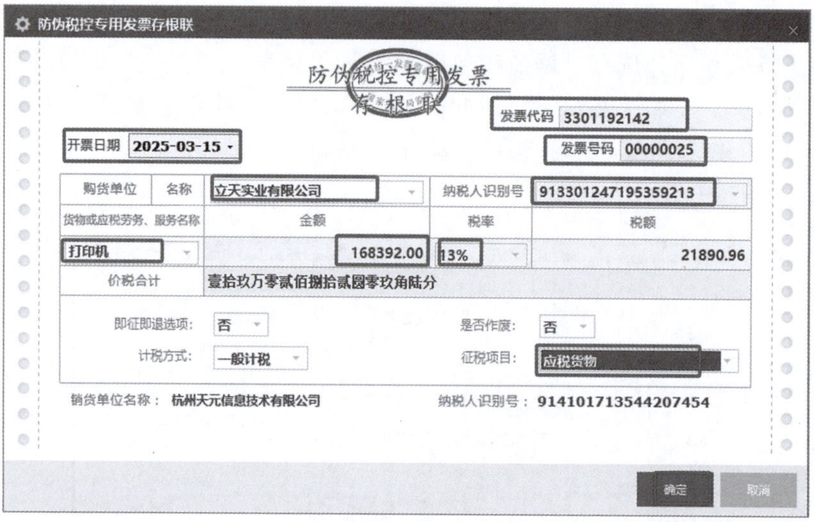

图2-62　增值税专用发票采集(2)

(2) 增值税普通发票采集。

单击"销项采集",选择"增值税普通发票"|"采集"|"录入",填写:开票日期、发票代码、发票号码、购货单位名称、纳税人识别号、货物名称、数量、含税金额、税率,不含税金额和税额系统自动计算、征税项目等信息。填写后,单击"确定"即可。以业务9为例,如图2-63所示。

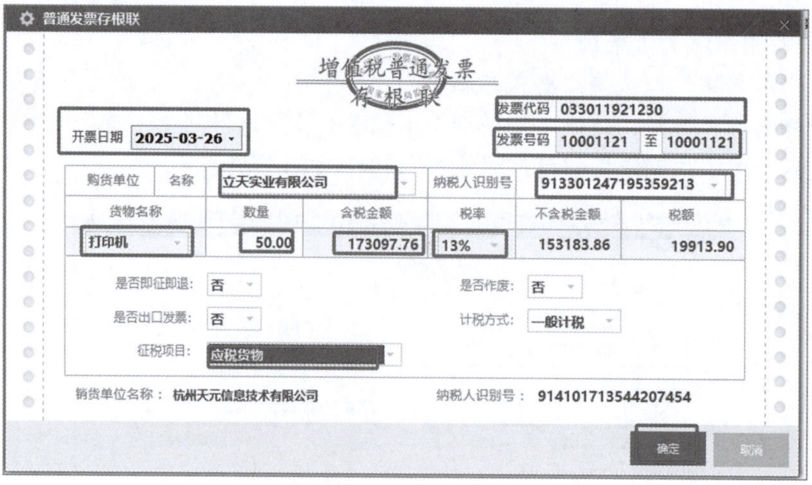

图2-63　增值税普通发票采集

(3) 无票视同销售采集。

单击"销项采集"，选择"无票视同销售"|"采集"|"录入"，填写：金额(不含税金额)，税率等信息。填写后，单击"确定"即可。以业务10为例，如图2-64所示。

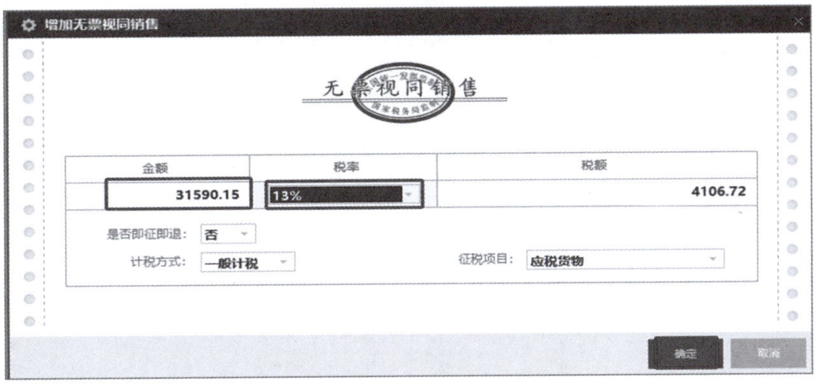

图2-64　无票视同销售采集

3) 进项税额转出

企业购进的货物发生非正常损失以及将购进货物改变用途等，其抵扣的进项税额应予以转出。由于本案例未涉及进项税额转出事项，因此，打开后，选择"保存"|"关闭"即可，界面如图2-65所示。

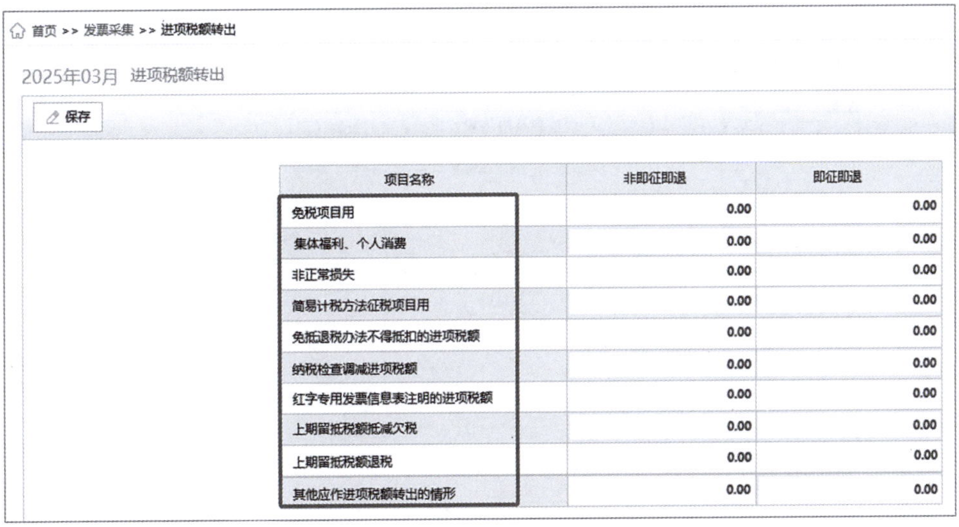

图2-65　进项税额转出

3. 申报表填写

(1) 填写《增值税及附加税费申报表附列资料(一)》(本期销售情况明细)第1～11列，相关数据由销项采集自动生成；第12～14列由有差额扣除项目的纳税人填写。因浙江才赢教育科技有限公司不涉及应税服务扣除项目，这几列不用填写。最后确认无误后，单击"保存"|"关闭"即可，界面如图2-66所示。

图 2-66　增值税及附加税费申报表附列资料(一)

(2) 填写《增值税及附加税费申报表附列资料(二)》(本期进项税额明细)。本表数据由进项采集自动生成，如图2-67所示。

增值税及附加税费申报表附列资料（一）
(本期销售情况明细)

税款所属时间：2025年03月01日 至 2025年03月31日
纳税人名称：（公章）杭州天元信息技术有限公司　　　金额单位：元（列至角分）

项目及栏次		开具增值税专用发票 销售额 1	销项(应纳)税额 2	开具其他发票 销售额 3	销项(应纳)税额 4	未开具发票 销售额 5	销项(应纳)税额 6	纳税检查调整 销售额 7	销项(应纳)税额 8	合计 销售额 9=1+3+5+7	销项(应纳)税额 10=2+4+6+8	价税合计 11=9+10	服务、不动产和无形资产扣除项目本期实际扣除金额 12	扣除后 含税(免税)销售额 13=11-12	销项(应纳)税额 14=13÷(100%+税率或征收率)×税率或征收率
一、一般计税方法计税 全部征税项目	13%税率的货物及加工修理修配劳务 1	423,340.32	55,034.24	153,153.86	19,912.90	21,590.15	4,106.72	0.00	0.00	605,114.33	79,054.86	—	—	—	—
	13%税率的服务、不动产和无形资产 2	0.00	0.00	0.00	0.00	0.00	0.00	0.00	0.00	0.00	0.00				
其中：即征即退项目	9%税率的货物及加工修理修配劳务 3	0.00	0.00	0.00	0.00	0.00	0.00	0.00	0.00	0.00	0.00				
	9%税率的服务、不动产和无形资产 4	0.00	0.00	0.00	0.00	0.00	0.00	0.00	0.00	0.00	0.00				
	6%税率 5	0.00	0.00	0.00	0.00	0.00	0.00	0.00	0.00	0.00	0.00				
	即征即退货物及加工修理修配劳务 6	—	—	—	—	—	—	—	—	0.00	0.00				
	即征即退服务、不动产和无形资产 7	—	—	—	—	—	—	—	—	0.00	0.00				
二、简易计税方法计税 全部征税项目	6%征收率 8	0.00	0.00	0.00	0.00	0.00	0.00	0.00	0.00	0.00	0.00				
	5%征收率的货物及加工修理修配劳务 9a	0.00	0.00	0.00	0.00	0.00	0.00	0.00	0.00	0.00	0.00				
	5%征收率的服务、不动产和无形资产 9b	0.00	0.00	0.00	0.00	0.00	0.00	0.00	0.00	0.00	0.00				
	4%征收率 10	0.00	0.00	0.00	0.00	0.00	0.00	0.00	0.00	0.00	0.00				
	3%征收率的货物及加工修理修配劳务 11	0.00	0.00	0.00	0.00	0.00	0.00	0.00	0.00	0.00	0.00				
	3%征收率的服务、不动产和无形资产 12	0.00	0.00	0.00	0.00	0.00	0.00	0.00	0.00	0.00	0.00				
	预征率 % 13a	0.00	0.00	0.00	0.00	0.00	0.00	0.00	0.00	0.00	0.00				
	预征率 % 13b	0.00	0.00	0.00	0.00	0.00	0.00	0.00	0.00	0.00	0.00				
其中：即征即退项目	即征即退货物及加工修理修配劳务 14	—	—	—	—	—	—	—	—	0.00	0.00				
	即征即退服务、不动产和无形资产 15	—	—	—	—	—	—	—	—	0.00	0.00				
三、免抵退税	货物及加工修理修配劳务 16			0.00						0.00					
	服务、不动产和无形资产 17			0.00						0.00					
四、免税	货物及加工修理修配劳务 18	0.00		0.00						0.00					
	服务、不动产和无形资产 19			0.00						0.00					

图 2-66　增值税及附加税费申报表附列资料(一)

增值税及附加税费申报表附列资料（二）
(本期进项税额明细)

税款所属时间：2025年03月01日 至 2025年03月31日
纳税人名称：（公章）杭州天元信息技术有限公司　　　金额单位：元（列至角分）

一、申报抵扣的进项税额

项目	栏次	份数	金额	税额
（一）认证相符的增值税专用发票	1=2+3	4	410,512.14	52,520.49
其中：本期认证相符且本期申报抵扣	2	4	410,512.14	52,520.49
前期认证相符且本期申报抵扣	3	0	0.00	0.00
（二）其他扣税凭证	4=5+6+7+8a+8b	1	10,369.20	1,348.00
其中：海关进口增值税专用缴款书	5	1	10,369.20	1,348.00
农产品收购发票或者销售发票	6		0.00	0.00
代扣代缴税收缴款凭证	7			0.00
加计扣除农产品进项税额	8a	—	—	0.00
其他	8b	0		0.00
（三）本期用于购建不动产的扣税凭证	9	0	0.00	0.00
（四）本期用于抵扣的旅客运输服务扣税凭证	10	0	0.00	0.00
（五）外贸企业进项税额抵扣证明	11	—	—	0.00
当期申报抵扣进项税额合计	12=1+4+11	5	420,881.34	53,868.49

二、进项税额转出额

项目	栏次	税额
本期进项税额转出额	13=14至23之和	0.00
其中：免税项目用	14	0.00
集体福利、个人消费	15	0.00
非正常损失	16	0.00
简易计税方法征税项目用	17	0.00
免抵退税办法不得抵扣的进项税额	18	0.00
纳税检查调减进项税额	19	0.00
红字专用发票信息表注明的进项税额	20	0.00
上期留抵税额抵减欠税	21	0.00
上期留抵税额退税	22	0.00
异常凭证转出进项税额	23a	0.00
其他应作进项税额转出的情形	23b	0.00

三、待抵扣进项税额

项目	栏次	份数	金额	税额
（一）认证相符的增值税专用发票	24	—	—	—
期初已认证相符但未申报抵扣	25	0	0.00	0.00

图 2-67　增值税及附加税费申报表附列资料(二)

(3) 填写《增值税及附加税费申报表附列资料(三)》(服务、不动产和无形资产扣除项目明细)。此表由有差额扣除项目的纳税人填写。由于本案例不涉及，因此“保存”|“关闭”即可。

(4) 填写《增值税及附加税费申报表附列资料(四)》(税额抵减情况表)。此表由有税额抵减业务的纳税人填写。由于本案例不涉及，因此“保存”|“关闭”即可。

(5) 根据附表数据，填写《增值税及附加税费申报表》(一般纳税人适用)。浙江才赢教育科技有限公司期初有上期留抵税额31 026.49元，填入本表第13行。其余数据均自动生成，界面如图2-68所示。

保存　预览　打印　缩小　放大　关闭

报表列表　增值税及附加税费申报表（一般纳税人适用）

增 值 税 及 附 加 税 费 申 报 表(一般纳税人适用)

根据国家税收法律法规及增值税相关规定制定本表。纳税人不论有无销售额，均应按税务机关核定的纳税期限填写本表，并向当地税务机关申报。

税款所属时间：2025年03月01日 至 2025年03月31日　　填表日期：2025年04月10日　　金额单位：元（列至角分）

纳税人识别号（统一社会信用代码）	914101713544207454			所属行业	
纳税人名称	杭州天元信息技术有限公司	法定代表人姓名		注册地址	生产经营地址
开户银行及帐号			登记注册类型		电话号码

	项目	栏次	一般项目		即征即退项目	
			本月数	本年累计	本月数	本年累计
销售额	（一）按适用税率计税销售额	1	608,114.33	608,114.33	0.00	0.00
	其中：应税货物销售额	2	608,114.33	608,114.33	0.00	0.00
	应税劳务销售额	3	0.00	0.00	0.00	0.00
	纳税检查调整的销售额	4	0.00	0.00	0.00	0.00
	（二）按简易办法计税销售额	5	0.00	0.00	0.00	0.00
	其中：纳税检查调整的销售额	6	0.00	0.00	0.00	0.00
	（三）免、抵、退办法出口销售额	7	0.00	0.00	——	——
	（四）免税销售额	8	0.00	0.00	——	——
	其中：免税货物销售额	9	0.00	0.00	——	——
	免税劳务销售额	10	0.00	0.00	——	——
税款计算	销项税额	11	79,054.86	79,054.86	0.00	0.00
	进项税额	12	53,868.49	53,868.49	0.00	0.00
	上期留抵税额	13	31,026.49	0.00	0.00	——
	进项税额转出	14	0.00	0.00	0.00	0.00
	免、抵、退应退税额	15	0.00	0.00	——	——
	按适用税率计算的纳税检查应补缴税额	16	0.00	0.00	——	——
	应抵扣税额合计	17=12+13-14-15+16	84,894.98	——	0.00	——
	实际抵扣税额	18(如17<11,则为17,否则为11)	79,054.86	0.00	0.00	0.00
	应纳税额	19=11-18	0.00	0.00	0.00	0.00
	期末留抵税额	20=17-18	5,840.12	0.00	0.00	——
	简易计税办法计算的应纳税额	21	0.00	0.00	0.00	0.00
	按简易计税办法计算的纳税检查应补缴税额	22	0.00	0.00	——	——
	应纳税额减征额	23	0.00	0.00	0.00	0.00
	应纳税额合计	24=19+21-23	0.00	0.00	0.00	0.00
税款缴纳	期初未缴税额（多缴为负数）	25	0.00	0.00	0.00	0.00
	实收出口开具专用缴款书退税额	26	0.00	0.00	——	——
	本期已缴税额	27=28+29+30+31	0.00	0.00	0.00	0.00
	①分次预缴税额	28	0.00	——	0.00	——
	②出口开具专用缴款书预缴税额	29	0.00	——	——	——
	③本期缴纳上期应纳税额	30	0.00	0.00	0.00	0.00
	④本期缴纳欠缴税额	31	0.00	0.00	0.00	0.00
	期末未缴税额（多缴为负数）	32=24+25+26-27	0.00	0.00	0.00	0.00
	其中：欠缴税额（≥0）	33=25+26-27	0.00	——	0.00	——
	本期应补（退）税额	34=24-28-29	0.00	——	0.00	——
	即征即退实际退税额	35	——	——	0.00	0.00
	期初未缴查补税额	36	0.00	0.00	——	——
	本期入库查补税额	37	0.00	0.00	——	——
	期末未缴查补税额	38=16+22+36-37	0.00	0.00	——	——
附加税费	城市维护建设税本期应补（退）税额	39	0.00	0.00	——	——
	教育费附加本期应补（退）费额	40	0.00	0.00	——	——
	地方教育附加本期应补（退）费额	41	0.00	0.00	——	——

声明：此表是根据国家税收法律法规及相关规定填写的，本人（单位）对填报内容（及附带资料）的真实性、可靠性、完整性负责。

		纳税人（签章）：	年 月 日
经办人：			
经办人身份证号：		受理人：	
代理机构签章：			
代理机构统一社会信用代码：		受理税务机关（章）：	受理日期： 年 月 日

图2-68　增值税及附加税费申报表(一般纳税人适用)

(6) 填写《增值税减免税申报明细表》。此表由有减免税业务的纳税人填写。浙江才赢教育科技有限公司未发生减免税业务，因此选择"保存"|"关闭"即可。

(7) 根据主表数据，自动计算《增值税及附加税费申报表附列资料(五)》相关数据。需回主表确认城市维护建设税、教育费附加及地方教育附加，确认无误后再次保存主表。由于本期应纳增值税额为0，因此三项附加税费也为0，如图2-69所示。

图2-69　增值税及附加税费申报表附列资料(五)

4. 申报表发送

报表填写完毕后，单击"申报表发送"，将相关数据发送申报，如图2-70所示。

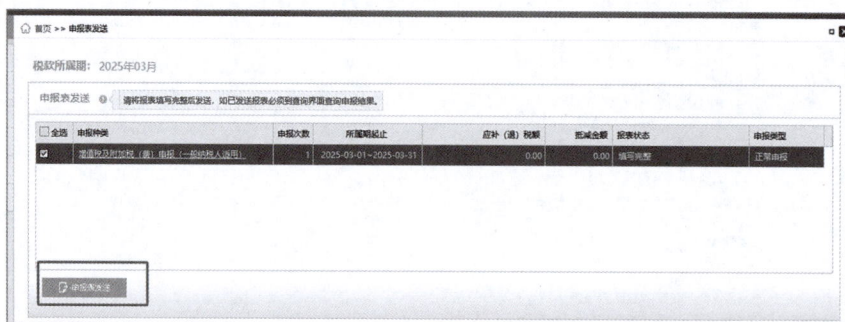

图2-70　申报表发送

5. 税款缴纳

单击"网上缴税"，确认缴税信息，再单击"缴税"，完成整个纳税申报任务，如图2-71所示。

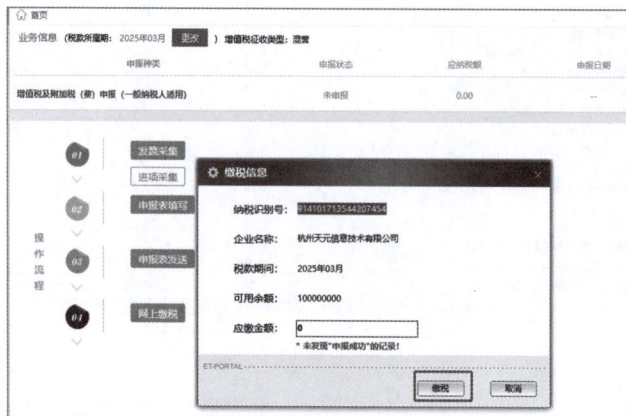

图2-71　网上缴税

6. 评分

为达到教学目标，学生在完成纳税申报所有流程后，需提交评分。单击"评分"，选择对应案例，查看得分情况。如果是100分，本案例圆满完成；如果不是100分，请"申报作废"，返回修改，如图2-72所示。

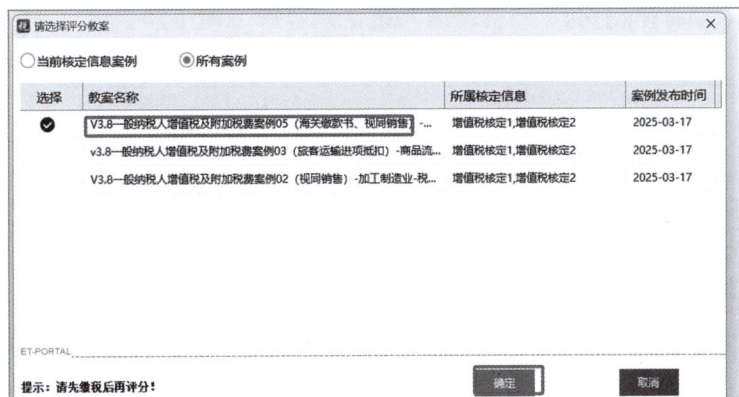

图2-72 案例评分

2.7 小规模纳税人增值税及附加税费纳税申报模拟实训

2.7.1 案例资料

深圳市菱电制冷设备销售有限公司为增值税小规模纳税人，2025年3月主要业务如下。

(1) 企业向安民农副产品贸易有限公司销售了150套空调专用铜管，共计48 000元。款项未收回，如图2-73所示。

图2-73 增值税普通发票(2)

(2) 企业向深圳市兴隆建筑安装有限责任公司销售了100套空调不锈钢加厚版支架设备80 000元，并同时进行空调安装62 600元，以上款项已经通过银行转账收讫，如图2-74所示。

044031901105　　深圳增值税普通发票　　NO 00091689　　044031901105 00091689

此联不作报销、扣税凭证使用

开票日期：20××年××月06日

购买方	名　　称：深圳市兴隆建筑安装有限责任公司 纳税人识别号：914403867187219012 地 址、电 话： 开户行及账号：	密码区	03》21*&25*2/26-141\61 21350332132132100.-**6 23/031**212/-0313-03133 23203***/>055—03*2223

货物或应税劳务、服务名称	规格型号	单位	数量	单价	金额	税率	税额
*家用电器配件*空调不锈钢加厚版支架设备		套	100	792.0792	79207.92	1%	792.08
*家用电器配件*安装费			1	61980.20	61980.20	1%	619.80
合　　计					¥141188.12		¥1411.88
价税合计（大写）	⊗壹拾肆万贰仟陆佰圆整				（小写）¥142600.00		

销售方	名　　称：深圳市菱电制冷设备销售有限公司 纳税人识别号：91440300088450013U 地 址、电 话：深圳市罗湖区清水河红岗路1299号 0571-56328671 开户行及账号：深圳市建设银行罗湖支行 2367546245	备注	

收款人：　　复核：　　开票人：祁玲　　销售方：(章)

税总函[2017]001号衡信印刷　　第一联：记账联　销售方记账凭证

图2-74　增值税普通发票(3)

(3) 企业向深圳市大润发有限公司销售3台冷库设备取得收入26 400元，款项未收回，如图2-75至图2-77所示。

044031901105　　深圳增值税普通发票　　NO 00091690　　044031901105 00091690

此联不作报销、扣税凭证使用

开票日期：20××年××月15日

购买方	名　　称：深圳市大润发有限公司 纳税人识别号：914400386718721901 地 址、电 话： 开户行及账号：	密码区	03》21*&25*2/26-141\61 21350332132132100.-**6 23/031**212/-0313-03133 23203***/>055—03*2223

货物或应税劳务、服务名称	规格型号	单位	数量	单价	金额	税率	税额
*制冷空调设备*冷库设备			1	8712.87	8712.87	1%	87.13
合　　计					¥8712.87		¥87.13
价税合计（大写）	⊗捌仟捌佰圆整				（小写）¥8800.00		

销售方	名　　称：深圳市菱电制冷设备销售有限公司 纳税人识别号：91440300088450013U 地 址、电 话：深圳市罗湖区清水河红岗路1299号 0571-56328671 开户行及账号：深圳市建设银行罗湖支行 2367546245	备注	

收款人：　　复核：　　开票人：祁玲　　销售方：(章)

税总函[2017]001号衡信印刷　　第一联：记账联　销售方记账凭证

图2-75　增值税普通发票(4)

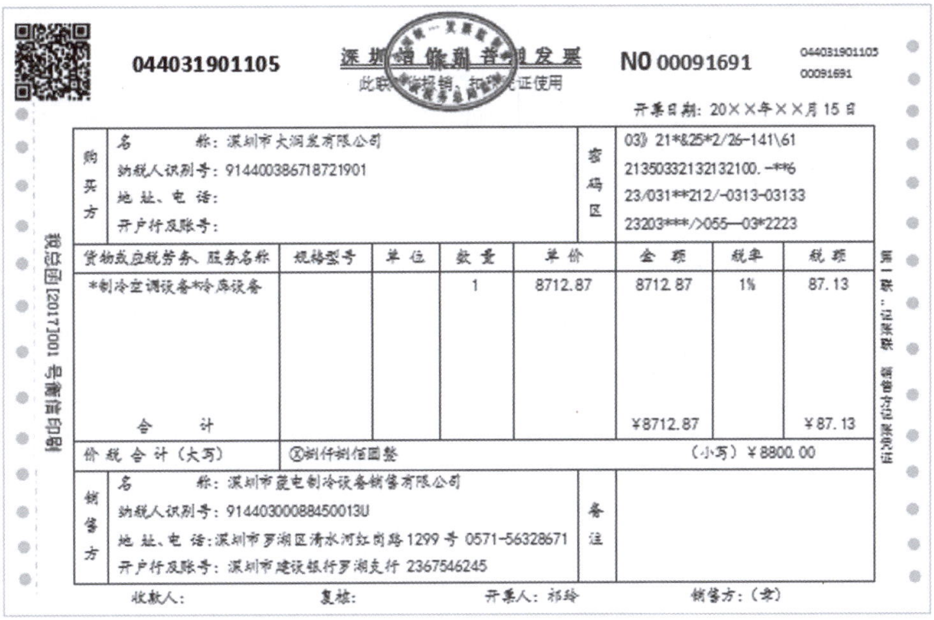
044031901105　深圳增值税普通发票　NO 00091691　044031901105 00091691

此联不作报销、扣税凭证使用

开票日期：20××年××月15日

购买方	名　　称：深圳市大润发有限公司 纳税人识别号：914400386718721901 地 址、电 话： 开户行及账号：				密码区	03》21*&25*2/26-141\61 21350332132132100.-**6 23/031**212/-0313-03133 23203***/>055—03*2223	
货物或应税劳务、服务名称	规格型号	单位	数量	单价	金额	税率	税额
*制冷空调设备*冷库设备			1	8712.87	8712.87	1%	87.13
合　　计					¥8712.87		¥87.13
价税合计（大写）	⊗捌仟捌佰圆整				（小写）¥8800.00		
销售方	名　　称：深圳市蓝电制冷设备销售有限公司 纳税人识别号：91440300088450013U 地 址、电 话：深圳市罗湖区清水河红岗路1299号 0571-56328671 开户行及账号：深圳市建设银行罗湖支行 2367546245				备注		

收款人：　复核：　开票人：祁玲　销售方：（章）

税总函[2017]001号衡信印刷　第一联：记账联　销售方记账凭证

图2-76　增值税普通发票(5)

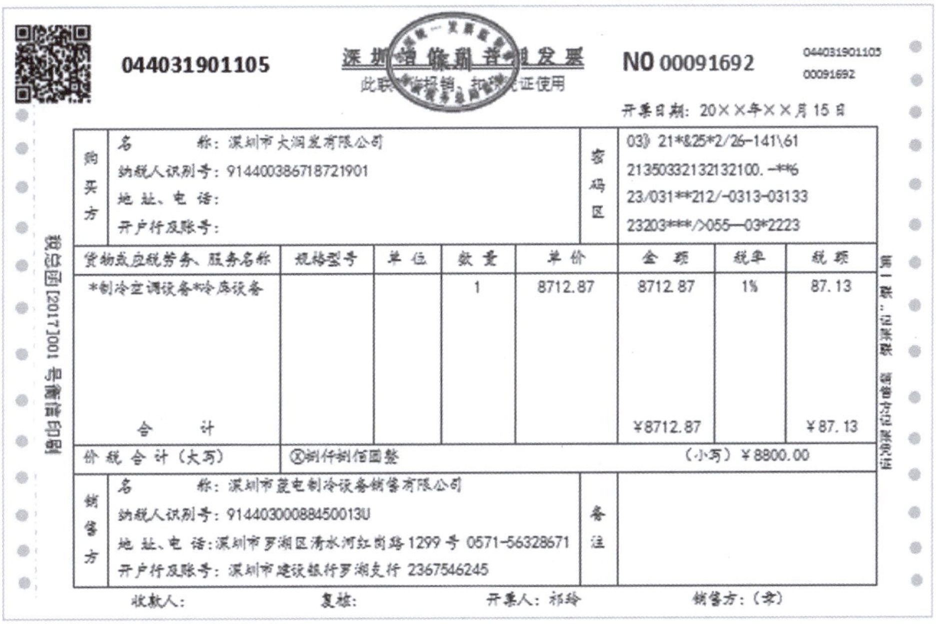
044031901105　深圳增值税普通发票　NO 00091692　044031901105 00091692

此联不作报销、扣税凭证使用

开票日期：20××年××月15日

购买方	名　　称：深圳市大润发有限公司 纳税人识别号：914400386718721901 地 址、电 话： 开户行及账号：				密码区	03》21*&25*2/26-141\61 21350332132132100.-**6 23/031**212/-0313-03133 23203***/>055—03*2223	
货物或应税劳务、服务名称	规格型号	单位	数量	单价	金额	税率	税额
*制冷空调设备*冷库设备			1	8712.87	8712.87	1%	87.13
合　　计					¥8712.87		¥87.13
价税合计（大写）	⊗捌仟捌佰圆整				（小写）¥8800.00		
销售方	名　　称：深圳市蓝电制冷设备销售有限公司 纳税人识别号：91440300088450013U 地 址、电 话：深圳市罗湖区清水河红岗路1299号 0571-56328671 开户行及账号：深圳市建设银行罗湖支行 2367546245				备注		

收款人：　复核：　开票人：祁玲　销售方：（章）

税总函[2017]001号衡信印刷　第一联：记账联　销售方记账凭证

图2-77　增值税普通发票(6)

(4) 20日，销售自己使用过的固定资产收到含税收入3 500.00元，发票未开具。(公司选择按最优惠的方式缴税)

(5) 21日，购置金税盘(公司初次购买增值税税控系统专用设备)，取得增值税专用发票，不含税金额为1 800元，税额为234元，如图2-78所示。

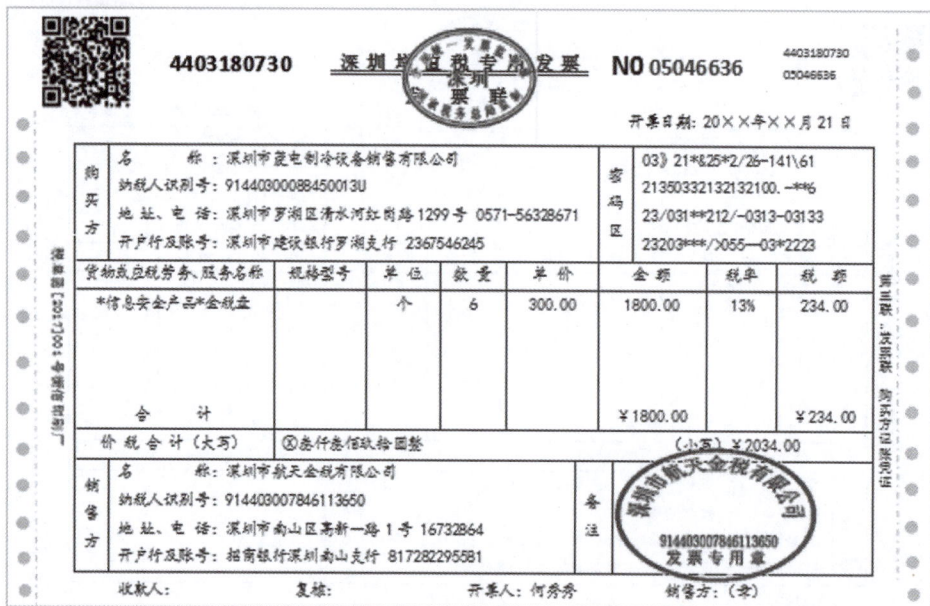

图2-78　增值税专用发票(8)

要求：根据深圳市菱电制冷设备销售有限公司2025年3月相关经济业务，完成该公司当期增值税及附加税费申报实训操作。

2.7.2　模拟申报

小规模纳税人增值税及附加税费申报流程大致可分为6个环节，现结合案例演示申报的具体操作步骤。

1. 平台登录

(1) 登录"税务实训平台"，输入学校编码、学生账号及密码，如图2-79所示。

图2-79　平台登录页面

(2) 进入平台后，选择"增值税"|"小规模增值税附加申报"，如图2-80所示。根据业务发生时间，修改税款所属期为2025年3月，如图2-81所示。

图2-80　小规模纳税人增值税及附加税费申报登录

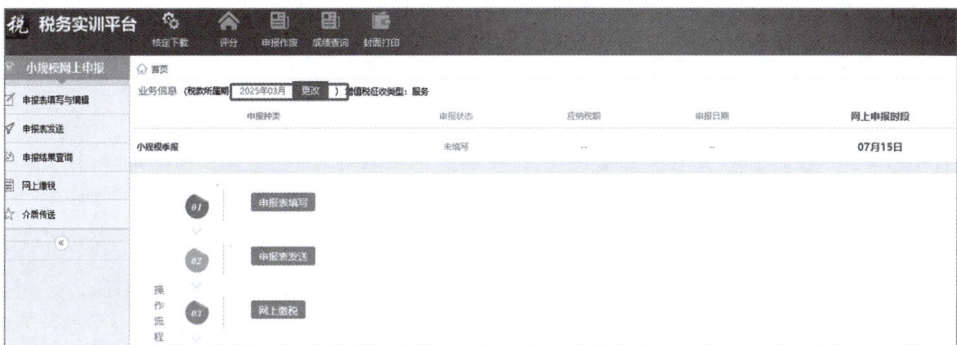

图2-81　修改税款所属期

2. 核定下载

根据经济业务发生期间，核定下载月度或季度申报模版。本案例中为月度申报，因此选择"小规模纳税人网上申报(月报)"模版，单击"下载"，如图2-82所示。提示"下载成功"后即可。

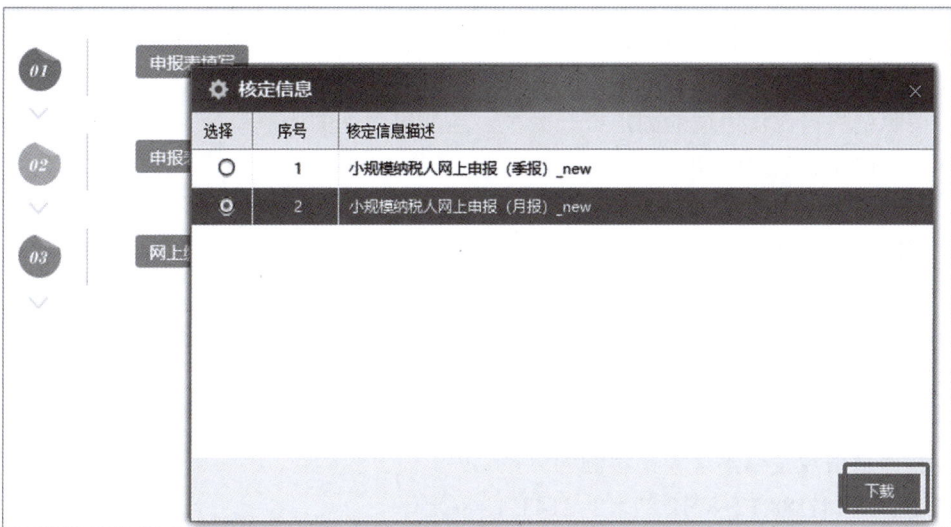

图2-82　核定下载模版

3. 申报表填写

(1)《增值税及附加税费申报表(小规模纳税人适用)附列资料(一)》，本表由销售服务有扣除项目的纳税人填写，其他小规模纳税人不填报。由于本案例中未涉及，因此本表不填列。打开后，单击“保存”|“关闭”即可，如图2-83所示。

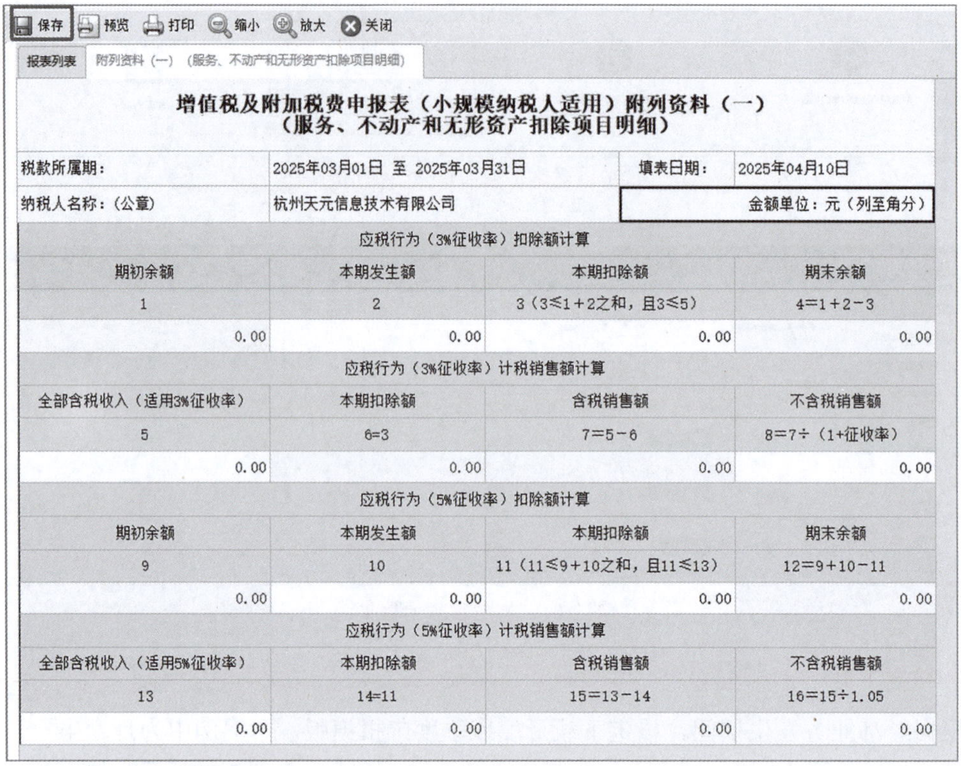

增值税及附加税费申报表（小规模纳税人适用）附列资料（一）
（服务、不动产和无形资产扣除项目明细）

税款所属期：	2025年03月01日 至 2025年03月31日	填表日期：	2025年04月10日
纳税人名称：（公章）	杭州天元信息技术有限公司		金额单位：元（列至角分）
应税行为（3%征收率）扣除额计算			
期初余额	本期发生额	本期扣除额	期末余额
1	2	3（3≤1+2之和，且3≤5）	4=1+2-3
0.00	0.00	0.00	0.00
应税行为（3%征收率）计税销售额计算			
全部含税收入（适用3%征收率）	本期扣除额	含税销售额	不含税销售额
5	6=3	7=5-6	8=7÷（1+征收率）
0.00	0.00	0.00	0.00
应税行为（5%征收率）扣除额计算			
期初余额	本期发生额	本期扣除额	期末余额
9	10	11（11≤9+10之和，且11≤13）	12=9+10-11
0.00	0.00	0.00	0.00
应税行为（5%征收率）计税销售额计算			
全部含税收入（适用5%征收率）	本期扣除额	含税销售额	不含税销售额
13	14=11	15=13-14	16=15÷1.05
0.00	0.00	0.00	0.00

图2-83　增值税及附加税费申报表(小规模纳税人适用)附列资料(一)

(2) 填写《增值税及附加税费申报表(小规模纳税人适用)》。

① 业务4：销售自己使用过的固定资产收到含税收入3 500.00元，发票未开具。(公司选择按最优惠的方式缴税)

A. 按照销售自己使用过的固定资产缴税，当期应缴纳的增值税为

3500/(1+3%)×2%=67.96(元)

B. 按照小规模纳税人适用3%征收率的应税销售收入，减按1%征收率征收增值税，当期应缴纳的增值税为

3500/(1+1%)×1%=34.65(元)

因此，按照B方式确认当期不含税销售额并缴税。

② 根据案例内容，确认本期应征增值税不含税销售额为

47524.75+141188.12+8712.87×3+3500/(1+1%)=218316.83(元)

③ 其他增值税发票不含税销售额为

47524.75+141188.12+8712.87×3=214851.48(元)。

将以上数据填在“货物及劳务”列，系统自动计算出本期应纳税额为6 549.50元。填写完单击“保存”即可，如图2-84所示。

保存 预览 打印 缩小 放大 关闭

报表列表 | 增值税及附加税费申报表（小规模纳税人适用）

增值税及附加税费申报表
（小规模纳税人适用）

纳税人识别号(统一社会信用代码)	914101713544207454		本期销售不动产不含税销售额		0.00
纳税人名称（公章）：	杭州天元信息技术有限公司				金额单位：元（列至角分）
税款所属期:	2025年03月01日 至 2025年03月31日	填表日期:	2025年04月10日		

	项目	栏次	本期数		本年累计	
			货物及劳务	服务、不动产和无形资产	货物及劳务	服务、不动产和无形资产
一、计税依据	（一）应征增值税不含税销售额（3%征收率）	1	218,316.83	0.00	218,316.83	0.00
	增值税专用发票不含税销售额	2	0.00	0.00	0.00	0.00
	其他增值税发票不含税销售额	3	214,851.48	0.00	214,851.48	0.00
	（二）应征增值税不含税销售额（5%征收率）	4	—	0.00	—	0.00
	增值税专用发票不含税销售额	5	—	0.00	—	0.00
	其他增值税发票不含税销售额	6	—	0.00	—	0.00
	（三）销售使用过的应税固定资产不含税销售额	7（7≥8）	0.00	—	0.00	—
	其中：其他增值税发票不含税销售额	8	0.00	—	0.00	—
	（四）免税销售额	9=10+11+12	0.00	0.00	0.00	0.00
	其中：小微企业免税销售额	10	0.00	0.00	0.00	0.00
	未达起征点销售额	11	0.00	0.00	0.00	0.00
	其他免税销售额	12	0.00	0.00	0.00	0.00
	（五）出口免税销售额	13（13≥14）	0.00	0.00	0.00	0.00
	其中：其他增值税发票不含税销售额	14	0.00	0.00	0.00	0.00
	核定销售额	15	0.00	0.00	0.00	0.00
二、税款计算	本期应纳税额	16	6,549.50	0.00	6,549.50	0.00
	核定应纳税额	17	0.00	0.00	0.00	0.00
	本期应纳税额减征额	18	0.00	0.00	0.00	0.00
	本期免税额	19	0.00	0.00	0.00	0.00
	其中：小微企业免税额	20	0.00	0.00	0.00	0.00
	未达起征点免税额	21	0.00	0.00	0.00	0.00
	应纳税额合计	22=16-18	6,549.50	0.00	6,549.50	0.00
	本期预缴税额	23	0.00	0.00	0.00	0.00
	本期应补（退）税额	24=22-23	6,549.50	0.00	6,549.50	0.00
三、附加税费	城市维护建设税本期应补（退）税额	25		0.00		0.00
	教育费附加本期应补（退）费额	26		0.00		0.00
	地方教育附加本期应补（退）费额	27		0.00		0.00

图2-84 增值税及附加税费申报表(小规模纳税人适用)

(3) 填写《增值税减免税申报明细表》，享受增值税减免税优惠的增值税小规模纳税人需填写本表。发生增值税税控系统专用设备费用、技术维护费及购置税控收款机费用的增值税小规模纳税人也需填报本表。仅享受月销售额不超过10万元(按季纳税30万元)免征增值税政策或未达起征点的增值税小规模纳税人无须填报本表。本案例中共涉及两项税收减免：其一，小规模纳税人减按1%征收增值税，减免税额为4 366.34元(218316.83×2%=4366.34)；其二，初次购买增值税税控系统专用设备，减免税额为2 034元(1800+234=2034)。两者合计为6 400.34元。具体填写如图2-85所示。

保存 增加页 删除页 预览 打印 缩小 放大 关闭

报表列表 | 增值税减免税申报明细表

增值税减免税申报明细表

税款所属时间：2025年03月01日 至 2025年03月31日

纳税人名称（公章）：杭州天元信息技术有限公司 金额单位：元（列至角分）

一、减税项目						
减税性质代码及名称	栏次	期初余额	本期发生额	本期应抵减税额	本期实际抵减税额	期末余额
		1	2	3=1+2	4≤3	5=3-4
合计	1	0.00	6400.34	6400.34	6400.34	0.00
0001011608|SXA031901121|小规模纳税人减按1%征收率征收增值税|《财政部 税务总局关于支持个体工商户复工复业增值税政策的公告》 财政部 税务总局公告2020年第13号 选择	2	0.00	4366.34	4366.34	4366.34	0.00
0001129914|SXA031900185|购置增值税税控系统专用设备抵减增值税|《财政部 国家税务总局关于增值税税控系统专用设备和技术维护费用抵减增值税税额有关政策的通知》 财税〔2012〕15号	3	0.00	2034.00	2034.00	2034.00	0.00
	4			0.00		0.00
	5			0.00		0.00
	6			0.00		0.00

图2-85 增值税减免税申报明细表

(4) 将《增值税减免税申报明细表》中的本期应抵减税额合计，填写到《增值税及附加税费申报表(小规模纳税人适用)》的第18行“本期应纳税额减征额”。确认本期应纳增值税额为149.16元，如图2-86所示。

保存 预览 打印 缩小 放大 关闭

报表列表 增值税及附加税费申报表（小规模纳税人适用）

增值税及附加税费申报表
（小规模纳税人适用）

纳税人识别号(统一社会信用代码) 914101713544207454 本期销售不动产不含税销售额 0.00

纳税人名称（公章）： 杭州天元信息技术有限公司 金额单位：元（列至角分）

税款所属期： 2025年03月01日 至 2025年03月31日 填表日期： 2025年04月10日

	项目	栏次	本期数		本年累计	
			货物及劳务	服务、不动产和无形资产	货物及劳务	服务、不动产和无形资产
一、计税依据	（一）应征增值税不含税销售额（3%征收率）	1	218,316.83	0.00	218,316.83	0.00
	增值税专用发票不含税销售额	2	0.00	0.00	0.00	0.00
	其他增值税发票不含税销售额	3	214,851.48	0.00	214,851.48	0.00
	（二）应征增值税不含税销售额（5%征收率）	4	—	0.00	—	0.00
	增值税专用发票不含税销售额	5	—	0.00	—	0.00
	其他增值税发票不含税销售额	6	—	0.00	—	0.00
	（三）销售使用过的应税固定资产不含税销售额	7（7≥8）	0.00	—	0.00	—
	其中：其他增值税发票不含税销售额	8	0.00	—	0.00	—
	（四）免税销售额	9=10+11+12	0.00	0.00	0.00	0.00
	其中：小微企业免税销售额	10	0.00	0.00	0.00	0.00
	未达起征点销售额	11	0.00	0.00	0.00	0.00
	其他免税销售额	12	0.00	0.00	0.00	0.00
	（五）出口免税销售额	13（13≥14）	0.00	0.00	0.00	0.00
	其中：其他增值税发票不含税销售额	14	0.00	0.00	0.00	0.00
	核定销售额	15	0.00	0.00	0.00	0.00
二、税款计算	本期应纳税额	16	6,549.50	0.00	6,549.50	0.00
	核定应纳税额	17	0.00	0.00	0.00	0.00
	本期应纳税额减征额	18	6,400.34	0.00	6,400.34	0.00
	本期免税额	19	0.00	0.00	0.00	0.00
	其中：小微企业免税额	20	0.00	0.00	0.00	0.00
	未达起征点免税额	21	0.00	0.00	0.00	0.00
	应纳税额合计	22=16-18	149.16	0.00	149.16	0.00
	本期预缴税额	23	0.00	0.00	0.00	0.00
	本期应补（退）税额	24=22-23	149.16	0.00	149.16	0.00
三、附加税费	城市维护建设税本期应补（退）税额	25		0.00		0.00
	教育费附加本期应补（退）费额	26		0.00		0.00
	地方教育附加本期应补（退）费额	27		0.00		0.00

声明：此表是根据国家税收法律法规及相关规定填写的，本人（单位）对填报内容（及附带资料）的真实性、可靠性、完整性负责。

图2-86 本期应纳税额减征额填写

(5) 根据主表中的应纳增值税额，自动填写《增值税及附加税费申报表(小规模纳税人适用)附列资料(二)》，如图2-87所示，本表计算小规模纳税人需要缴纳的城市维护建设税、教育费附加和地方教育附加。最后再回到主表，确认三项附加税费自动填列到主表中，如图2-88所示。

保存 预览 打印 缩小 放大 关闭

报表列表 附列资料（二）（附加税费情况表）

增值税及附加税费申报表（小规模纳税人适用）附列资料（二）

（附加税费情况表）

税（费）款所属时间： 2025年03月01日 至 2025年03月31日

纳税人名称(公章)： 杭州天元信息技术有限公司 金额单位：元（列至角分）

被冲红所属期起 选择 被冲红所属期止 选择

税（费）种	计税（费）依据		税（费）率（征收率）（%）	本期应纳税（费）额	本期减免税（费）额		增值税小规模纳税人"六税两费"减征政策		本期已缴税（费）额	本期应补（退）税（费）额
	增值税税额	增值税限额减免金额			减免性质代码	减免税(费)额	减征比例（%）	减征额		
	1	2	3	4	5	6	7	8=(4-6)×7	9	10=4-6-8-9
城市维护建设税	149.16	0.00	7.0000%	10.44	选择		50.0000%	5.22		5.22
教育费附加	149.16	0.00	3.0000%	4.47	选择		50.0000%	2.24		2.23
地方教育附加	149.16	0.00	2.0000%	2.98	选择		50.0000%	1.49		1.49
合计	—	—	—	17.89	—	0.00	—	8.95	0.00	8.94

图2-87 增值税及附加税费申报表(小规模纳税人适用)附列资料(二)

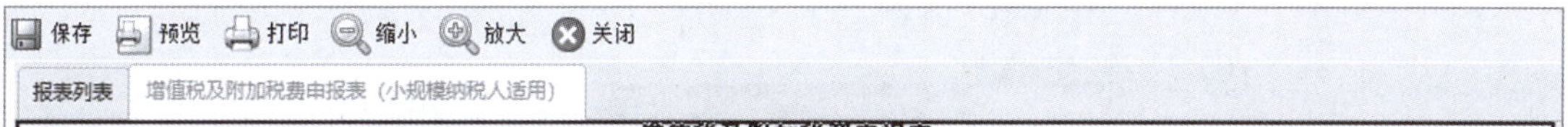

增值税及附加税费申报表
（小规模纳税人适用）

纳税人识别号(统一社会信用代码)	914101713544207454			本期销售不动产不含税销售额		0.00
纳税人名称（公章）：	杭州天元信息技术有限公司				金额单位：元（列至角分）	
税款所属期：	2025年03月01日 至 2025年03月31日	填表日期：	2025年04月10日			

	项目	栏次	本期数		本年累计	
			货物及劳务	服务、不动产和无形资产	货物及劳务	服务、不动产和无形资产
一、计税依据	（一）应征增值税不含税销售额（3%征收率）	1	218,316.83	0.00	218,316.83	0.00
	增值税专用发票不含税销售额	2	0.00	0.00	0.00	0.00
	其他增值税发票不含税销售额	3	214,851.48	0.00	214,851.48	0.00
	（二）应征增值税不含税销售额（5%征收率）	4	—	0.00	—	0.00
	增值税专用发票不含税销售额	5	—	0.00	—	0.00
	其他增值税发票不含税销售额	6	—	0.00	—	0.00
	（三）销售使用过的应税固定资产不含税销售额	7（7≥8）	0.00	—	0.00	—
	其中：其他增值税发票不含税销售额	8	0.00	—	0.00	—
	（四）免税销售额	9=10+11+12	0.00	0.00	0.00	0.00
	其中：小微企业免税销售额	10	0.00	0.00	0.00	0.00
	未达起征点销售额	11	0.00	0.00	0.00	0.00
	其他免税销售额	12	0.00	0.00	0.00	0.00
	（五）出口免税销售额	13（13≥14）	0.00	0.00	0.00	0.00
	其中：其他增值税发票不含税销售额	14	0.00	0.00	0.00	0.00
	核定销售额	15	0.00	0.00	0.00	0.00
二、税款计算	本期应纳税额	16	6,549.50	0.00	6,549.50	0.00
	核定应纳税额	17	0.00	0.00	0.00	0.00
	本期应纳税额减征额	18	6,400.34	0.00	6,400.34	0.00
	本期免税额	19	0.00	0.00	0.00	0.00
	其中：小微企业免税额	20	0.00	0.00	0.00	0.00
	未达起征点免税额	21	0.00	0.00	0.00	0.00
	应纳税额合计	22=16-18	149.16	0.00	149.16	0.00
	本期预缴税额	23	0.00	0.00	0.00	0.00
	本期应补（退）税额	24=22-23	149.16	0.00	149.16	0.00
三、附加税费	城市维护建设税本期应补（退）税额	25		5.22		5.22
	教育费附加本期应补（退）费额	26		2.23		2.23
	地方教育附加本期应补（退）费额	27		1.49		1.49

图2-88　增值税及附加税费申报表(小规模纳税人适用)

4. 申报表发送

报表填写完毕后，单击“申报表发送”，将相关数据发送申报，如图2-89所示。

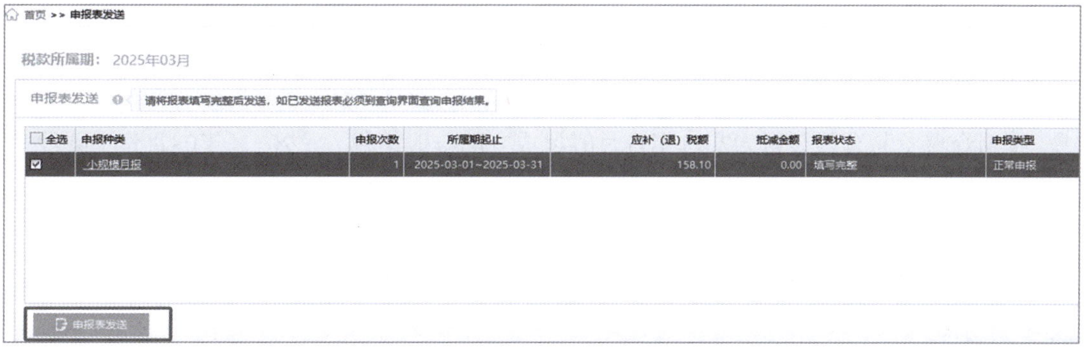

图2-89　申报表发送

5. 税款缴纳

单击“网上缴税”，确认缴税信息，再单击“缴税”，完成整个纳税申报任务，如图2-90所示。

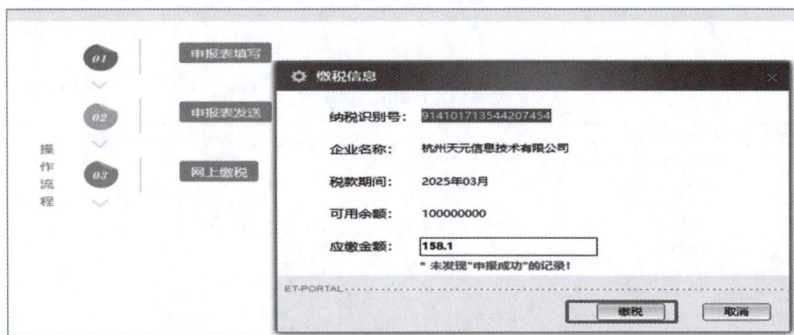

图2-90　网上缴税

6. 评分

为达到教学目标，学生在完成纳税申报所有流程后，需提交评分。单击"评分"，选择对应案例，查看得分情况，如图2-91所示。如果是100分，本案例圆满完成；如果不是100分，则单击"申报作废"，返回修改。

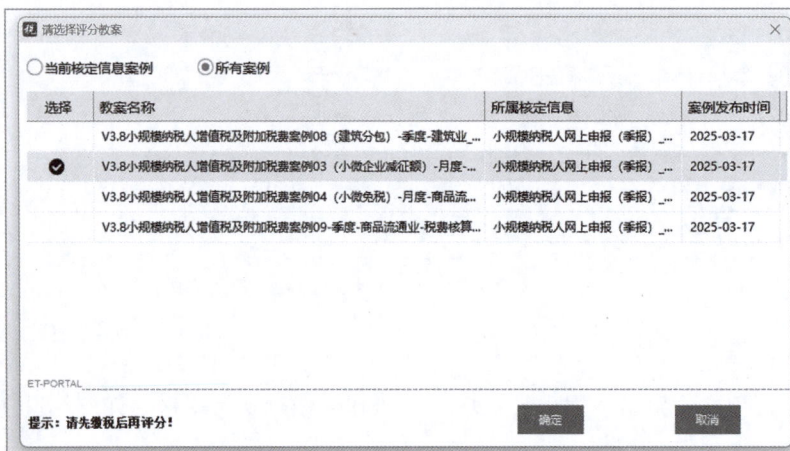

图2-91　案例评分

实战演练1：

福州众城贸易有限公司为2021年11月01日成立的一般纳税人，202×年08月份主要业务如下。

1) 经济业务1

04日，员工王某出差归来，报销交通费1 030元，取得一份增值税电子普通发票，如图2-92所示。

2) 经济业务2

10日，向个体工商户何某赊销打印机一批，含税金额为191 500.00元，款项暂未收取，货物已发出。进货单如图2-93所示。(未签订书面合同、未开具发票)

3) 经济业务3

14日，向泉州市海洋电脑科技有限公司销售打印机一批，含税金额为134 054.70元，开具增值税专用发票，如图2-94和图2-95所示，款项暂未收取。

福建增值税电子普通发票

发票代码：3500182620780
发票号码：46410673
开票日期：20××年××月04日
校验码：15529 84376 70628 86725

机器编号：499098426207

购买方	名　称：福州众城贸易有限公司 纳税人识别号：913535011161133600 地址、电话：福州洪山科技园 0571-56615678 开户行及账号：福州市农行丁城所 1105010400005678

密码区 03》21*&25*2/26-141\61 21350332132132100.-**6 23/031**212/-0313-03133 23203**/>055—03*2223

货物或应税劳务、服务名称	规格型号	单位	数量	单价	金额	税率	税额
*运输服务*客运服务费		次	1	1000.00	1000.00	3%	30.00
合　计					￥1000.00		￥30.00

价税合计（大写）　⊗壹仟零叁拾圆整　　　（小写）￥1030.00

销售方	名　称：福建滴蒂出行科技有限公司 纳税人识别号：913501027593710699 地址、电话：福建省福州市大富区复兴路32号 0571-56613221 开户行及账号：中国工商银行福州分行钢盈支行 0402561233404534

备注

收款人：　　　复核：　　　开票人：杜尧

图2-92　增值税电子普通发票

众城送货单

客户名称：个体工商户何某　　　　20××年××月10日

名称	规格	单位	数量	单价	金额	备注
打印机	5860SP	台	33	4500	148500.00	
打印机	5860SP+	台	10	4300	43000.00	

合计金额：壹拾玖万壹仟伍佰壹拾零元零角零分　　　￥191500.00

图2-93　送货单

3500182140

福建增值税专用发票　NO 01023652

3500182140
01023652

此联不作报销、扣税凭证使用

开票日期：20××年××月14日

购买方	名　称：泉州市海洋电脑科技有限公司 纳税人识别号：913505032600439639 地址、电话：泉州市丰泽区丰盛假日城堡 开户行及账号：丰泽农行营业部 1351070104000450

密码区 03》21*&25*2/26-141\61 21350332132132100.-**6 23/031**212/-0313-03133 23203**/>055—03*2223

货物或应税劳务、服务名称	规格型号	单位	数量	单价	金额	税率	税额
*计算机外部设备*四通存折打印	CK15860+SP	台	14	3076.923	43076.92	13%	5600.00
*计算机外部设备*四通存折打印	CK15860SP	台	5	3247.863	16239.32	13%	2111.11
合　计					￥59316.24		￥7711.11

价税合计（大写）　⊗陆万柒仟零贰拾柒圆叁角伍分　　　（小写）￥67027.35

销售方	名　称：福州众城贸易有限公司 纳税人识别号：913535011161133600 地址、电话：福州洪山科技园 0571-56615678 开户行及账号：福州市农行丁城所 1105010400005678

备注

收款人：　　　复核：　　　开票人：陈盈　　　销售方：（章）

图2-94　增值税专用发票(1)

95

图2-95　增值税专用发票(2)

4) 经济业务4

22日，从建瓯市启创信息技术有限公司购入办公用的电脑20台，含税金额为93 683.76元，收到增值税专用发票一份，如图2-96所示，款项暂未支付。

图2-96　增值税专用发票

5) 经济业务5

24日，从北京四通新技术产业有限公司购入打印机一批，含税金额为492 564.11元，收到增值税专用发票一份，如图2-97所示，款项暂未支付。

图2-97 增值税专用发票

6) 经济业务6

25日，收到福州德刊物流有限公司开具的货物运费增值税专用发票一份，含税金额为981.98元，如图2-98所示，款项暂未支付。

图2-98 增值税专用发票

7) 经济业务7

26日，向泉州海洋电脑科技有限公司销售打印机一批，含税金额为134 054.70元，开具增值税专用发票，如图2-99所示，款项暂未收取。

3500182140　　福建增值税专用发票　　NO 01023654　　3500182140 01023654

此联不作报销、扣税凭证使用

开票日期：20××年××月26日

购买方	名　　称：泉州市海洋电脑科技有限公司 纳税人识别号：913505032600439639 地 址、电 话：泉州市丰泽区丰盛假日城堡 开户行及账号：丰泽农行营业部 1351070104000450				密码区	03》21*&25*2/26-141\61 21350332132132100.-**6 23/031**212/-0313-03133 23203***/>055—03*2223	
货物或应税劳务、服务名称	规格型号	单位	数量	单价	金额	税率	税额
*计算机外部设备*四通存折打印	CK15860+SP	台	28	3076.923	86153.84	13%	11200.00
*计算机外部设备*四通存折打印	CK15860SP	台	10	3247.864	32478.64	13%	4222.22
合　　计					¥118632.48		¥15422.22
价税合计（大写）	⊗壹拾叁万肆仟零伍拾肆元柒角整				（小写）¥134054.70		
销售方	名　　称：福州众城贸易有限公司 纳税人识别号：913535011161133600 地 址、电 话：福州洪山科技园 0571-56615678 开户行及账号：福州市农行丁城所 1105010400005678				备注		

收款人：　　复核：　　开票人：陈盈　　销售方：（章）

税总函[2017]001号衡信印刷厂

第一联：记账联　销售方记账凭证

图2-99　增值税专用发票

8) 经济业务8

28日，向福州晋安区燕新贸易商行赊销打印机一批，含税金额为225 600.00元，送货单如图2-100所示，款项暂未收取，货物已发出。双方签订的书面合同约定的收款日期为下个月3日，公司承诺于次月收到货款后开具发票。

众城送货单

客户名称：福州晋安区燕新贸易商行　　20××年××月28日

名称	规格	单位	数量	单价	金额	备注
打印机	5860SP	台	45	4000	180000.00	
打印机	5860SP+	台	12	3800	45600.00	
合计金额：贰拾贰万伍仟陆佰零拾零元零角零分					¥225600.00	

图2-100　送货单

要求：根据福州众城贸易有限公司202×年8月的经济业务内容，利用税务实训平台，完成该公司当期增值税及附加税费申报实训。

实战演练2：

202×年9月宏远集团股份有限公司发生如下经济业务，请根据业务所示完成本月纳税申报实训。

(1) 公司向合丰印刷包装有限公司销售了一套打印机设备，共计10 161.13元，款项已通过银行收讫，如图2-101和图2-102所示。

(2) 公司向长达绿色印刷材料有限公司销售A4纸5箱，共计605元，如图2-103所示，款项暂未收取。

(3) 公司向东城印刷制品有限公司销售打印机1台，通过银行转账收取货款867元，如图2-104所示。

033011923004 　浙江增值税普通发票　NO 01085963

033011923004
01085963

此联不作报销、扣税凭证使用

开票日期：20XX 年 XX 月 02 日

购买方	名　　称：合丰印刷包装有限公司							密码区	03》21*&25*2/26-141\61 21350332132132100.-**6 23/031**212/-0313-03133 23203***/>055-03*2223		
	纳税人识别号：913301017124596805										
	地址、电话：浙江省杭州市棋墅区登云路5号4层 0571-89037623										
	开户行及账号：工行杭州市支行 1202232990000207										

货物或应税劳务、服务名称	规格型号	单位	数量	单价	金额	税率	税额
*计算机外部设备*打印机	A套餐	套	1	10060.52	10060.52	1%	100.61
合　计					￥10060.52		￥100.61

价税合计（大写）	⊗壹万零壹佰陆拾壹圆壹角叁分	（小写）￥10161.13

销售方	名　　称：宏远集团股份有限公司	备注
	纳税人识别号：913301951101137212	
	地址、电话：杭州市滨江区六一路99号 0571-83294637	
	开户行及账号：中国农业银行杭州滨江支行 12352628360001	

收款人：　　　复核：　　　开票人：吴英　　　销售方：(章)

第一联：记账联 销售方记账凭证

税总函[2017]001号 广东省印制

图2-101　增值税普通发票

中国农业银行进账单（回单）　　1

20XX 年 XX 月 02 日

出票人	全　称	合丰印刷包装有限公司	收款人	全　称	宏远集团股份有限公司
	账　号	1202232990000207		账　号	12352628360001
	开户银行	工行杭州市支行		开户银行	农行杭州滨江支行

金额	人民币 （大写）壹万零壹佰陆拾壹元壹角叁分	千	百	十	万	千	百	十	元	角	分
				￥	1	0	1	6	1	1	3

票据种类	转账支票	票据张数	1
票据号码	01914832		

银行业务受理章
杭州滨江支行
20XX.XX.02
受理凭证章3
收妥抵用（03）

复核　　　记账

此联是收款人开户银行交给收款人的收账通知

图2-102　银行进账单(回单)

033011923004 　浙江增值税普通发票　NO 01085964

033011923004
01085964

此联不作报销、扣税凭证使用

开票日期：20XX 年 XX 月 12 日

购买方	名　　称：长达绿色印刷材料有限公司							密码区	03》21*&25*2/26-141\61 21350332132132100.-**6 23/031**212/-0313-03133 23203***/>055-03*2223		
	纳税人识别号：913301451219130019										
	地址、电话：杭州市滨江区滨安路11号2幢 0571-85224208										
	开户行及账号：农业银行杭州高新支行 190635284635008										

货物或应税劳务、服务名称	规格型号	单位	数量	单价	金额	税率	税额
*纸制品*A4纸		箱	5	119.802	599.01	1%	5.99
合　计					￥599.01		￥5.99

价税合计（大写）	⊗陆佰零伍圆整	（小写）￥605.00

销售方	名　　称：宏远集团股份有限公司	备注
	纳税人识别号：913301951101137212	
	地址、电话：杭州市滨江区六一路99号 0571-83294637	
	开户行及账号：中国农业银行杭州滨江支行 12352628360001	

收款人：　　　复核：　　　开票人：吴英　　　销售方：(章)

第一联：记账联 销售方记账凭证

税总函[2017]001号 广东省印制

图2-103　增值税普通发票

图2-104　增值税普通发票

要求：根据宏远集团股份有限公司202×年9月的经济业务内容，利用税务实训平台，完成该公司当期增值税及附加税费申报实训。

任务三

消费税纳税申报实操

学习目标

1. 掌握烟类消费税销售、准予扣除的计算及缴纳。

2. 掌握消费税及附加税费纳税申报流程及原理，在税务实训平台完成消费税纳税申报。

消费税是对我国境内从事生产、委托加工和进口应税消费品的单位和个人，就其销售额或销售数量，在特定环节征收的一种税。消费税的申报对于会计来说也是一项重要的工作。本章在讲述消费税理论知识的基础上，主要介绍消费税的具体申报内容与步骤。

3.1 消费税的认知

3.1.1 消费税的概念及特点

消费税是指对消费品和特定的消费行为征收的一种税。消费税具有如下特点：征税范围具有选择性，实现单一环节一次性课税，平均税率水平比较高且税负差异大，征收方法具有灵活性，税负具有转嫁性。

3.1.2 消费税的纳税义务人

消费税的纳税业务人指在我国境内生产、委托加工和进口应税消费品的单位和个人。具体包括以下几种类型。

(1) 从事应税消费品生产并销售的单位或个人。

(2) 从事应税消费品生产并自用的单位或个人。

(3) 委托加工应税消费品的委托单位或个人。

(4) 进口应税消费品的进口报关单位或个人。

(5) 零售金银首饰、钻石及钻石饰品的单位或个人。

(6) 从事批发卷烟业务的单位和个人，在批发环节加征。

3.1.3 消费税的征税范围

消费税的征税范围比较小，主要是对不宜过度消费的消费品，如奢侈品、非生活必需品、高能耗产品、高档消费品、有财政意义的产品和稀缺资源产品进行征税。

3.1.4 消费税的税目及税率

消费税的具体税目及税率，如表3-1所示。

表 3-1　消费税税目、税率表

税目	税率
一、烟	
1. 卷烟	
(1) 甲类卷烟	56%加0.003元/支(生产环节)
(2) 乙类卷烟	36%加0.003元/支(生产环节)
(3) 批发环节	11%加0.005元/支
2. 雪茄烟	36%
3. 烟丝	30%
二、酒	
1. 白酒	20%加0.5元/500克(或500毫升)
2. 黄酒	240元/吨
3. 啤酒	
(1) 甲类啤酒	250元/吨
(2) 乙类啤酒	220元/吨
4. 其他酒	10%
三、高档化妆品	15%
四、贵重首饰及珠宝玉石	
1. 金银首饰、铂金首饰和钻石及钻石饰品	5%
2. 其他贵重首饰和珠宝玉石	10%
五、鞭炮、焰火	15%
六、成品油	
1. 汽油	1.52元/升
2. 柴油	1.20元/升
3. 航空煤油	1.20元/升
4. 石脑油	1.52元/升
5. 溶剂油	1.52元/升
6. 润滑油	1.52元/升
7. 燃料油	1.20元/升

(续表)

税目	税率
七、小汽车	
1.乘用车	
(1) 汽缸容量在1.0(含1.0)升以下的	1%
(2) 汽缸容量在1.0以上至1.5(含1.5)升	3%
(3) 汽缸容量在1.5以上至2.0(含2.0)升	5%
(4) 汽缸容量在2.0以上至2.5(含2.5)升	9%
(5) 汽缸容量在2.5以上至3.0(含1.5)升	12%
(6) 汽缸容量在3.0以上至4.0(含4.0)升	25%
(7) 汽缸容量在4.0升以上	40%
2.中轻型商用客车	5%
3.超豪华小汽车(零售环节)	10%
八、摩托车	
1.汽缸容量在250毫升	3%
2.汽缸容量在250毫升以上的	10%
九、高尔夫球及球具	10%
十、高档手表	20%
十一、游艇	10%
十二、木制一次性筷子	5%
十三、实木地板	5%
十四、电池	4%
十五、涂料	4%

3.1.5 消费税应纳税额的计算

消费税根据税目的不同，税额计算方法有所差异，具体的计算方法如表3-2所示。

表 3-2 消费税计算方法

计税方法	适用范围	计税依据	计税公式
从量定额	啤酒、黄酒、成品油	销售数量	销售数量×单位税额
复合计税	白酒、卷烟	销售额、销售数量	销售额×比例税率+销售数量×单位税额
从价定率	其他应税消费品	销售额	销售额×比例税率

3.1.6 消费税的纳税期限

消费税的纳税期限分别为1日、3日、5日、10日、15日、1个月或者1个季度。纳税人的具体纳税期限由主管税务机关根据纳税人应纳税额的大小分别核定；不能按照固定期限纳税的，可以按次纳税。

纳税人以1个月或者1个季度为1个纳税期的，自期满之日起15日内申报纳税；以1日、3日、5日、10日或者15日为1个纳税期的，自期满之日起5日内预缴税款，于次月1日起15日内申报纳税并结清上月应纳税款。

3.2 消费税纳税申报模拟实训

本节以烟类(从事卷烟生产)为例,进行纳税申报实务的讲解。

3.2.1 案例资料

杭州瑞得烟草有限公司(增值税一般纳税人)主营烟类产品的生产销售,20×5年01月份的基础信息如下:当期购进烟丝买价120万元,期末库存外购烟丝买价40万元;本月生产销售情况如表3-3所示。

表3-3 本月生产销售情况汇总统计表

商品名称	单价(不含增值税)	销量	销售额(不含增值税)
卷烟A	350元/条	1500条	525 000元
卷烟B	65元/条	4900条	318 500元

(备注:1条=200支=0.6元)

要求:请为杭州瑞得烟草有限公司申报本月消费税。

3.2.2 模拟申报

1. 系统选择

进入消费税系统选择界面,如图3-1所示,选择烟类消费税及附加税费网上申报实训系统,进入操作界面。

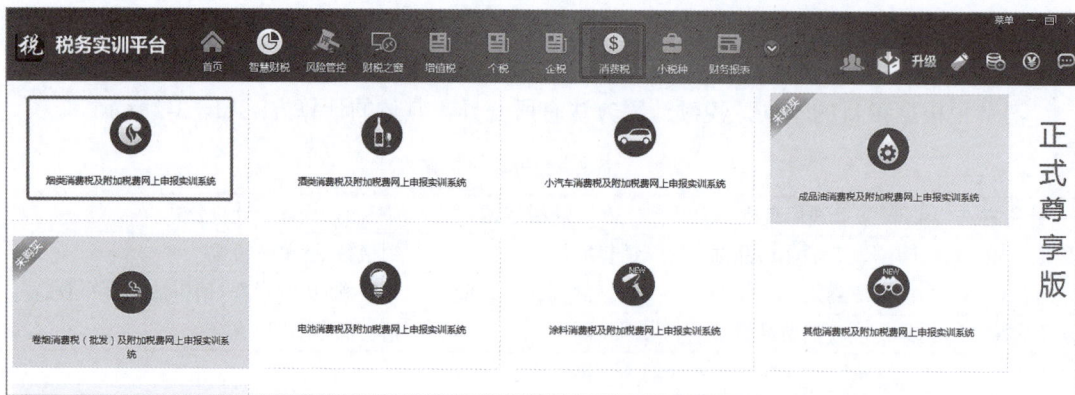

图3-1 消费税系统选择界面

2. 设置税款所属期

纳税人申报消费税额的所属时间,根据具体案例进行设置,图3-2所示为税款所属期选择页面。

图3-2 税款所属期选择页面

3. 申报表填写

单击"申报表填写与编辑"进入申报表填写界面，如图3-3所示。

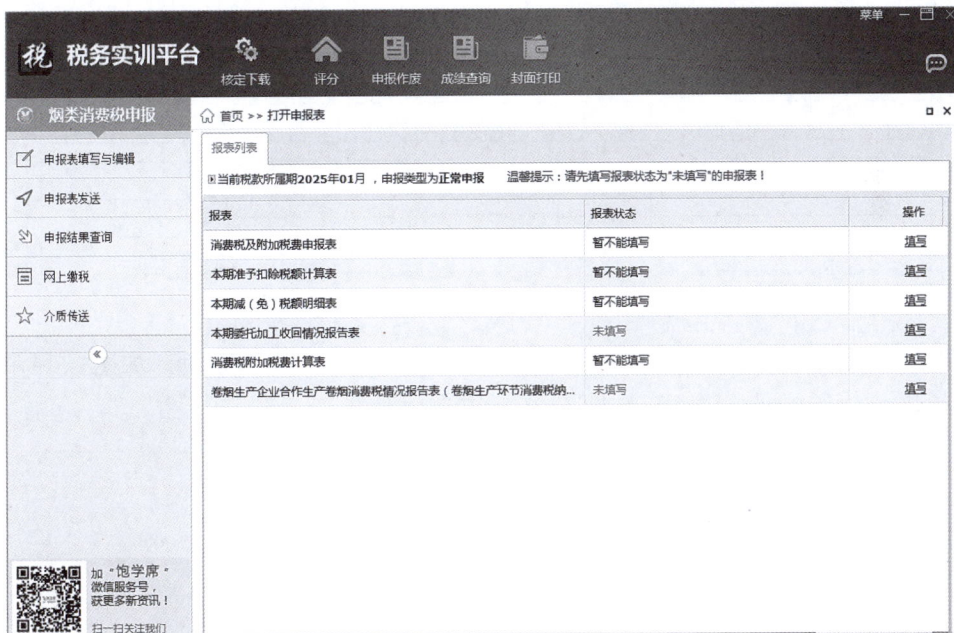

图3-3 申报表填写页面

(1) 单击"本期委托加工收回情况报告表"的"填写"按钮，进入填写界面，如图3-4 所示，根据本案例情况无须填写，直接单击"保存"，并关闭即可。

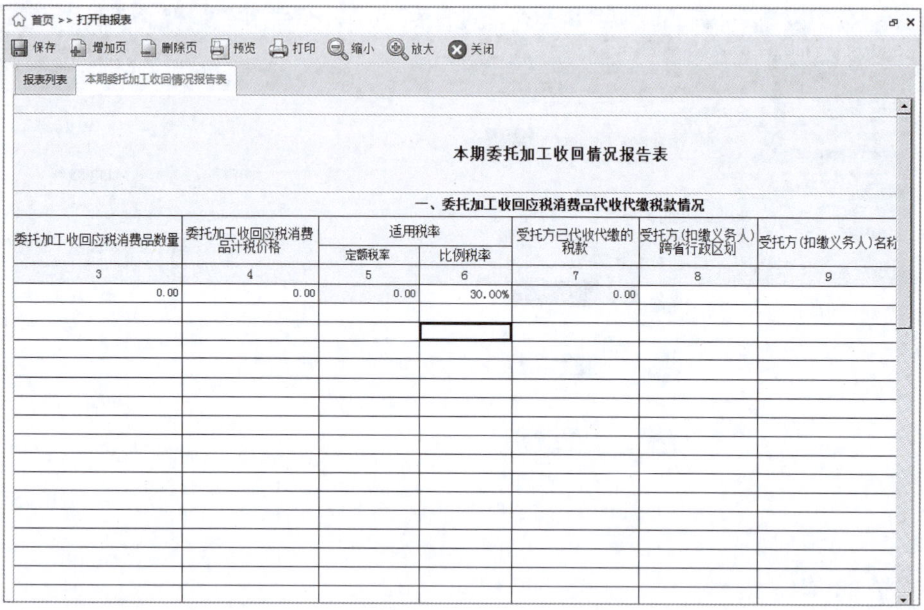

图3-4　本期委托加工收回情况报告表

(2) 单击"卷烟生产企业合作生产卷烟消费税情况报告表"的"填写"按钮，进入填写界面，如图3-5所示，根据本案例情况无须填写，直接单击"保存"，并关闭即可。

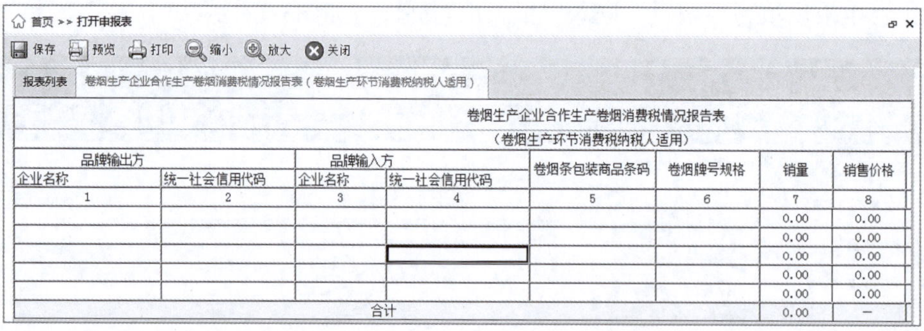

图3-5　卷烟生产企业合作生产卷烟消费税情况报告表

(3) 单击"本期减(免)税额明细表"的"填写"按钮，进入填写界面，如图3-6所示，根据本案例情况无须填写，直接单击"保存"，并关闭即可。

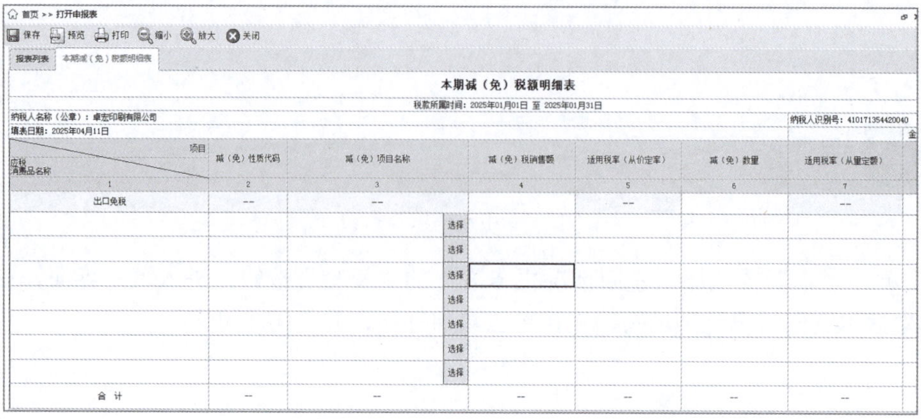

图3-6　本期减(免)税额明细表

(4) 单击"本期准予扣除税额计算表"的"填写"按钮，进入填写界面，如图3-7所示，其中"准予扣除项目"选择"烟丝"，"期初库存外购应税消费品买价""本期购进应税消费品买价""期末库存外购应税消费品买价"分别根据案例资料填列，最终得到"本期准予扣除外购应税消费品已纳税款"，单击"保存"，并关闭此表。

图3-7 本期准予扣除税额计算表

(5) 单击"消费税及附加税费申报表"的"填写"按钮，进入填写界面，如图3-8所示，根据案例当中的资料，分别填写两类卷烟的销售数量、销售额，最终得到应纳税额。单击"保存"，并关闭此表。

图3-8 消费税及附加税费申报表

(6) 单击"消费税附加税费计算表"的"填写"按钮，进入填写界面，如图3-9所示。单击"保存"，并关闭此表。

图3-9　消费税附加税费计算表

(7)"消费税附加税费计算表"填写保存后需再回"消费税及附加税费申报表"确认附加税费，确认无误后再次保存。

4. 申报表发送

单击"申报表发送"，进入申报表发送页面，如图3-10所示，单击"确定"按钮。

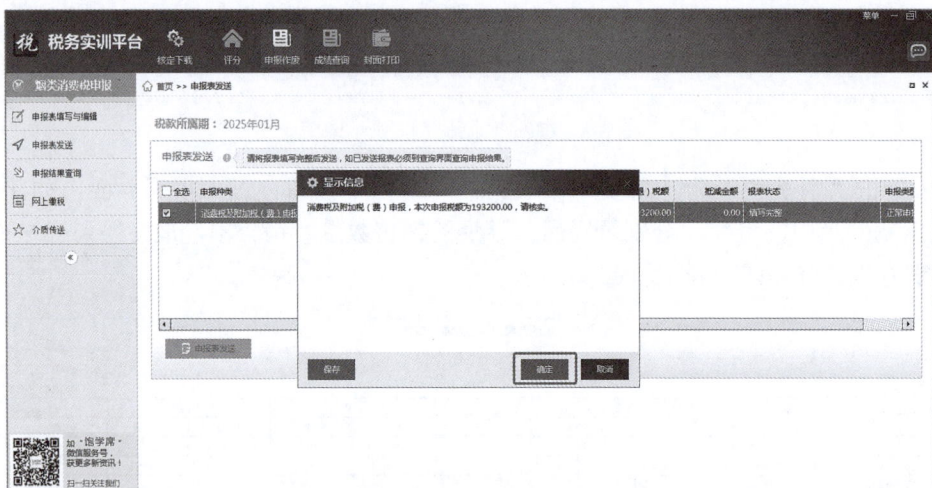

图3-10　申报表发送页面

5. 网上缴税

单击"网上缴税"，进入网上缴税页面，如图3-11所示，单击"缴税"按钮。

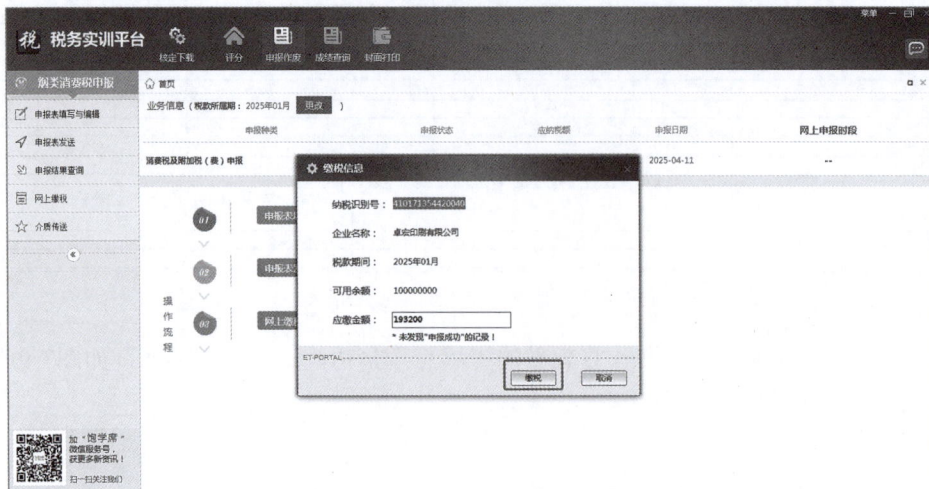

图3-11　网上缴税页面

实战演练：

衡信电源有限公司为增值税一般纳税人，非小型微利企业，主要从事锂电池、磷酸亚铁锂电池等电池生产销售业务。20×3年08月，生产销售的电池业务情况如下。

(1) 08月12日，向浙江电子产品检验所销售一批自主生产的原电池，取得不含税收入58 267.00元(其中，无汞原电池19 975.00元，锂原电池14 352.00元)，如图3-12所示。

3300191130　　浙江增值税专用发票　　N0 09469501　　3300191130 09469501

此联不作报销、扣税凭证使用

开票日期：2023年08月12日

购买方	名称：浙江电子产品检测所 纳税人识别号：913301064760255975 地址、电话：杭州市西湖区天目山路68号0571-81029181 开户行及账号：工行西湖支行1228488899403325623	密码区	03》21*&25*2/26-141\61 213503321321321OO.-**6 23/031**212/-0313-03133 23203***/>055—03*2223

货物或应税劳务、服务名称	规格型号	单位	数量	单价	金额	税率	税额
*原电池*普通原电池		只	3990	6.00	23940.00	13%	3112.20
*原电池*无汞原电池		只	2350	8.50	19975.00	13%	2596.75
*原电池*锂原电池		只	39	368.00	14352.00	13%	1865.76
合计					¥58267.00		¥7574.71
价税合计（大写）	⊗陆万伍仟捌佰肆拾壹元柒角壹分					（小写）	¥65841.71

销售方	名称：衡信电源有限公司 纳税人识别号：913301006970585801 地址、电话：杭州市滨江区南环路0571-8686812 开户行及账号：农业银行杭州高新支行6228485645403320889	备注	

收款人：　　复核：　　开票人：张易　　销售方：（章）

税总函[2017]001号衡信印刷厂

第一联：记账联　销售方记账凭证

图3-12　增值税专用发票

(2) 08月20日，向杭州万达万文化有限公司销售一批自主生产的太阳能电池，取得不含税收入19 981.00元，如图3-13所示。

3300191130　　浙江增值税专用发票　　N0 09469502　　3300191130 09469502

此联不作报销、扣税凭证使用

开票日期：2023年08月20日

购买方	名称：杭州万达万文化有限公司 纳税人识别号：913301097670255215 地址、电话：杭州市滨江区滨康路23号0571-81029132 开户行及账号：农业银行滨江支行6228466591336502	密码区	03》21*&25*2/26-141\61 213503321321321OO.-**6 23/031**212/-0313-03133 23203***/>055—03*2223

货物或应税劳务、服务名称	规格型号	单位	数量	单价	金额	税率	税额
*原电池*太阳能电池		只	377	53.00	19981.00	13%	2597.53
合计					¥19981.00		¥2597.53
价税合计（大写）	⊗贰万贰仟伍佰柒拾捌圆伍角叁分					（小写）	¥22578.53

销售方	名称：衡信电源有限公司 纳税人识别号：913301006970585801 地址、电话：杭州市滨江区南环路0571-8686812 开户行及账号：农业银行杭州高新支行6228485645403320889	备注	

收款人：　　复核：　　开票人：张易　　销售方：（章）

税总函[2017]001号衡信印刷厂

第一联：记账联　销售方记账凭证

图3-13　增值税专用发票

(3) 08月24日，向上海湘中印刷有限公司销售一批自主生产的燃料电池，取得不含税收入29 795.00元。

要求：请为衡信电源有限公司申报本月消费税。

任务四

企业所得税纳税申报实操

🖙 **学习目标** |

1. 掌握查账征收方式下企业所得税的计算方法。
2. 熟悉企业所得税年度申报表的填写方法。
3. 掌握查账征收企业所得税年度申报程序。
4. 完成税务实训平台企业所得税年度申报实训。

在现行税制中，企业所得税是仅次于增值税的第二大税种，在企业纳税活动中占有重要地位，因此，如何准确地计算与缴纳企业所得税成了会计人员的必备技能。本章在讲述企业所得税理论知识的基础上，主要介绍企业所得税查账征收预缴申报与年度汇算清缴申报的流程与操作步骤。

4.1 企业所得税的认知

4.1.1 企业所得税概述

1. 企业所得税的概念

企业所得税是对我国内资企业和经营单位的生产经营所得和其他所得征收的一种税。企业所得税是规范和处理国家与企业分配关系的重要形式。

2. 纳税义务人

企业所得税的纳税义务人是指在中华人民共和国境内的企业和其他取得收入的组织，个人独资企业、合伙企业除外。缴纳企业所得税的企业分为居民企业和非居民企业，分别承担不同的纳税义务。判定企业类型的标准如表4-1所示。

表4-1　判定企业类型的标准

类型	判定标准
居民企业	在中国境内成立
	依照外国(地区)法律成立但实际管理机构在中国境内
非居民企业	实际管理机构不在中国境内,但在中国境内设立机构、场所
	在中国境内未设立机构、场所,但有来源于中国境内所得

3. 企业所得税征税对象

企业所得税的征税对象,从内容上看包括生产经营所得、其他所得和清算所得,从空间范围上看包括来源于中国境内、境外的所得。不同类型的企业,其缴纳的所得有所差异,具体如表4-2所示。

表4-2　企业所得税征税对象

企业类型	征税对象
居民企业	来源于中国境内、境外的所得作为征税对象
非居民企业	在中国境内设立机构、场所的企业,应当就其所设机构、场所取得的来源于中国境内的所得,以及发生在中国境外但与其所设机构、场所有实际联系的所得,缴纳企业所得税
	在中国境内未设立机构、场所的,或者虽设立机构、场所,但取得的所得与其所设机构、场所没有实际联系的,应当就其来源于中国境内的所得缴纳企业所得税

4.1.2　企业所得税的税率

企业所得税的税率分为法定税率和优惠税率,具体如表4-3所示。

表4-3　企业所得税法定税率和优惠税率

税率		适用对象
法定税率	25%	居民企业适用的企业所得税法定税率为25%。同时,在中国境内设立机构、场所且取得的所得与其所设机构、场所有实际联系的非居民企业,应当就其来源于中国境内、境外的所得缴纳企业所得税,适用税率亦为25%
	20%	非居民企业在中国境内未设立机构、场所的,或者虽设立机构、场所但取得的所得与其所设机构、场所没有实际联系的,应当就其来源于中国境内的所得缴纳企业所得税,适用的税率为20%
优惠税率	20%	为鼓励小型企业发展壮大,税法规定凡符合条件的小型微利企业,减按20%的税率征收企业所得税
	15%	为鼓励高新技术企业发展,税法规定对国家需要重点扶持的高新技术企业,减按15%的税率征收企业所得税
	10%	在中国境内未设立机构、场所的,或者虽设立机构、场所但取得的所得与其所设机构、场所没有实际联系的,应当就其来源于中国境内的所得,减按10%的税率征收企业所得税

4.1.3　企业所得税应纳税额的计算

应纳税额等于应纳税所得额乘以适用税率，应纳税所得额的计算公式为

应纳税所得额=收入总额-不征税收入-免税收入-各项扣除-以前年度亏损

其中，收入总额包括企业以货币形式和非货币形式从各种来源取得的收入，包括销售货物收入，提供劳务收入，转让股权收入，股息、红利等权益性投资收益，利息收入，租金收入等其他收入。不征税收入包括财政拨款，依法收取并纳入财政管理的行政事业性收费、政府性基金，国务院规定的其他不征税收入。免税收入包括国债利息收入，符合条件的居民企业之间的股息、红利收入，在中国境内设立机构、场所的非居民企业从居民企业取得与该机构、场所有实际联系的股息、红利收入，符合条件的非营利组织的收入。各项扣除指企业实际发生的与取得收入有关的合理的支出，包括成本、费用、税金、损失和其他支出。以前年度亏损是指企业依照《企业所得税法》及其实施条例的规定将每一纳税年度的收入总额减除不征税收入、免税收入和各项扣除后小于零的数额。企业某一纳税年度发生的亏损，可以用下一年度的所得弥补，下一年度的所得不足弥补的，可以逐年延续弥补，但是最长不得超过5年。

依据应纳税所得税额计算应纳税额，计算公式为

应纳税额=应纳税所得额×适用税率

4.2　企业所得税纳税申报流程

企业所得税按年计征，分期预缴，年终汇算清缴。

分期预缴是指分月或者分季预缴。企业应当自月份或者季度终了之日起15日内，向税务机关报送预缴企业所得税纳税申报表，预缴税款。企业在纳税年度内无论盈利或者亏损，都要进行申报，亏损时进行零申报。

年终汇算清缴是指企业应于年度终了之日起5个月内，填写企业所得税年度纳税申报表，并向税务机关报送，结清应缴应退税款。

企业所得税预缴的方式有查账征收和核定征收两种，征收方式一经确定，一般在该纳税年度内不得变更。其中，查账征收适用于会计机构和会计核算体系健全，能够正确核算应缴税款、提供纳税资料的企业；核定征收适用于账册不健全，不能提供完整、准确的收入及成本、费用凭证，不能正确计算应纳税所得额的企业。

4.2.1　查账征收企业所得税预缴申报流程

查账征收方式下，纳税人应在规定的纳税期限内根据自己的财务报表或者经营情况，填写企业所得税月(季)度预缴纳税申报表(A类)，向税务机关申报缴纳企业所得税。《企业所得税月(季)度预缴纳税申报表(A类)》如表4-4所示。

表4-4　中华人民共和国企业所得税月(季)度预缴纳税申报表(A类)

税款所属期间：　年　月　日至　年　月　日

纳税人识别号(统一社会信用代码)：

纳税人名称：　　　　　　　　　　　　　　　　　　　　　　　金额单位：人民币元(列至角分)

预缴方式	□按照实际利润额预缴	□按照上一纳税年度应纳税所得额平均额预缴	□按照税务机关确定的其他方法预缴
企业类型	□一般企业	□跨地区经营汇总纳税企业总机构	□跨地区经营汇总纳税企业分支机构

优惠及附报事项有关信息									
项目 季初 季末	一季度		二季度		三季度		四季度		季度平均值
	季初	季末	季初	季末	季初	季末	季初	季末	
从业人数									
资产总额(万元)									
国家限制或禁止行业	□是□否		小型微利企业				□是	□否	

附报事项名称		金额或选项
事项1	扶贫捐赠支出全额扣除(本年累计，元)	
事项2	软件集成电路企业优惠政策适用类型□原政策□新政策	

预缴税款计算		
行次	项目	本年累计金额
1	营业收入	
2	营业成本	
3	利润总额	
4	加：特定业务计算的应纳税所得额	
5	减：不征税收入	
6	减：资产加速折旧、摊销(扣除)调减额(填写A201020)	
7	减：免税收入、减计收入、加计扣除(7.1+7.2+…)	□增加　□删除
8	减：所得减免(8.1+8.2+…)	□增加　□删除
9	减：弥补以前年度亏损	
10	实际利润额(3+4-5-6-7-8-9)\按照上一纳税年度应纳税所得额平均额确定的应纳税所得额	
11	税率(25%)	
12	应纳所得税额(10×11)	
13	减：减免所得税额(13.1+13.2+…)	□增加　□删除
14	减：本年实际已缴纳所得税额	
15	减：特定业务预缴(征)所得税额	
16	本期应补(退)所得税额(12-13-14-15)\税务机关确定的本期应纳所得税额	

(续表)

汇总纳税企业总分机构税款计算		
17	总机构填报	总机构本期分摊应补(退)所得税额(18+19+20)	
18		其中：总机构分摊应补(退)所得税额(16×总机构分摊比例)	
19		财政集中分配应补(退)所得税额(16×财政集中分配比例)	
20		总机构具有主体生产经营职能的部门分摊所得税额(16×全部分支机构分摊比例×总机构具有主体生产经营职能部门分摊比例)	
21	分支机构填报	分支机构本期分摊比例	
22		分支机构本期分摊应补(退)所得税额	
实际缴纳企业所得税计算		
FZ1	中央级收入实际应纳税额[本期：16行×60%或(18行+20行)×60%+19行或22行×60%]		
FZ2	地方级收入应纳税额[本期：16行×40%或(18行+20行)×40%或22行×40%]		
23	减：民族自治地区企业所得税地方分享部分： □免征□幅：度0.00%	本期实际减免金额(FZ2×减征幅度)	
		本机构本年累计的(23行的本年累计)	
		本年累计应减免金额[(12-13-15)×地方级比例×减征幅度](总机构及分支机构合计，总机构填报)	
FZ3	地方级收入实际应纳税额(本期：FZ2-23)		
24	实际应补(退)所得税额(本期：FZ1+FZ3)		
附报信息		
高新技术企业□是□否		科技型中小企业□是□否
技术入股递延纳税事项□是□否		
谨声明：本纳税申报表是根据国家税收法律法规及相关规定填报的，是真实的、可靠的、完整的。		
法定代表人(签章)：　年　月　日		
经办人：		
经办人身份证号：		
代理机构签章：		
代理机构统一社会信用代码：		

申报表填写要求如下。

1. 表头项目

1) 税款所属期间

正常经营的纳税人，填报税款所属期月(季)度第一日至税款所属期月(季)度最后一日；年度中间开业的纳税人，在首次月(季)度预缴纳税申报时，填报开始经营之日至税款所属月(季)度最后一日，以后月(季)度预缴纳税申报时按照正常情况填报；年度中间终止经营活动的纳税人，在终止经营活动当期纳税申报时，填报税款所属期月(季)度第一日至终止经营活动之日，以后月(季)度预缴纳税申报时不再填报。

2) 纳税人识别号(统一社会信用代码)

该项填报税务机关核发的纳税人识别号或有关部门核发的统一社会信用代码。

3) 纳税人名称

该项填报营业执照、税务登记证等证件载明的纳税人名称。

2. 有关项目填报说明

1) 预缴方式

该项由纳税人根据情况选择。"按照上一纳税年度应纳税所得额平均额预缴"和"按照税务机关确定的其他方法预缴"两种预缴方式属于税务行政许可事项,纳税人需要履行行政许可相关程序。

2) 企业类型

纳税人根据情况选择。纳税人为《跨地区经营汇总纳税企业所得税征收管理办法》规定的跨省、自治区、直辖市和计划单列市设立不具有法人资格分支机构的跨地区经营汇总纳税企业,总机构选择"跨地区经营汇总纳税企业总机构",分支机构选择"跨地区经营汇总纳税企业分支机构";仅在同一省(自治区、直辖市、计划单列市)内设立不具有法人资格分支机构的跨地区经营汇总纳税企业,并且总机构、分支机构参照《跨地区经营汇总纳税企业所得税征收管理办法》规定征收管理的,总机构选择"跨地区经营汇总纳税企业总机构",分支机构选择"跨地区经营汇总纳税企业分支机构"。上述企业以外的其他企业选择"一般企业"。

3) 优惠及附报事项有关信息

该项下所有项目按季度填报。按月申报的纳税人,在季度最后一个属期的月份填报。企业类型选择"跨地区经营汇总纳税企业分支机构"的,不填报"按季度填报信息"所有项目。

(1) 从业人数。该项为必报项目。纳税人填报第一季度至税款所属季度各季度的季初、季末、季度平均从业人员的数量。"季度平均值"填报截至本税款所属期末从业人员数量的季度平均值,计算方法如下:各季度平均值=(季初值+季末值)÷2,截至本税款所属期末季度平均值=截至本税款所属期末各季度平均值之和÷相应季度数。

(2) 资产总额(万元)。该项为必报项目。纳税人填报第一季度至税款所属季度各季度的季初、季末、季度平均资产总额的金额。填报单位为人民币万元,保留小数点后2位。

(3) 国家限制或禁止行业。该项为必报项目。纳税人从事行业为国家限制或禁止行业的,选择"是",其他选择"否"。

(4) 小型微利企业。该项为必报项目。本纳税年度截至本期末的从业人数季度平均值不超过300人、资产总额季度平均值不超过5 000万元、本表"国家限制或禁止行业"选择"否"且本期本表第10行"实际利润额\按照上一纳税年度应纳税所得额平均额确定的应纳税所得额"不超过300万元的纳税人,选择"是",否则选择"否"。

4) 附报事项名称

纳税人根据《企业所得税申报事项目录》,发生符合税法相关规定的扶贫捐赠支出、软件集成电路企业优惠政策适用类型等特定事项时,填报事项名称、该事项本年累计享受金额或选择享受优惠政策的有关信息。

5) 预缴税款计算

预缴方式选择"按照实际利润额预缴"的纳税人，填报第1行至第15行，预缴方式选择"按照上一纳税年度应纳税所得额平均额预缴"的纳税人填报第9、10、11、12、13、L15、15行，预缴方式选择"按照税务机关确定的其他方法预缴"的纳税人填报第L15、15行。

第1行"营业收入"：填报纳税人截至本税款所属期末，按照国家统一会计制度规定核算的本年累计营业收入。例如，以前年度已经开始经营且按季度预缴纳税申报的纳税人，第二季度预缴纳税申报时本行填报本年1月1日至6月30日期间的累计营业收入。

第2行"营业成本"：填报纳税人截至本税款所属期末，按照国家统一会计制度规定核算的本年累计营业成本。

第3行"利润总额"：填报纳税人截至本税款所属期末，按照国家统一会计制度规定核算的本年累计利润总额。

第4行"特定业务计算的应纳税所得额"：从事房地产开发等特定业务的纳税人，填报按照税收规定计算的特定业务的应纳税所得额。房地产开发企业销售未完工开发产品取得的预售收入，按照税收规定的预计计税毛利率计算出预计毛利额填入此行。

第5行"不征税收入"：填报纳税人已经计入本表"利润总额"行次但属于税收规定的不征税收入的本年累计金额。

第6行"资产加速折旧、摊销(扣除)调减额"：填报资产税收上享受加速折旧、摊销优惠政策计算的折旧额、摊销额大于同期会计折旧额、摊销额期间发生纳税调减的本年累计金额。本行根据《资产加速折旧、摊销(扣除)优惠明细表》(A201020)填报。

第7行"免税收入、减计收入、加计扣除"：根据相关行次计算结果填报。根据《企业所得税申报事项目录》，在第7.1行、第7.2行……填报税收规定的免税收入、减计收入、加计扣除等优惠事项的具体名称和本年累计金额。发生多项且根据税收规定可以同时享受的优惠事项，可以增加行次，但每个事项仅能填报一次。

第8行"所得减免"：根据相关行次计算结果填报。第3行+第4行-第5行-第6行-第7行≤0时，本行不填报。根据《企业所得税申报事项目录》，在第8.1行、第8.2行……填报税收规定的所得减免优惠事项的名称和本年累计金额。发生多项且根据税收规定可以同时享受的优惠事项，可以增加行次，但每个事项仅能填报一次。每项优惠事项下有多个具体项目的，应分别确定各具体项目所得，并填写盈利项目(项目所得>0)的减征、免征所得额的合计金额。

第9行"弥补以前年度亏损"：填报纳税人截至本税款所属期末，按照税收规定在企业所得税税前弥补的以前年度尚未弥补亏损的本年累计金额。当本表第3+4-5-6-7-8行≤0时，本行=0。

第10行"实际利润额\按照上一纳税年度应纳税所得额平均额确定的应纳税所得额"：预缴方式为"按照实际利润额预缴"的纳税人，根据本表相关行次计算结果填报，第10行=第3+4-5-6-7-8-9行；预缴方式为"按照上一纳税年度应纳税所得额平均额预缴"的纳税人，填报按照上一纳税年度应纳税所得额平均额计算的本年累计金额。

第11行"税率(25%)"：填报"25%"。

第12行"应纳所得税额"：根据相关行次计算结果填报。第12行=第10行×第11行，且第12行≥0。

第13行"减免所得税额"：根据相关行次计算结果填报。根据《企业所得税申报事项目录》，在第13.1、第13.2行……填报税收规定的减免所得税额优惠事项的具体名称和本年累计金额。发生多项且根据税收规定可以同时享受的优惠事项，可以增加行次，但每个事项仅能填报一次。

第14行"本年实际已缴纳所得税额"：填报纳税人按照税收规定已在此前月(季)度申报预缴企业所得税的本年累计金额。

建筑企业总机构直接管理的跨地区设立的项目部，按照税收规定已经向项目所在地主管税务机关预缴企业所得税的金额不填本行，而是填入本表第15行。

第15行"特定业务预缴(征)所得税额"：填报建筑企业总机构直接管理的跨地区设立的项目部，按照税收规定已经向项目所在地主管税务机关预缴企业所得税的本年累计金额。本行本期填报金额不得小于本年上期申报的金额。

第16行"本期应补(退)所得税额\税务机关确定的本期应纳所得税额"：按照不同预缴方式，分情况填报。

预缴方式为"按照实际利润额预缴"及"按照上一纳税年度应纳税所得额平均额预缴"的纳税人，根据本表相关行次计算填报。第16行=第12-13-14-15行，当第12-13-14-15行<0时，本行填0。其中，企业所得税收入全额归属中央且按比例就地预缴企业的分支机构，以及在同一省(自治区、直辖市、计划单列市)内的按比例就地预缴企业的分支机构，第16行=第12行×就地预缴比例-第13行×就地预缴比例-第14行-第15行，当第12行×就地预缴比例-第13行×就地预缴比例-第14行-第15行<0时，本行填"0"。

预缴方式为"按照税务机关确定的其他方法预缴"的纳税人，本行填报本期应纳企业所得税的金额。

6) 汇总纳税企业总分机构税款计算

"跨地区经营汇总纳税企业总机构"的纳税人填报第17、18、19、20行；"跨地区经营汇总纳税企业分支机构"的纳税人填报第21、22行。

第17行"总机构本期分摊应补(退)所得税额"：跨地区经营汇总纳税企业的总机构根据相关行次计算结果填报，第17行=第18行+第19行+第20行。

第18行"总机构分摊应补(退)所得税额(16×总机构分摊比例%)"：根据相关行次计算结果填报，第18行=第16行×总机构分摊比例。其中，跨省、自治区、直辖市和计划单列市经营的汇总纳税企业"总机构分摊比例"填报25%，同一省(自治区、直辖市、计划单列市)内跨地区经营汇总纳税企业"总机构分摊比例"按照各省(自治区、直辖市、计划单列市)确定的总机构分摊比例填报。

第19行"财政集中分配应补(退)所得税额(16×财政集中分配比例%)"：根据相关行次计算结果填报，第19行=第16行×财政集中分配比例。其中，跨省、自治区、直辖市和计划单列市经营的汇总纳税企业"财政集中分配比例"填报25%，同一省(自治区、直辖市、计划单列市)内跨地区经营汇总纳税企业"财政集中分配比例"按照各省(自治区、直辖市、计划单列市)确定的财政集中分配比例填报。

第20行"总机构具有主体生产经营职能的部门分摊所得税额(16×全部分支机构分摊比例%×总机构具有主体生产经营职能部门分摊比例%)"：根据相关行次计算结果填报，第20行=第16行×全部分支机构分摊比例×总机构具有主体生产经营职能部门分摊比例。其中，跨省、自治区、直辖市和计划单列市经营的汇总纳税企业"全部分支机构分摊比例"填报50%，同一省(自治区、直辖市、计划单列市)内跨地区经营汇总纳税企业"分支机构分摊比例"按照各省(自治区、直辖市、计划单列市)确定的分支机构分摊比例填报；"总机构具有主体生产经营职能部门分摊比例"按照设立的具有主体生产经营职能的部门在参与税款分摊的全部分支机构中的分摊比例填报。

第21行"分支机构本期分摊比例"：跨地区经营汇总纳税企业分支机构填报其总机构出具的本期《企业所得税汇总纳税分支机构所得税分配表》"分配比例"列次中列示的本分支机构的分配比例。

第22行"分支机构本期分摊应补(退)所得税额"：跨地区经营汇总纳税企业分支机构填报其总机构出具的本期《企业所得税汇总纳税分支机构所得税分配表》"分配所得税额"列次中列示的本分支机构应分摊的所得税额。

3. 实际缴纳企业所得税计算

第FZ1行"中央级收入实际应纳税额"：填写所得税中央级分享的金额，按表中所列公式计算所得，本期中央级收入实际应纳税额=第16行×60%或(第18行+第20行)×60%+第19或第22行×60%。

第FZ2行"地方级收入应纳税额"：填写所得税地方级分享的金额，按表中所列公式计算所得，本期地方级收入应纳税额=第16行×40%或(第18行+第20行)×40%或第22行×40%。

第23行"民族自治地方的自治机关对本民族自治地方的企业应缴纳的企业所得税中属于地方分享的部分减征或免征(□免征□减征：减征幅度%)"：根据《中华人民共和国企业所得税法》《中华人民共和国民族区域自治法》《财政部国家税务总局关于贯彻落实国务院关于实施企业所得税过渡优惠政策有关问题的通知》(财税〔2008〕21号)等规定，实行民族区域自治的自治区、自治州、自治县的自治机关对本民族自治地方的企业应缴纳的企业所得税中属于地方分享的部分，可以决定免征或减征，自治州、自治县决定减征或者免征的，须报省、自治区、直辖市人民政府批准。

纳税人填报该行次时，根据享受政策的类型选择"免征"或"减征"，二者必选其一。选择"免征"是指免征企业所得税税收地方分享部分；选择"减征：减征幅度%"是指减征企业所得税税收地方分享部分。此时需填写"减征幅度"，减征幅度填写范围为1～100，表示企业所得税税收地方分享部分的减征比例。例如，地方分享部分减半征收，则选择"减征"，并在"减征幅度"后填写"50%"。

本行填报纳税人按照规定享受的民族自治地方的自治机关对本民族自治地方的企业应缴纳的企业所得税中属于地方分享的部分减征或免征额的本年累计金额。

第FZ3行"地方级收入实际应纳税额"：填写所得税地方级实际分享的金额，按表中所列公式计算所得，本期地方级收入实际应纳税额=FZ2-23。

第24行"本期实际应补(退)所得税额"：本行填报民族自治地区纳税人本期实际应补(退)所得税额。

4. 附报信息

企业类型选择"跨地区经营汇总纳税企业分支机构"的，不填报"附报信息"所有项目。

1) 高新技术企业

必报项目。根据《高新技术企业认定管理办法》《高新技术企业认定管理工作指引》等文件规定，符合条件的纳税人履行相关认定程序后取得"高新技术企业证书"。凡是取得"高新技术企业证书"且在有效期内的纳税人，选择"是"；未取得"高新技术企业证书"或者"高新技术企业证书"不在有效期内的纳税人，选择"否"。

2) 科技型中小企业

必报项目。符合条件的纳税人可以按照《科技型中小企业评价办法》进行自主评价，并按照自愿原则到"全国科技型中小企业信息服务平台"填报企业信息，经公示无异议后纳入"全国科技型中小企业信息库"。凡是取得本年"科技型中小企业入库登记编号"且编号有效的纳税人，选择"是"；未取得本年"科技型中小企业入库登记编号"或者已取得本年"科技型中小企业入库登记编号"但被科技管理部门撤销登记编号的纳税人，选择"否"。

3) 技术入股递延纳税事项

必报项目。根据《财政部国家税务总局关于完善股权激励和技术入股有关所得税政策的通知》(财税〔2016〕101号)规定，企业以技术成果投资入股到境内居民企业，被投资企业支付的对价全部为股票(权)的，企业可以选择适用递延纳税优惠政策。本年内发生以技术成果投资入股且选择适用递延纳税优惠政策的纳税人，选择"是"；本年内未发生以技术成果投资入股或者以技术成果投资入股但选择继续按现行有关税收政策执行的纳税人，选择"否"。

纳税人除了填写预缴申报主表，有所得税减免优惠等情况的，还需要填写相关明细表，具体明细表如表4-5～表4-8所示，明细表按照表格要求填写，具体填写说明不再详细列举。

表4-5　免税收入、减计收入、所得减免等优惠明细表

行次	项目	本年累计金额
1	一、免税收入(2+3+8+9+…+15)	
2	(一)国债利息收入免征企业所得税	
3	(二)符合条件的居民企业之间的股息、红利等权益性投资收益免征企业所得税(4+5.1+5.2+6+7)	
4	1. 一般股息红利等权益性投资收益免征企业所得税	
5.1	2. 内地居民企业通过沪港通投资且连续持有H股满12个月取得的股息红利所得免征企业所得税	
5.2	3. 内地居民企业通过深港通投资且连续持有H股满12个月取得的股息红利所得免征企业所得税	
6	4. 居民企业持有创新企业CDR取得的股息红利所得免征企业所得税	
7	5.符合条件的居民企业之间属于股息、红利性质的永续债利息收入免征企业所得税	
8	(三)符合条件的非营利组织的收入免征企业所得税	
9	(四)中国清洁发展机制基金取得的收入免征企业所得税	
10	(五)投资者从证券投资基金分配中取得的收入免征企业所得税	

(续表)

行次	项目	本年累计金额
11	(六) 取得的地方政府债券利息收入免征企业所得税	
12	(七) 中国保险保障基金有限责任公司取得的保险保障基金等收入免征企业所得税	
13	(八) 中国奥委会取得北京冬奥组委支付的收入免征企业所得税	
14	(九) 中国残奥委会取得北京冬奥组委分期支付的收入免征企业所得税	
15	(十) 其他	
16	二、减计收入(17+18+22+23)	
17	(一) 综合利用资源生产产品取得的收入在计算应纳税所得额时减计收入	
18	(二) 金融、保险等机构取得的涉农利息、保费减计收入(19+20+21)	
19	1. 金融机构取得的涉农贷款利息收入在计算应纳税所得额时减计收入	
20	2. 保险机构取得的涉农保费收入在计算应纳税所得额时减计收入	
21	3. 小额贷款公司取得的农户小额贷款利息收入在计算应纳税所得额时减计收入	
22	(三) 取得铁路债券利息收入减半征收企业所得税	
23	(四) 其他(23.1+23.2)	
23.1	1. 取得的社区家庭服务收入在计算应纳税所得额时减计收入	
23.2	2. 其他	
24	三、加计扣除(25+26+27+28)	*
25	(一) 开发新技术、新产品、新工艺发生的研究开发费用加计扣除	*
26	(二) 科技型中小企业开发新技术、新产品、新工艺发生的研究开发费用加计扣除	*
27	(三) 企业为获得创新性、创意性、突破性的产品进行创意设计活动而发生的相关费用加计扣除	*
28	(四) 安置残疾人员所支付的工资加计扣除	*
29	四、所得减免(30+33+34+35+36+37+38+39+40)	
30	(一) 从事农、林、牧、渔业项目的所得减免征收企业所得税(31+32)	
31	1. 免税项目	
32	2. 减半征收项目	
33	(二) 从事国家重点扶持的公共基础设施项目投资经营的所得定期减免企业所得税	
33.1	其中:从事农村饮水安全工程新建项目投资经营的所得定期减免企业所得税	
34	(三) 从事符合条件的环境保护、节能节水项目的所得定期减免企业所得税	
35	(四) 符合条件的技术转让所得减免征收企业所得税	
36	(五) 实施清洁发展机制项目的所得定期减免企业所得税	
37	(六) 符合条件的节能服务公司实施合同能源管理项目的所得定期减免企业所得税	
38	(七) 线宽小于130纳米的集成电路生产项目的所得减免企业所得税	
39	(八) 线宽小于65纳米或投资额超过150亿元的集成电路生产项目的所得减免企业所得税	
40	(九) 其他	
41	合计(1+16+24+29)	
42	附列资料:1. 支持新型冠状病毒感染的疫情防控捐赠支出全额扣除	
43	2. 扶贫捐赠支出全额扣除	

表4-6　资产加速折旧、摊销(扣除)优惠明细表

行次	项目	本年享受优惠的资产原值	本年累计折旧\摊销(扣除)金额				
			账载折旧\摊销金额	按照税收一般规定计算的折旧\摊销金额	享受加速政策计算的折旧\摊销金额	纳税调减金额	享受加速政策优惠金额
		1	2	3	4	5	6(4-3)
1	一、加速折旧、摊销(不含一次性扣除,2+3+4+5)						
2	(一)重要行业固定资产加速折旧						
3	(二)其他行业研发设备加速折旧						
4	(三)海南自由贸易港企业固定资产加速折旧						
5	(四)海南自由贸易港企业无形资产加速摊销						
6	二、固定资产、无形资产一次性扣除(7+8+9+10)						
7	(一)500万元以下设备器具一次性扣除						
8	(二)疫情防控重点保障物资生产企业单价500万元以上设备一次性扣除						
9	(三)海南自由贸易港企业固定资产一次性扣除						
10	(四)海南自由贸易港企业无形资产一次性扣除						
11	合计(1+6)						

表4-7　减免所得税优惠明细表

行次	项目	金额
1	一、符合条件的小型微利企业减免企业所得税	
2	二、国家需要重点扶持的高新技术企业减按15%的税率征收企业所得税(填写A107041)	
3	三、经济特区和上海浦东新区新设立的高新技术企业在区内取得的所得定期减免企业所得税(填写A107041)	
4	四、受灾地区农村信用社免征企业所得税	*
5	五、动漫企业自主开发、生产动漫产品定期减免企业所得税	
6	六、线宽小于0.8微米(含)的集成电路生产企业减免企业所得税(填写A107042)	
7	七、线宽小于0.25微米的集成电路生产企业减按15%税率征收企业所得税(填写A107042)	*
8	八、投资额超过80亿元的集成电路生产企业减按15%税率征收企业所得税(填写A107042)	*
9	九、线宽小于0.25微米的集成电路生产企业减免企业所得税(填写A107042)	
10	十、投资额超过80亿元的集成电路生产企业减免企业所得税(填写A107042)	
11	十一、新办集成电路设计企业减免企业所得税(填写A107042)	

(续表)

行次	项目	金额
12	十二、国家规划布局内集成电路设计企业可减按10%的税率征收企业所得税(填写A107042)	*
13	十三、符合条件的软件企业减免企业所得税(填写A107042)	
14	十四、国家规划布局内重点软件企业可减按10%的税率征收企业所得税(填写A107042)	*
15	十五、符合条件的集成电路封装测试企业定期减免企业所得税(填写A107042)	*
16	十六、符合条件的集成电路关键专用材料生产企业、集成电路专用设备生产企业定期减免企业所得税(填写A107042)	*
17	十七、经营性文化事业单位转制为企业的免征企业所得税	
18	十八、符合条件的生产和装配伤残人员专门用品企业免征企业所得税	
19	十九、技术先进型服务企业(服务外包类)减按15%的税率征收企业所得税	
20	二十、技术先进型服务企业(服务贸易类)减按15%的税率征收企业所得税	
21	二十一、设在西部地区的鼓励类产业企业减按15%的税率征收企业所得税(主营业务收入占比%)	
22	二十二、新疆困难地区新办企业定期减免企业所得税	
23	二十三、新疆喀什、霍尔果斯特殊经济开发区新办企业定期免征企业所得税	
24	二十四、广东横琴、福建平潭、深圳前海、广东南沙等地区的鼓励类产业企业减按15%税率征收企业所得税(24.1+24.2+24.3+24.4)	
24.1	(一)横琴粤澳深度合作区的鼓励类产业企业减按15%税率征收企业所得税	
24.2	(二)平潭综合实验区的鼓励类产业企业减按15%税率征收企业所得税	
24.3	(三)前海深港现代服务业合作区的鼓励类产业企业减按15%税率征收企业所得税	
24.4	(四)南沙先行启动区的鼓励类产业企业减按15%税率征收企业所得税	
25	二十五、北京冬奥组委、北京冬奥会测试赛赛事组委会免征企业所得税	
26	二十六、线宽小于130纳米(含)的集成电路生产企业减免企业所得税(原政策,填写A107042)	
27	二十七、线宽小于65纳米(含)或投资额超过150亿元的集成电路生产企业减免企业所得税(原政策,填写A107042)	
28	二十八、其他(28.1+28.2+28.3+28.4+28.5+28.6)	
28.1	(一)从事污染防治的第三方企业减按15%的税率征收企业所得税	
28.2	(二)上海自贸试验区临港新片区的重点产业企业减按15%的税率征收企业所得税	
28.3	(三)海南自由贸易港鼓励类企业减按15%税率征收企业所得税	
28.4	(四)国家鼓励的集成电路和软件企业减免企业所得税(28.4.1+…+28.4.10)	
28.4.1	1.线宽小于28纳米(含)集成电路生产企业减免企业所得税(填写A107042)	
28.4.2	2.线宽小于65纳米(含)集成电路生产企业减免企业所得税(填写A107042)	
28.4.3	3.线宽小于130纳米(含)集成电路生产企业减免企业所得税(填写A107042)	
28.4.4	4.集成电路设计业减免企业所得税(填写A107042)	
28.4.5	5.重点集成电路设计企业减免企业所得税(填写A107042)	
28.4.6	6.集成电路装备企业减免企业所得税(填写A107042)	
28.4.7	7.集成电路材料企业减免企业所得税(填写A107042)	
28.4.8	8.集成电路封装、测试企业减免企业所得税(填写A107042)	
28.4.9	9.软件企业减免企业所得税(填写A107042)	

(续表)

行次	项目	金额
28.4.10	10. 重点软件企业减免企业所得税(填写A107042)	
28.5	(五) 其他1(河套深港科技创新合作区深圳园区鼓励类产业企业减按15%税率征收企业所得税)	*
28.6	(六) 其他2(减免税代码:)	
29	二十九、减：项目所得额按法定税率减半征收企业所得税叠加享受减免税优惠	
30	三十、支持和促进重点群体创业就业企业限额减征企业所得税(30.1+30.2)	
30.1	(一) 企业招用建档立卡贫困人口就业扣减企业所得税(企业招用脱贫人口就业扣减企业所得税)	
30.2	(二) 企业招用登记失业半年以上人员就业扣减企业所得税	
31	三十一、扶持自主就业退役士兵创业就业企业限额减征企业所得税	
32	三十二、符合条件的公司型创投企业按照企业年末个人股东持股比例减免企业所得税(个人持股比例%)	
33	三十二、民族自治地方的自治机关对本民族自治地方的企业应缴纳的企业所得税中属于地方分享的部分减征或免征	
33	合计(1+2+…+28-29+30+31+32)	

表4-8 企业所得税汇总纳税分支机构所得税分配表

税款所属期间： 年 月 日至 年 月 日

总机构名称(盖章)：

总机构统一社会信用代码(纳税人识别号)：   金额单位：元(列至角分)

	应纳所得税额		总机构分摊所得税额	总机构财政集中分配所得税额			分支机构分摊所得税额	
分支机构情况	分支机构纳税人识别号(统一社会信用代码)	分支机构名称	分摊所得税额	三项因素			分配比例	分配所得税额
				营业收入	职工薪酬	资产总额		
	合计							

4.2.2 核定征收企业所得税预缴申报流程

居民企业纳税人具有下列情形之一的，核定征收其企业所得税：依照法律、行政法规的规定可以不设置账簿的；依照法律、行政法规的规定应当设置但未设置账簿的；擅自销毁账簿或者拒不提供纳税资料的；虽设置账簿，但账目混乱或者成本资料、收入凭证、费用凭证残缺不全，难以查账的；发生纳税义务，未按照规定的期限办理纳税申报，经税务机关责令限期申报，逾期仍不申报的；申报的计税依据明显偏低，又无正当理由的。特殊行业、特殊类型的纳税人和一定规模以上的纳税人不适用本办法。

核定征收方式又可进一步分为核定应税所得率和核定应纳税所得额两种。

采取核定征收方式的企业，应填写《企业所得税月(季)度预缴和年度纳税申报表(B类)》，如表4-9所示。

表4-9 中华人民共和国企业所得税月(季)度预缴和年度纳税申报表(B类)

税款所属期间： 年 月 日至 年 月 日
纳税人识别号(统一社会信用代码)：
纳税人名称： 金额单位：人民币元(列至角分)

核定征收方式	□核定应税所得率(能核算收入总额的)□核定应税所得率(能核算成本费用总额的) □核定应纳所得税额								
按季度填报信息									
项目 季初 季末	一季度		二季度		三季度		四季度		季度平均值
	季初	季末	季初	季末	季初	季末	季初	季末	
从业人数									
资产总额(万元)									
国家限制或禁止行业	□是□否				小型微利企业		□是□否		
按年度填报信息									
从业人数(填写平均值)				资产总额(填写平均值，单位：万元)					
国家限制或禁止行业	□是□否			小型微利企业				□是□否	

行次	项目	本年累计金额
1	收入总额	
2	减：不征税收入	
3	减：免税收入(4+5+10+11)	
4	国债利息收入免征企业所得税	
5	符合条件的居民企业之间的股息、红利等权益性投资收益免征企业所得税(6+7.1+7.2+8+9)	
6	其中：一般股息红利等权益性投资收益免征企业所得税	
7.1	通过沪港通投资且连续持有H股满12个月取得的股息红利所得免征企业所得税	
7.2	通过深港通投资且连续持有H股满12个月取得的股息红利所得免征企业所得税	
8	居民企业持有创新企业CDR取得的股息红利所得免征企业所得税	
9	符合条件的居民企业之间属于股息、红利性质的永续债利息收入免征企业所得税	
10	投资者从证券投资基金分配中取得的收入免征企业所得税	
11	取得的地方政府债券利息收入免征企业所得税	

(续表)

行次	项目	本年累计金额
12	应税收入额(1-2-3)\成本费用总额	
13	税务机关核定的应税所得率(%)	
14	应纳税所得额(第12×13行)\[第12行÷(1-第13行)×第13行]	
15	税率(25%)	
16	应纳所得税额(14×15)	
17	减：符合条件的小型微利企业减免企业所得税	
18	减：实际已缴纳所得税额	
L19	减：符合条件的小型微利企业延缓缴纳所得税额(是否延缓缴纳所得税□是□否)	
19	本期应补(退)所得税额(16-17-18-L19)\税务机关核定本期应纳所得税额	
20	民族自治地方的自治机关对本民族自治地方的企业应缴纳的企业所得税中属于地方分享的部分减征或免征(□免征□减征：减征幅度%)	
21	本期实际应补(退)所得税额	

谨声明：本纳税申报表是根据国家税收法律法规及相关规定填报的，是真实的、可靠的、完整的。

纳税人(签章)： 年 月 日

经办人： 经办人身份证号： 代理机构签章： 代理机构统一社会信用代码：	受理人： 受理税务机关(章)： 受理日期： 年 月 日

国家税务总局监制

表中各项目填写说明如下。

核定征收方式选择"核定应税所得率(能核算收入总额的)"的纳税人填报第1行～第21行，核定征收方式选择"核定应税所得率(能核算成本费用总额的)"的纳税人填报第12行～第21行，核定征收方式选择"核定应纳所得税额"的纳税人填报第L19行、第19行～第21行。

第1行"收入总额"：填报纳税人各项收入的本年累计金额。

第2行"不征税收入"：填报纳税人已经计入本表"收入总额"行次但属于税收规定的不征税收入的本年累计金额。

第3行"免税收入"：填报属于税收规定的免税收入优惠的本年累计金额。根据相关行次计算结果填报。本行＝第4行+第5行+第10行+第11行。

第4行"国债利息收入免征企业所得税"：填报根据《国家税务总局关于企业国债投资业务企业所得税处理问题的公告》(2011年第36号)等相关税收政策规定，纳税人持有国务院财政部门发行的国债取得的利息收入。本行填报金额为本年累计金额。

第5行"符合条件的居民企业之间的股息、红利等权益性投资收益免征企业所得税"：根据相关行次计算结果填报。本行填报第6行+第7.1行+第7.2行+第8行+第9行的合计金额。

第6行"一般股息红利等权益性投资收益免征企业所得税"：填报根据《中华人民共和国企业所得税法实施条例》第八十三条规定，纳税人取得的投资收益，不含持有H股、创新企业CDR、永续债取得的投资收益。本行填报金额为本年累计金额。

第7.1行"通过沪港通投资且连续持有H股满12个月取得的股息红利所得免征企业所得税"：填报根据《财政部国家税务总局证监会关于沪港股票市场交易互联互通机制试点有关税收政策的通知》(财税〔2014〕81号)等相关税收政策规定，内地居民企业连续持有H股满12个月取得的股息红利所得。本行填报金额为本年累计金额。

第7.2行"通过深港通投资且连续持有H股满12个月取得的股息红利所得免征企业所得税"：填报根据《财政部国家税务总局证监会关于深港股票市场交易互联互通机制试点有关税收政策的通知》(财税〔2016〕127号)等相关税收政策规定，内地居民企业连续持有H股满12个月取得的股息红利所得。本行填报金额为本年累计金额。

第8行"居民企业持有创新企业CDR取得的股息红利所得免征企业所得税"：填报根据《财政部税务总局证监会关于创新企业境内发行存托凭证试点阶段有关税收政策的公告》(2019年第52号)等相关税收政策规定，居民企业持有创新企业CDR取得的股息红利所得。本行填报金额为本年累计金额。

第9行"符合条件的居民企业之间属于股息、红利性质的永续债利息收入免征企业所得税"：填报根据《财政部税务总局关于永续债企业所得税政策问题的公告》(2019年第64号)等相关税收政策规定，居民企业取得的可以适用企业所得税法规定的居民企业之间的股息、红利等权益性投资收益免征企业所得税规定的永续债利息收入。本行填报金额为本年累计金额。

第10行"投资者从证券投资基金分配中取得的收入免征企业所得税"：填报纳税人根据《财政部国家税务总局关于企业所得税若干优惠政策的通知》(财税〔2008〕1号)第二条第(二)项等相关税收政策规定，投资者从证券投资基金分配中取得的收入。本行填报金额为本年累计金额。

第11行"取得的地方政府债券利息收入免征企业所得税"：填报根据《财政部国家税务总局关于地方政府债券利息所得免征所得税问题的通知》(财税〔2011〕76号)、《财政部国家税务总局关于地方政府债券利息免征所得税问题的通知》(财税〔2013〕5号)等相关税收政策规定，纳税人取得的2009年、2010年和2011年发行的地方政府债券利息所得，2012年及以后年度发行的地方政府债券利息收入。本行填报金额为本年累计金额。

第12行"应税收入额\成本费用总额"：核定征收方式选择"核定应税所得率(能核算收入总额的)"的纳税人，本行＝第1行-第2行-第3行。核定征收方式选择"核定应税所得率(能核算成本费用总额的)"的纳税人，本行填报纳税人各项成本费用的本年累计金额。

第13行"税务机关核定的应税所得率"：填报税务机关核定的应税所得率。

第14行"应纳税所得额"：根据相关行次计算结果填报。核定征收方式选择"核定应税所得率(能核算收入总额的)"的纳税人，本行＝第12行×第13行。核定征收方式选择"核定应税所得率(能核算成本费用总额的)"的纳税人，本行＝第12行÷(1-第13行)×第13行。

第15行"税率"：填报"25%"。

第16行"应纳所得税额"：根据相关行次计算填报。本行＝第14行×第15行。

第17行"符合条件的小型微利企业减免企业所得税"：填报纳税人享受小型微利企业普惠性所得税减免政策减免企业所得税的金额。本行填报根据本表第14行计算的减免企业所得税的本年累计金额。

第18行"实际已缴纳所得税额":填报纳税人按照税收规定已在此前月(季)度预缴企业所得税的本年累计金额。

第L19行"符合条件的小型微利企业延缓缴纳所得税额":根据《国家税务总局关于小型微利企业和个体工商户延缓缴纳2020年所得税有关事项的公告》(2020年第10号),填报符合条件的小型微利企业纳税人按照税收规定可以延缓缴纳的所得税额。本行为临时行次,自2021年1月1日起,本行废止。符合条件的小型微利企业纳税人,在2020年第2季度、第3季度预缴申报时,选择享受延缓缴纳所得税政策的,选择"是";选择不享受延缓缴纳所得税政策的,选择"否"。

"是否延缓缴纳所得税"选择"是"时,核定征收方式选择"核定应税所得率(能核算收入总额的)""核定应税所得率(能核算成本费用总额的)"的,第L19行=第16行-第17行-第18行。当第16行-第17行-第18行<0时,本行填报"0"。核定征收方式选择"核定应纳所得税额"的,本行填报本期应纳企业所得税金额与2020年度预缴申报已延缓缴纳企业所得税金额之和。"是否延缓缴纳所得税"选择"否"时,本行填"0"。

第19行"本期应补(退)所得税额\税务机关核定本期应纳所得税额":核定征收方式选择"核定应税所得率(能核算收入总额的)""核定应税所得率(能核算成本费用总额的)"的纳税人,根据相关行次计算结果填报,本行=第16行-第17行-第18行-第L19行。月(季)度预缴纳税申报时,若第16行-第17行-第18行-第L19行<0,本行填报"0"。核定征收方式选择"核定应纳所得税额"的纳税人,在2020年第2季度、第3季度预缴申报时,若"是否延缓缴纳所得税"选择"是",本行填"0";若"是否延缓缴纳所得税"选择"否",本行填报本期应纳企业所得税金额与2020年度预缴申报已延缓缴纳企业所得税金额之和。在2020年第4季度预缴申报时,本行填报本期应纳企业所得税金额与2020年度预缴申报已延缓缴纳企业所得税金额之和。自2021年第1季度预缴申报起,本行填报本期应纳企业所得税的金额。

第20行"民族自治地方的自治机关对本民族自治地方的企业应缴纳的企业所得税中属于地方分享的部分减征或免征":根据《中华人民共和国企业所得税法》《中华人民共和国民族区域自治法》《财政部国家税务总局关于贯彻落实国务院关于实施企业所得税过渡优惠政策有关问题的通知》(财税〔2008〕21号)等规定,实行民族区域自治的自治区、自治州、自治县的自治机关对本民族自治地方的企业应缴纳的企业所得税中属于地方分享的部分,可以决定免征或减征,自治州、自治县决定减征或者免征的,须报省、自治区、直辖市人民政府批准。

纳税人填报该行次时,根据享受政策的类型选择"免征"或"减征",二者必选其一。选择"免征"是指免征企业所得税税收地方分享部分;选择"减征:减征幅度%"是指减征企业所得税税收地方分享部分。此时需填写"减征幅度",减征幅度填写范围为1~100,表示企业所得税税收地方分享部分的减征比例。例如,地方分享部分减半征收,则选择"减征",并在"减征幅度"后填写"50%"。

本行填报纳税人按照规定享受的民族自治地方的自治机关对本民族自治地方的企业应缴纳的企业所得税中属于地方分享的部分减征或免征额的本年累计金额。

第21行"本期实际应补(退)所得税额":本行填报纳税人本期实际应补(退)所得税额。

4.2.3 查账征收企业所得税年度汇算清缴申报流程

通过前面的介绍，我们知道企业所得税的缴纳采用的是"分期预缴、年终汇算清缴"的方式。实务中，企业应当自年度终了5个月内，向税务机关报送企业所得税年度纳税申报表。

查账征收方式下，一般企业需要填写的企业所得税年度纳税申报表如表4-10所示。

表4-10 企业所得税纳税申报表填报表单

表单编号	表单名称
A000000	企业基础信息表
A100000	中华人民共和国企业所得税年度纳税申报表(A类)
A101010	一般企业收入明细表
A101020	金融企业收入明细表
A102010	一般企业成本支出明细表
A102020	金融企业支出明细表
A103000	事业单位、民间非营利组织收入、支出明细表
A104000	期间费用明细表
A105000	纳税调整项目明细表
A105010	视同销售和房地产开发企业特定业务纳税调整明细表
A105020	未按权责发生制确认收入纳税调整明细表
A105030	投资收益纳税调整明细表
A105040	专项用途财政性资金纳税调整明细表
A105050	职工薪酬支出及纳税调整明细表
A105060	广告费和业务宣传费跨年度纳税调整明细表
A105070	捐赠支出及纳税调整明细表
A105080	资产折旧、摊销及纳税调整明细表
A105090	资产损失税前扣除及纳税调整明细表
A105100	企业重组及递延纳税事项纳税调整明细表
A105110	政策性搬迁纳税调整明细表
A105120	贷款损失准备金及纳税调整明细表
A106000	企业所得税弥补亏损明细表
A107010	免税、减计收入及加计扣除优惠明细表
A107011	符合条件的居民企业之间的股息、红利等权益性投资收益优惠明细表
A107012	研发费用加计扣除优惠明细表
A107020	所得减免优惠明细表
A107030	抵扣应纳税所得额明细表
A107040	减免所得税优惠明细表
A107041	高新技术企业优惠情况及明细表
A107042	软件、集成电路企业优惠情况及明细表
A107050	税额抵免优惠明细表
A108000	境外所得税收抵免明细表
A108010	境外所得纳税调整后所得明细表
A108020	境外分支机构弥补亏损明细表

(续表)

表单编号	表单名称
A108030	跨年度结转抵免境外所得税明细表
A109000	跨地区经营汇总纳税企业年度分摊企业所得税明细表
A109010	企业所得税汇总纳税分支机构所得税分配表

1. 企业基础信息表

企业基础信息表(A000000)的结构，如表4-11所示。

表4-11　企业所得税年度纳税申报基础信息表

基本经营情况(必填项目)			
101纳税申报企业类型(填写代码)		102分支机构就地纳税比例(%)	
103资产总额(填写平均值，单位：万元)		104从业人数(填写平均值，单位：人)	
105所属国民经济行业(填写代码)		106从事国家限制或禁止行业	□是□否
107适用会计准则或会计制度(填写代码)		108采用一般企业财务报表格式(2019年版)	□是□否
109小型微利企业	□是□否	110上市公司	□是(□境内□境外)□否

有关涉税事项情况(存在或者发生下列事项时必填)

201从事股权投资业务		□是	202存在境外关联交易	□是
203境外所得信息	203-1选择采用的境外所得抵免方式	□分国(地区)不分项□不分国(地区)不分项		
	203-2新增境外直接投资信息	□是(产业类别：□旅游业□现代服务业□高新技术产业)		
204有限合伙制创业投资企业的法人合伙人		□是	205创业投资企业	□是
206技术先进型服务企业类型(填写代码)			207非营利组织	□是
208软件、集成电路企业类型(填写代码)			209集成电路生产项目类型	□130纳米□65纳米□28纳米
210科技型中小企业	210-1年(申报所属期年度)入库编号1		210-2入库时间1	
	210-3年(所属期下一年度)入库编号2		210-4入库时间2	
211高新技术企业申报所属期年度有效的高新技术企业证书	211-1证书编号1		211-2发证时间1	
	211-3证书编号2		211-4发证时间2	
212重组事项税务处理方式	□一般性□特殊性		213重组交易类型(填写代码)	
214重组当事方类型(填写代码)			215政策性搬迁开始时间	
216发生政策性搬迁且停止生产经营无所得年度		□是	217政策性搬迁损失分期扣除年度	□是
218发生非货币性资产对外投资递延纳税事项		□是	219非货币性资产对外投资转让所得递延纳税年度	□是

(续表)

基本经营情况(必填项目)				
220发生技术成果投资入股递延纳税事项	□是	221技术成果投资入股递延纳税年度		□是
222发生资产(股权)划转特殊性税务处理事项	□是	223债务重组所得递延纳税年度		□是
224研发支出辅助账样式				
股东名称	证件号码	投资比例	当年(决议日)分配的股息、红利等权益性投资收益金额	国籍(注册地址)
其余股东合计	—			—

纳税人需根据企业实际情况进行该表的填写，为后续申报提供指引。

2. 一般企业收入明细表

一般企业收入明细表(A101010)的结构，如表4-12所示。

表4-12　一般企业收入明细表

行次	项目	金额
1	一、营业收入(2+9)	
2	(一)主营业务收入(3+5+6+7+8)	
3	1.销售商品收入	
4	其中：非货币性资产交换收入	
5	2.提供劳务收入	
6	3.建造合同收入	
7	4.让渡资产使用权收入	
8	5.其他	
9	(二)其他业务收入(10+12+13+14+15)	
10	1.销售材料收入	
11	其中：非货币性资产交换收入	
12	2.出租固定资产收入	
13	3.出租无形资产收入	
14	4.出租包装物和商品收入	
15	5.其他	

(续表)

行次	项目	金额
16	二、营业外收入(17+18+19+20+21+22+23+24+25+26)	
17	(一) 非流动资产处置利得	
18	(二) 非货币性资产交换利得	
19	(三) 债务重组利得	
20	(四) 政府补助利得	
21	(五) 盘盈利得	
22	(六) 捐赠利得	
23	(七) 罚没利得	
24	(八) 确实无法偿付的应付款项	
25	(九) 汇兑收益	
26	(十) 其他	

一般企业收入明细表具体填表说明如下。

第1行"营业收入":根据主营业务收入、其他业务收入的数额计算填报。

第2行"主营业务收入":根据不同行业的业务性质分别填报纳税人核算的主营业务收入。

第3行"销售商品收入":填报纳税人从事工业制造、商品流通、农业生产及其他商品销售活动取得的主营业务收入。房地产开发企业销售开发产品(销售未完工开发产品除外)取得的收入也在此行填报。

第4行"非货币性资产交换收入":填报纳税人发生的非货币性资产交换按照国家统一会计制度应确认的销售商品收入。

第5行"提供劳务收入":填报纳税人从事建筑安装、修理修配、交通运输、仓储租赁、邮电通信、咨询经纪、文化体育、科学研究、技术服务、教育培训、餐饮住宿、中介代理、卫生保健、社区服务、旅游、娱乐、加工及其他劳务活动取得的主营业务收入。

第6行"建造合同收入":填报纳税人建造房屋、道路、桥梁、水坝等建筑物,以及生产船舶、飞机、大型机械设备等取得的主营业务收入。

第7行"让渡资产使用权收入":填报纳税人在主营业务收入核算的,让渡无形资产使用权而取得的使用费收入,以及出租固定资产、无形资产、投资性房地产取得的租金收入。

第8行"其他":填报纳税人按照国家统一会计制度核算、上述未列举的其他主营业务收入。

第9行"其他业务收入":根据不同行业的业务性质分别填报纳税人核算的其他业务收入。

第10行"销售材料收入":填报纳税人销售材料、下脚料、废料、废旧物资等取得的收入。

第11行"非货币性资产交换收入":填报纳税人发生的非货币性资产交换按照国家统一会计制度应确认的材料销售收入。

第12行"出租固定资产收入":填报纳税人将固定资产使用权让与承租人获取的其他业务收入。

第13行"出租无形资产收入"：填报纳税人让渡无形资产使用权取得的其他业务收入。

第14行"出租包装物和商品收入"：填报纳税人出租、出借包装物和商品取得的其他业务收入。

第15行"其他"：填报纳税人按照国家统一会计制度核算，上述未列举的其他业务收入。

第16行"营业外收入"：填报纳税人计入本科目核算的与生产经营无直接关系的各项收入。

第17行"非流动资产处置利得"：填报纳税人处置固定资产、无形资产等取得的净收益。第18行"非货币性资产交换利得"：填报纳税人发生非货币性资产交换应确认的净收益。第19行"债务重组利得"：填报纳税人发生的债务重组业务确认的净收益。

第20行"政府补助利得"：填报纳税人从政府无偿取得货币性资产或非货币性资产应确认的净收益。

第21行"盘盈利得"：填报纳税人在清查财产过程中查明的各种财产盘盈应确认的净收益。

第22行"捐赠利得"：填报纳税人接受的来自企业、组织或个人无偿给予的货币性资产、非货币性资产捐赠应确认的净收益。

第23行"罚没利得"：填报纳税人在日常经营管理活动中取得的罚款、没收收入应确认的净收益。

第24行"确实无法偿付的应付款项"：填报纳税人因确实无法偿付的应付款项而确认的收入。

第25行"汇兑收益"：填报纳税人取得企业外币货币性项目因汇率变动形成的收益应确认的收入(该项目为执行小企业会计准则企业填报)。

第26行"其他"：填报纳税人取得的上述项目未列举的其他营业外收入，包括执行企业会计准则纳税人按权益法核算长期股权投资对初始投资成本调整确认的收益，执行小企业会计准则纳税人取得的出租包装物和商品的租金收入、逾期未退包装物押金收益等。

3. 一般企业成本支出明细表

一般企业成本支出明细表(A102010)的结构，如表4-13所示。

表4-13 一般企业成本支出明细表

行次	项目	金额
1	一、营业成本(2+9)	
2	(一)主营业务成本(3+5+6+7+8)	
3	1.销售商品成本	
4	其中：非货币性资产交换成本	
5	2.提供劳务成本	
6	3.建造合同成本	
7	4.让渡资产使用权成本	
8	5.其他	

行次	项目	金额
9	(二) 其他业务成本(10+12+13+14+15)	
10	1. 销售材料成本	
11	其中：非货币性资产交换成本	
12	2. 出租固定资产成本	
13	3. 出租无形资产成本	
14	4. 包装物出租成本	
15	5. 其他	
16	二、营业外支出(17+18+19+20+21+22+23+24+25+26)	
17	(一) 非流动资产处置损失	
18	(二) 非货币性资产交换损失	
19	(三) 债务重组损失	
20	(四) 非常损失	
21	(五) 捐赠支出	
22	(六) 赞助支出	
23	(七) 罚没支出	
24	(八) 坏账损失	
25	(九) 无法收回的债券股权投资损失	
26	(十) 其他	

一般企业成本支出明细表具体填表说明如下。

第1行"营业成本"：填报纳税人经营主营业务和经营其他业务发生的成本总额。本行根据"主营业务成本"和"其他业务成本"的数额计算填报。

第2行"主营业务成本"：根据不同行业的业务性质分别填报纳税人核算的主营业务成本。

第3行"销售商品成本"：填报纳税人从事工业制造、商品流通、农业生产，以及其他商品销售活动发生的主营业务成本。房地产开发企业销售开发产品(销售未完工开发产品除外)发生的成本也在此行填报。

第4行"非货币性资产交换成本"：填报纳税人发生的非货币性资产交换按照国家统一会计制度应确认的销售商品成本。

第5行"提供劳务成本"：填报纳税人从事建筑安装、修理修配、交通运输、仓储租赁、邮电通信、咨询经纪、文化体育、科学研究、技术服务、教育培训、餐饮住宿、中介代理、卫生保健、社区服务、旅游、娱乐、加工及其他劳务活动发生的主营业务成本。

第6行"建造合同成本"：填报纳税人建造房屋、道路、桥梁、水坝等建筑物，以及生产船舶、飞机、大型机械设备等发生的主营业务成本。

第7行"让渡资产使用权成本"：填报纳税人在主营业务成本核算的，让渡无形资产使用权而发生的使用费成本，以及出租固定资产、无形资产、投资性房地产发生的租金成本。

第8行"其他"：填报纳税人按照国家统一会计制度核算、上述未列举的其他主营业务成本。

第9行"其他业务成本"：根据不同行业的业务性质分别填报纳税人按照国家统一会计制度核算的其他业务成本。

第10行"销售材料成本"：填报纳税人销售材料、下脚料、废料、废旧物资等发生的成本。

第11行"非货币性资产交换成本"：填报纳税人发生的非货币性资产交换按照国家统一会计制度应确认的材料销售成本。

第12行"出租固定资产成本"：填报纳税人将固定资产使用权让与承租人形成的出租固定资产成本。

第13行"出租无形资产成本"：填报纳税人让渡无形资产使用权形成的出租无形资产成本。

第14行"包装物出租成本"：填报纳税人出租、出借包装物形成的包装物出租成本。

第15行"其他"：填报纳税人按照国家统一会计制度核算，上述未列举的其他业务成本。

第16行"营业外支出"：填报纳税人计入本科目核算的与生产经营无直接关系的各项支出。

第17行"非流动资产处置损失"：填报纳税人处置非流动资产形成的净损失。

第18行"非货币性资产交换损失"：填报纳税人发生非货币性资产交换应确认的净损失。第19行"债务重组损失"：填报纳税人进行债务重组应确认的净损失。

第20行"非常损失"：填报纳税人在营业外支出中核算的各项非正常财产损失。

第21行"捐赠支出"：填报纳税人无偿给予其他企业、组织或个人的货币性资产、非货币性资产的捐赠支出。

第22行"赞助支出"：填报纳税人发生的货币性资产、非货币性资产赞助支出。

第23行"罚没支出"：填报纳税人在日常经营管理活动中对外支付的各项罚款、没收收入的支出。

第24行"坏账损失"：填报纳税人发生的各项坏账损失(该项目为使用小企业会计准则企业填报)。

第25行"无法收回的债券股权投资损失"：填报纳税人各项无法收回的债券股权投资损失(该项目为使用小企业会计准则企业填报)。

第26行"其他"：填报纳税人本期实际发生的在营业外支出核算的其他损失及支出。

4. 期间费用明细表

期间费用明细表(A104000)的结构，如表4-14所示。

表4-14　期间费用明细表

行次	项目	销售费用	其中：境外支付	管理费用	其中：境外支付	财务费用	其中：境外支付
		1	2	3	4	5	6
1	一、职工薪酬		*		*	*	*
2	二、劳务费					*	*
3	三、咨询顾问费					*	*
4	四、业务招待费		*		*	*	*

(续表)

行次	项目	销售费用	其中：境外支付	管理费用	其中：境外支付	财务费用	其中：境外支付
		1	2	3	4	5	6
5	五、广告费和业务宣传费		*		*	*	*
6	六、佣金和手续费						
7	七、资产折旧摊销费		*		*	*	*
8	八、财产损耗、盘亏及毁损损失		*		*	*	*
9	九、办公费		*		*	*	*
10	十、董事会费		*		*	*	*
11	十一、租赁费					*	*
12	十二、诉讼费		*		*	*	*
13	十三、差旅费		*		*	*	*
14	十四、保险费		*		*	*	*
15	十五、运输、仓储费					*	*
16	十六、修理费					*	*
17	十七、包装费		*		*	*	*
18	十八、技术转让费					*	*
19	十九、研究费用					*	*
20	二十、各项税费		*		*	*	*
21	二十一、利息收支	*	*	*	*		
22	二十二、汇兑差额	*	*	*	*		
23	二十三、现金折扣	*	*	*	*		*
24	二十四、党组织工作经费	*	*		*	*	*
25	二十五、其他						
26	合计(1+2+3+…+25)						

期间费用明细表具体填表说明如下。

第1列"销售费用"：填报在销售费用科目进行核算的相关明细项目的金额。其中，金融企业填报在业务及管理费科目进行核算的相关明细项目的金额。

第2列"境外支付"：填报在销售费用科目进行核算的向境外支付的相关明细项目的金额。其中，金融企业填报在业务及管理费科目进行核算的相关明细项目的金额。

第3列"管理费用"：填报在管理费用科目进行核算的相关明细项目的金额。

第4列"境外支付"：填报在管理费用科目进行核算的向境外支付的相关明细项目的金额。

第5列"财务费用"：填报在财务费用科目进行核算的有关明细项目的金额。

第6列"境外支付"：填报在财务费用科目进行核算的向境外支付的有关明细项目的金额。

第1行~第25行：根据费用科目核算的具体项目金额进行填报，如果贷方发生额大于借方发生额，应填报负数。

第26行：填报第1行~第25行该列的合计金额。

5.纳税调整项目明细表

纳税调整项目明细表(A105000)的结构，如表4-15所示。

表4-15 纳税调整项目明细表

行次	项目	账载金额	税收金额	调增金额	调减金额
		1	2	3	4
1	一、收入类调整项目(2+3+…+8+10+11)	*	*		
2	(一)视同销售收入(填写A105010)	*			*
3	(二)未按权责发生制原则确认的收入(填写A105020)				
4	(三)投资收益(填写A105030)				
5	(四)按权益法核算长期股权投资对初始投资成本调整确认收益	*	*	*	
6	(五)交易性金融资产初始投资调整	*	*		*
7	(六)公允价值变动净损益		*		
8	(七)不征税收入	*	*		
9	其中：专项用途财政性资金(填写A105040)	*	*		
10	(八)销售折扣、折让和退回				
11	(九)其他				
12	二、扣除类调整项目(13+14+…+24+26+27+28+29+30)	*	*		
13	(一)视同销售成本(填写A105010)	*		*	
14	(二)职工薪酬(填写A105050)				
15	(三)业务招待费支出				*
16	(四)广告费和业务宣传费支出(填写A105060)	*	*		
17	(五)捐赠支出(填写A105070)				
18	(六)利息支出				
19	(七)罚金、罚款和被没收财物的损失		*		*
20	(八)税收滞纳金、加收利息		*		
21	(九)赞助支出		*		*
22	(十)与未实现融资收益相关在当期确认的财务费用				
23	(十一)佣金和手续费支出				*
24	(十二)不征税收入用于支出所形成的费用	*	*		*
25	其中：专项用途财政性资金用于支出所形成的费用(填写A105040)	*	*		*
26	(十三)跨期扣除项目				
27	(十四)与取得收入无关的支出		*		*
28	(十五)境外所得分摊的共同支出	*	*		*
29	(十六)党组织工作经费				
30	(十七)其他				
31	三、资产类调整项目(32+33+34+35)	*	*		
32	(一)资产折旧、摊销(填写A105080)				
33	(二)资产减值准备金		*		
34	(三)资产损失(填写A105090)				
35	(四)其他				

(续表)

行次	项目	账载金额	税收金额	调增金额	调减金额
		1	2	3	4
36	四、特殊事项调整项目(37+38+…+43)	*	*		
37	(一) 企业重组及递延纳税事项(填写A105100)				
38	(二) 政策性搬迁(填写A105110)	*	*		
39	(三) 特殊行业准备金(39.1+39.2+39.4+39.5+39.6+39.7)				
39.1	1. 保险公司保险保障基金				
39.2	2. 保险公司准备金				
39.3	其中：已发生未报案未决赔款准备金				
39.4	3. 证券行业准备金				
39.5	4. 期货行业准备金				
39.6	5. 中小企业融资(信用)担保机构准备金				
39.7	6. 金融企业、小额贷款公司准备金(填写A105120)				
40	(四) 房地产开发企业特定业务计算的纳税调整额(填写A105010)	*			
41	(五) 合伙企业法人合伙人应分得的应纳税所得额				
42	(六) 发行永续债利息支出				
43	(七) 其他	*	*		
44	五、特别纳税调整应税所得	*	*		
45	六、其他	*	*		
46	合计(1+12+31+36+43+44)	*	*		

纳税调整项目明细表具体填表说明如下。

第1行"收入类调整项目"：根据第2行至第11行(不含第9行)进行填。

第2行"视同销售收入"：填报会计处理不确认为销售收入，税收规定确认应税收入的收入。根据《视同销售和房地产开发企业特定业务纳税调整明细表》(A105010)填报。第2列"税收金额"为表A105010第1行第1列金额。第3列"调增金额"为表A105010第1行第2列金额。

第3行"未按权责发生制原则确认的收入"：根据《未按权责发生制确认收入纳税调整明细表》(A105020)填报。第1列"账载金额"为表A105020第14行第2列金额，第2列"税收金额"为表A105020第14行第4列金额。表A105020第14行第6列，若≥0，填入本行第3列"调增金额"；若<0，将绝对值填入本行第4列"调减金额"。

第4行"投资收益"：根据《投资收益纳税调整明细表》(A105030)填报。第1列"账载金额"为表A105030第10行第1+8列的合计金额，第2列"税收金额"为表A105030第10行第2+9列的合计金额。表A105030第10行第11列，若≥0，填入本行第3列"调增金额"；若<0，将绝对值填入本行第4列"调减金额"。

第5行"按权益法核算长期股权投资对初始投资成本调整确认收益"：第4列"调减金额"填报纳税人采取权益法核算，初始投资成本小于取得投资时应享有被投资单位可辨认净资产公允价值份额的差额计入取得投资当期的营业外收入的金额。

第6行"交易性金融资产初始投资调整"：第3列"调增金额"填报纳税人根据税收规定确认交易性金融资产初始投资金额与会计核算的交易性金融资产初始投资账面价值的差额。

第7行"公允价值变动净损益"：第1列"账载金额"填报纳税人会计核算的以公允价值计量的金融资产、金融负债及投资性房地产类项目，计入当期损益的公允价值变动金额。第1列≤0，将绝对值填入第3列"调增金额"；若第1列＞0，填入第4列"调减金额"。

第8行"不征税收入"：填报纳税人计入收入总额但属于税收规定不征税的财政拨款、依法收取并纳入财政管理的行政事业性收费，以及政府性基金和国务院规定的其他不征税收入。第3列"调增金额"填报纳税人以前年度取得财政性资金且已作为不征税收入处理，在5年(60个月)内未发生支出且未缴回财政部门或其他拨付资金的政府部门，应计入应税收入额的金额。第4列"调减金额"填报符合税收规定不征税收入条件并作为不征税收入处理，且已计入当期损益的金额。

第9行"专项用途财政性资金"：根据《专项用途财政性资金纳税调整明细表》(A105040)填报。第3列"调增金额"为表A105040第7行第14列金额。第4列"调减金额"为表A105040第7行第4列金额。

第10行"销售折扣、折让和退回"：填报不符合税收规定的销售折扣和折让应进行纳税调整的金额，以及发生的销售退回因会计处理与税收规定有差异需纳税调整的金额。第1列"账载金额"填报纳税人会计核算的销售折扣和折让金额及销货退回的追溯处理的净调整额，第2列"税收金额"填报根据税收规定可以税前扣除的折扣和折让的金额及销货退回业务影响当期损益的金额。第1列减第2列，若余额≥0，填入第3列"调增金额"；若余额＜0，将绝对值填入第4列"调减金额"，第4列仅为销货退回影响损益的跨期时间性差异。

第11行"其他"：填报其他因会计处理与税收规定有差异需纳税调整的收入类项目金额。若第2列≥第1列，将第2-1列的余额填入第3列"调增金额"；若第2列＜第1列，将第2-1列余额的绝对值填入第4列"调减金额"。

第12行"扣除类调整项目"：根据第13行至第30行(不含第25行)填报。

第13行"视同销售成本"：填报会计处理不作为销售核算，税收规定作为应税收入对应的销售成本金额。根据《视同销售和房地产开发企业特定业务纳税调整明细表》(A105010)填报。第2列"税收金额"为表A105010第11行第1列金额。第4列"调减金额"为表A105010第11行第2列金额的绝对值。

第14行"职工薪酬"：根据《职工薪酬支出及纳税调整明细表》(A105050)填报。第1列"账载金额"为表A105050第13行第1列金额，第2列"税收金额"为表A105050第13行第5列金额。表A105050第13行第6列，若≥0，填入本行第3列"调增金额"；若＜0，将绝对值填入本行第4列"调减金额"。

第15行"业务招待费支出"：第1列"账载金额"填报纳税人会计核算计入当期损益的业务招待费金额，第2列"税收金额"填报按照税收规定允许税前扣除的业务招待费支出的金额，第3列"调增金额"为第1-2列金额。

第16行"广告费和业务宣传费支出"：根据《广告费和业务宣传费跨年度纳税调整明细表》(A105060)填报。表A105060第12行，若≥0，填入第3列"调增金额"；若＜0，将绝对值填入第4列"调减金额"。

第17行"捐赠支出"：根据《捐赠支出及纳税调整明细表》(A105070)填报。第1列"账载金额"为表A105070第8行第1列金额，第2列"税收金额"为表A105070第8行第4列金额，第3列"调增金额"为表A105070第8行第5列金额，第4列"调减金额"为表A105070第8行第6列金额。

第18行"利息支出":第1列"账载金额"填报纳税人向非金融企业借款,会计核算计入当期损益的利息支出的金额,第2列"税收金额"填报按照税收规定允许税前扣除的利息支出的金额。若第1列≥第2列,将第1列减第2列余额填入第3列"调增金额";若第1列<第2列,将第1列减第2列余额的绝对值填入第4列"调减金额"。

第19行"罚金、罚款和被没收财物的损失":第1列"账载金额"填报纳税人会计核算计入当期损益的罚金、罚款和被罚没财物的损失,不包括纳税人按照经济合同规定支付的违约金(包括银行罚息)、罚款和诉讼费。第3列"调增金额"等于第1列金额。

第20行"税收滞纳金、加收利息":第1列"账载金额"填报纳税人会计核算计入当期损益的税收滞纳金、加收利息,第3列"调增金额"等于第1列金额。

第21行"赞助支出":第1列"账载金额"填报纳税人会计核算计入当期损益的不符合税收规定的公益性捐赠的赞助支出金额,包括直接向受赠人的捐赠、赞助支出等(不含广告性的赞助支出,广告性的赞助支出在表A105060中调整)。第3列"调增金额"等于第1列金额。

第22行"与未实现融资收益相关在当期确认的财务费用":第1列"账载金额"填报纳税人会计核算的与未实现融资收益相关并在当期确认的财务费用的金额,第2列"税收金额"填报按照税收规定允许税前扣除的金额。若第1列≥第2列,将第1列-第2列余额填入第3列"调增金额";若第1列<第2列,将第1列-第2列余额的绝对值填入第4列"调减金额"。

第23行"佣金和手续费支出":第1列"账载金额"填报纳税人会计核算计入当期损益的佣金和手续费金额,第2列"税收金额"填报按照税收规定允许税前扣除的佣金和手续费支出金额,第3列"调增金额"为第1-2列的余额。

第24行"不征税收入用于支出所形成的费用":第3列"调增金额"填报符合条件的不征税收入用于支出所形成的计入当期损益的费用化支出金额。

第25行"专项用途财政性资金用于支出所形成的费用":根据《专项用途财政性资金纳税调整明细表》(A105040)填报。第3列"调增金额"为表A105040第7行第11列金额。

第26行"跨期扣除项目":填报维检费、安全生产费用、预提费用、预计负债等跨期扣除项目调整情况。第1列"账载金额"填报纳税人会计核算计入当期损益的跨期扣除项目金额,第2列"税收金额"填报按照税收规定允许税前扣除的金额。若第1列≥第2列,将第1-2列余额填入第3列"调增金额";若第1列<第2列,将第1列-第2列余额的绝对值填入第4列"调减金额"。

第27行"与取得收入无关的支出":第1列"账载金额"填报纳税人会计核算计入当期损益的与取得收入无关的支出的金额,第3列"调增金额"等于第1列金额。

第28行"境外所得分摊的共同支出":第3列"调增金额"为《境外所得纳税调整后所得明细表》(A108010)第10行第16列+第17列的合计金额。

第29行"党组织工作经费":填报纳税人根据有关文件规定,为创新基层党建工作、建立稳定的经费保障制度发生的党组织工作经费及纳税调整情况。

第30行"其他":填报其他因会计处理与税收规定有差异需纳税调整的扣除类项目金额。若第1列≥第2列,将第1列-第2列余额填入第3列"调增金额";若第1列<第2列,将第1列-第2列余额的绝对值填入第4列"调减金额"。

第31行"资产类调整项目"：填报资产类调整项目第32行至第35行的合计金额。

第32行"资产折旧、摊销"：根据《资产折旧、摊销及纳税调整明细表》(A105080)填报。第1列"账载金额"为表A105080第39行第2列金额，第2列"税收金额"为表A105080第39行第5列金额。表A105080第39行第9列，若≥0，填入本行第3列"调增金额"；若<0，将绝对值填入本行第4列"调减金额"。

第33行"资产减值准备金"：填报坏账准备、存货跌价准备、理赔费用准备金等不允许税前扣除的各类资产减值准备金纳税调整情况。第1列"账载金额"填报纳税人会计核算计入当期损益的资产减值准备金金额(因价值恢复等原因转回的资产减值准备金应予以冲回)。第1列，若≥0，填入第3列"调增金额"；若<0，将绝对值填入第4列"调减金额"。

第34行"资产损失"：根据《资产损失税前扣除及纳税调整明细表》(A105090)填报。第1列"账载金额"为表A105090第14行第1列金额，第2列"税收金额"为表A105090第14行第5列金额。表A105090第14行第6列，若≥0，填入本行第3列"调增金额"；若<0，将绝对值填入本行第4列"调减金额"。

第35行"其他"：填报其他因会计处理与税收规定有差异需纳税调整的资产类项目金额。若第1列≥第2列，将第1列-第2列余额填入第3列"调增金额"；若第1列<第2列，将第1列-第2列余额的绝对值填入第4列"调减金额"。

第36行"特殊事项调整项目"：填报特殊事项调整项目第37行至第42行的合计金额。

第37行"企业重组及递延纳税事项"：根据《企业重组及递延纳税事项纳税调整明细表》(A105100)填报。第1列"账载金额"为表A105100第16行第1列+第4列金额，第2列"税收金额"为表A105100第16行第2列+第5列金额。表A105100第16行第7列，若≥0，填入本行第3列"调增金额"；若<0，将绝对值填入本行第4列"调减金额"。

第38行"政策性搬迁"：根据《政策性搬迁纳税调整明细表》(A105110)填报。表A105110第24行，若≥0，填入本行第3列"调增金额"；若<0，将绝对值填入本行第4列"调减金额"。

第39行"特殊行业准备金"：填报特殊行业准备金调整项目第39.1行至第39.7行(不包含第39.3行)的合计金额。

第39.1行"保险公司保险保障基金"：第1列"账载金额"填报纳税人会计核算的保险公司保险保障基金的金额，第2列"税收金额"填报按照税收规定允许税前扣除的金额。若第1列≥第2列，第3列"调增金额"填报第1列-第2列金额。若第1列<第2列，第4列"调减金额"填报第1列-第2列金额的绝对值。

第39.2行"保险公司准备金"：第1列"账载金额"填报纳税人会计核算的保险公司准备金的金额，第2列"税收金额"填报按照税收规定允许税前扣除的金额。若第1列≥第2列，第3列"调增金额"填报第1列-第2列金额。若第1列<第2列，第4列"调减金额"填报第1列-第2列金额的绝对值。

第39.3行"已发生未报案未决赔款准备金"：第1列"账载金额"填报纳税人会计核算的保险公司未决赔款准备金中已发生未报案准备金的金额，第2列"税收金额"填报按照税收规定允许税前扣除的金额。若第1列≥第2列，第3列"调增金额"填报第1列-第2列金额。若第1列<第2列，第4列"调减金额"填报第1列-第2列金额的绝对值。

第39.4行"证券行业准备金"：第1列"账载金额"填报纳税人会计核算的证券行业准备金的金额，第2列"税收金额"填报按照税收规定允许税前扣除的金额。若第1列≥第2

列，第3列"调增金额"填报第1列-第2列金额。若第1列＜第2列，第4列"调减金额"填报第1列-第2列金额的绝对值。

第39.5行"期货行业准备金"：第1列"账载金额"填报纳税人会计核算的期货行业准备金的金额，第2列"税收金额"填报按照税收规定允许税前扣除的金额。若第1列≥第2列，第3列"调增金额"填报第1-2列金额。若第1列＜第2列，第4列"调减金额"填报第1列-第2列金额的绝对值。

第39.6行"中小企业融资(信用)担保机构准备金"：第1列"账载金额"填报纳税人会计核算的中小企业融资(信用)担保机构准备金的金额，第2列"税收金额"填报按照税收规定允许税前扣除的金额。若第1列≥第2列，第3列"调增金额"填报第1列-第2列金额。若第1列＜第2列，第4列"调减金额"填报第1列-第2列金额的绝对值。

第39.7行"金融企业、小额贷款公司准备金"：根据《贷款损失准备金及纳税调整明细表》(A105120)填报。若表A105120第10行第11列≥0，第3列"调增金额"填报表A105120第10行第11列金额。若表A105120第10行第11列＜0，第4列"调减金额"填报表A105120第10行第11列金额的绝对值。

第40行"房地产开发企业特定业务计算的纳税调整额"：根据《视同销售和房地产开发企业特定业务纳税调整明细表》(A105010)填报。第2列"税收金额"为表A105010第21行第1列金额。表A105010第21行第2列，若≥0，填入本行第3列"调增金额"；若＜0，将绝对值填入本行第4列"调减金额"。

第41行"(五)合伙企业法人合伙人应分得的应纳税所得额"：第1列"账载金额"填报合伙企业法人合伙人本年会计核算上确认的对合伙企业的投资所得。第2列"税收金额"填报纳税人按照"先分后税"原则和《财政部国家税务总局关于合伙企业合伙人所得税问题的通知》(财税〔2008〕159号)文件第四条规定计算的从合伙企业分得的法人合伙人应纳税所得额。若第1列≤第2列，第3列"调增金额"填报第2列-第1列金额。若第1列＞第2列，第4列"调减金额"填报第2列-第1列金额的绝对值。

第42行"(六)发行永续债利息支出"：本行填报企业发行永续债采取的税收处理办法与会计核算方式不一致时的纳税调整情况。当永续债发行方会计上按照债务核算，税收上适用股息、红利企业所得税政策时，第1列"账载金额"填报支付的永续债利息支出计入当期损益的金额；第2列"税收金额"填报"0"。永续债发行方会计上按照权益核算，税收上按照债券利息适用企业所得税政策时，第1列"账载金额"填报"0"；第2列"税收金额"填报永续债发行方支付的永续债利息支出准予在企业所得税税前扣除的金额。若第2列≤第1列，第3列"调增金额"填报第1列-第2列金额。若第2列＞第1列，第4列"调减金额"填报第1列-第2列金额的绝对值。

第43行"其他"：填报其他因会计处理与税收规定有差异需纳税调整的特殊事项金额。

第44行"特别纳税调整应税所得"：第3列"调增金额"填报纳税人按特别纳税调整规定自行调增的当年应税所得。第4列"调减金额"填报纳税人依据双边预约定价安排或者转让定价相应调整磋商结果的通知，需要调减的当年应税所得。

第45行"其他"：填报其他会计处理与税收规定存在差异需纳税调整的项目金额。第46行"合计"：填报第1行+第12行+第31行+第36行+第44行+第45行的合计金额。

6. 投资收益纳税调整明细表

投资收益纳税调整明细表(A105030)的结构，如表4-16所示。

表4-16 投资收益纳税调整明细表

行次	项目	持有收益			处置收益							纳税调整金额
		账载金额	税收金额	纳税调整金额	会计确认的处置收入	税收计算的处置收入	处置投资的账面价值	处置投资的计税基础	会计确认的处置所得或损失	税收计算的处置所得	纳税调整金额	
		1	2	3(2-1)	4	5	6	7	8(4-6)	9(5-7)	10(9-8)	11(3+10)
1	一、交易性金融资产											
2	二、可供出售金融资产											
3	三、持有至到期投资											
4	四、衍生工具											
5	五、交易性金融负债											
6	六、长期股权投资											
7	七、短期投资											
8	八、长期债券投资											
9	九、其他											
10	合计(1+2+3+4+5+6+7+8+9)											

投资收益纳税调整明细表具体填表说明如下。

第1列"账载金额"：填报纳税人持有投资项目，会计核算确认的投资收益。

第2列"税收金额"：填报纳税人持有投资项目，按照税收规定确认的投资收益。

第3列"纳税调整金额"：填报纳税人持有投资项目，会计核算确认投资收益与税收规定投资收益的差异需纳税调整金额，为第2列-第1列的余额。

第4列"会计确认的处置收入"：填报纳税人收回、转让或清算处置投资项目，会计核算确认的扣除相关税费后的处置收入金额。

第5列"税收计算的处置收入"：填报纳税人收回、转让或清算处置投资项目，按照税收规定计算的扣除相关税费后的处置收入金额。

第6列"处置投资的账面价值"：填报纳税人收回、转让或清算处置的投资项目，会计核算的处置投资的账面价值。

第7列"处置投资的计税基础"：填报纳税人收回、转让或清算处置的投资项目，按税收规定计算的处置投资的计税金额。

第8列"会计确认的处置所得或损失"：填报纳税人收回、转让或清算处置投资项目，会计核算确认的处置所得或损失，为第4列-第6列的余额，损失以"-"号填列。

第9列"税收计算的处置所得"：填报纳税人收回、转让或清算处置投资项目，按照税收规定计算的处置所得，为第5列-第7列的余额。

第10列"纳税调整金额"：填报纳税人收回、转让或清算处置投资项目，会计处理与税收规定不一致需纳税调整金额，为第9列-第8列的余额。

第11列"纳税调整金额"：填报第3行+第10列金额。

7. 职工薪酬支出及纳税调整明细表

职工薪酬支出及纳税调整明细表(A105050)的结构，如表4-17所示。

表4-17　职工薪酬支出及纳税调整明细表

行次	项目	账载金额	实际发生额	税收规定扣除率	以前年度累计结转扣除额	税收金额	纳税调整金额	累计结转以后年度扣除额
		1	2	3	4	5	6(1-5)	7(1+4-5)
1	一、工资薪金支出			*	*			*
2	其中：股权激励			*	*			*
3	二、职工福利费支出				*			*
4	三、职工教育经费支出			*				
5	其中：按税收规定比例扣除的职工教育经费							
6	按税收规定全额扣除的职工培训费用				*			*
7	四、工会经费支出			*				
8	五、各类基本社会保障性缴款			*	*			*
9	六、住房公积金			*	*			*
10	七、补充养老保险				*			*
11	八、补充医疗保险				*			*
12	九、其他			*	*			*
13	合计(1+3+4+7+8+9+10+11+12)			*				

职工薪酬支出及纳税调整明细表具体填表说明如下。

(1) 第1行"工资薪金支出"：填报纳税人本年度支付给在本企业任职或者受雇的员工的所有现金形式或非现金形式的劳动报酬及其会计核算、纳税调整等金额。具体填报方式如下。

第1列"账载金额"：填报纳税人会计核算计入成本费用的职工工资、奖金、津贴和补贴金额。

第2列"实际发生额"：分析填报纳税人"应付职工薪酬"会计科目借方发生额(实际发放的工资薪金)。

第5列"税收金额"：填报纳税人按照税收规定允许税前扣除的金额，按照第1列和第2列分析填报。

第6列"纳税调整金额"：填报第1列-第5列的余额。

(2) 第2行"股权激励"：本行由执行《上市公司股权激励管理办法》(中国证券监督管理委员会令第126号)的纳税人填报。具体填报方式如下。

第1列"账载金额"：填报纳税人按照国家有关规定建立职工股权激励计划，会计核算计入成本费用的金额。

第2列"实际发生额"：填报纳税人根据本年实际行权时股权的公允价格与激励对象实际行权支付价格的差额和数量计算确定的金额。

第5列"税收金额"：填报行权时按照税收规定允许税前扣除的金额。按照第1列和第2列孰小值填报。

第6列"纳税调整金额"：填报第1列-第5列的余额。

(3) 第3行"职工福利费支出"：填报纳税人本年度发生的职工福利费及其会计核算、纳税调整等金额。具体填报方式如下。

第1列"账载金额"：填报纳税人会计核算计入成本费用的职工福利费的金额。

第2列"实际发生额"：分析填报纳税人"应付职工薪酬"会计科目下的职工福利费用实际发生额。

第3列"税收规定扣除率"：填报税收规定的扣除比例(14%)。

第5列"税收金额"：填报按照税收规定允许税前扣除的金额，按第1行第5列"工资薪金支出"中的"税收金额"×14%、本表第3行第1列、本表第3行第2列三者孰小值填报。

第6列"纳税调整金额"：填报第1行-第5列的余额。

(4) 第4行"职工教育经费支出"：填报第5行或者第5行+第6行金额。

(5) 第5行"按税收规定比例扣除的职工教育经费"：适用于按照税收规定职工教育经费按比例税前扣除的纳税人填报。具体填报方法如下。

第1列"账载金额"填报纳税人会计核算计入成本费用的金额，不包括第6行可全额扣除的职工培训费用金额。

第2列"实际发生额"：分析填报纳税人"应付职工薪酬"会计科目下的职工教育经费实际发生额，不包括第6行可全额扣除的职工培训费用金额。

第3列"税收规定扣除率"：填报税收规定的扣除比例。

第4列"以前年度累计结转扣除额"：填报纳税人以前年度累计结转准予扣除的职工教育经费支出余额。

第5列"税收金额"：填报纳税人按照税收规定允许税前扣除的金额(不包括第6行可全额扣除的职工培训费用金额)，按第1行第5列"工资薪金支出-税收金额"×扣除比例与本行第1列+第4列之和的孰小值填报。

第6列"纳税调整金额"：填报第1列-第5列的余额。

第7列"累计结转以后年度扣除额"：填报第1列+第4列-第5列的金额。

(6) 第6行"按税收规定全额扣除的职工培训费用"：适用于按照税收规定职工培训费用允许全额税前扣除的纳税人填报。具体填报方法如下。

第1列"账载金额"：填报纳税人会计核算计入成本费用的按税收规定全额扣除的职工培训费用金额。

第2列"实际发生额"：分析填报纳税人"应付职工薪酬"会计科目下的职工教育经费本年实际发生额(可全额扣除的职工培训费用金额)。

第3列"税收规定扣除率"：填报税收规定的扣除比例(100%)。第5列"税收金额"：填报按照税收规定允许税前扣除的金额。第6列"纳税调整金额"：填报第1列-第5列的余额。

(7) 第7行"工会经费支出"：填报纳税人本年度拨缴工会经费及其会计核算、纳税调整等金额。具体填报方法如下。

第1列"账载金额"：填报纳税人会计核算计入成本费用的工会经费支出金额。

第2列"实际发生额"：分析填报纳税人"应付职工薪酬"会计科目下的工会经费本年实际发生额。

第3列"税收规定扣除率"：填报税收规定的扣除比例(2%)。

第5列"税收金额"：填报按照税收规定允许税前扣除的金额，按第1行第5列"工资薪金支出"中的"税收金额"×2%与本行第1列、本行第2列三者孰小值填报。

第6列"纳税调整金额"：填报第1列-第5列的余额。

(8) 第8行"各类基本社会保障性缴款"：填报纳税人依照国务院有关主管部门或者省级人民政府规定的范围和标准为职工缴纳的基本社会保险费及其会计核算、纳税调整金额。具体填报方式如下。

第1列"账载金额"：填报纳税人会计核算的各类基本社会保障性缴款的金额。

第2列"实际发生额"：分析填报纳税人"应付职工薪酬"会计科目下的各类基本社会保障性缴款本年实际发生额。

第5列"税收金额"：填报按照税收规定允许税前扣除的各类基本社会保障性缴款的金额，按本行第1列、第2列，以及税收规定允许税前扣除的各类基本社会保障性缴款的金额孰小值填报。

第6列"纳税调整金额"：填报第1列-第5列的余额。

(9) 第9行"住房公积金"：填报纳税人依照国务院有关主管部门或者省级人民政府规定的范围和标准为职工缴纳的住房公积金及其会计核算、纳税调整金额。具体填报方式如下。

第1列"账载金额"：填报纳税人会计核算的住房公积金金额。

第2列"实际发生额"：分析填报纳税人"应付职工薪酬"会计科目下的住房公积金本年实际发生额。

第5列"税收金额"：填报按照税收规定允许税前扣除的住房公积金金额，按本行第1列、第2列，以及税收规定允许税前扣除的住房公积金的金额孰小值填报。

第6列"纳税调整金额"：填报第1列-第5列的余额。

(10) 第10行"补充养老保险"：填报纳税人为投资者或者职工支付的补充养老保险费的会计核算、纳税调整金额。具体填报方式如下。

第1列"账载金额"：填报纳税人会计核算的补充养老保险金额。

第2列"实际发生额"：分析填报纳税人"应付职工薪酬"会计科目下的补充养老保险本年实际发生额。

第3列"税收规定扣除率"：填报税收规定的扣除比例(5%)。

第5列"税收金额"：填报按照税收规定允许税前扣除的补充养老保险的金额，按第1行第5列"工资薪金支出"中的"税收金额"×5%、本行第1列、本行第2列的孰小值填报。

第6列"纳税调整金额"：填报第1列-第5列的余额。

(11) 第11行"补充医疗保险"：填报纳税人为投资者或者职工支付的补充医疗保险费的会计核算、纳税调整金额。具体填报方式如下。

第1列"账载金额"：填报纳税人会计核算的补充医疗保险金额。

第2列"实际发生额"：分析填报纳税人"应付职工薪酬"会计科目下的补充医疗保险本年实际发生额。

第3列"税收规定扣除率"：填报税收规定的扣除比例(5%)。

第5列"税收金额"：填报按照税收规定允许税前扣除的补充医疗保险的金额，按第1行第5列"工资薪金支出"中的"税收金额"×5%、本行第1列、本行第2列的孰小值填报。

第6列"纳税调整金额"：填报第1列-第5列的余额。

(12) 第12行"其他"：填报其他职工薪酬的金额。

(13) 第13行"合计"：填报第1行+第3行+第4行+第7行+第8行+第9行+第10行+第11行+第12行的合计金额。

8. 广告费和业务宣传费跨年度纳税调整明细表

广告费和业务宣传费跨年度纳税调整明细表(A105060)的结构，如表4-18所示。

表4-18 广告费和业务宣传费跨年度纳税调整明细表

行次	项目	广告费和业务宣传费	保险企业手续费及佣金支出
		1	2
1	一、本年支出		
2	减：不允许扣除的支出		
3	二、本年符合条件的支出(1-2)		
4	三、本年计算扣除限额的基数		
5	乘：税收规定扣除率		
6	四、本企业计算的扣除限额(4×5)		
7	五、本年结转以后年度扣除额(3>6，本行=3-6；3≤6，本行=0)		
8	加：以前年度累计结转扣除额		
9	减：本年扣除的以前年度结转额[3>6，本行=0；3≤6，本行=8与(6-3)孰小值]		
10	六、按照分摊协议归集至其他关联方的金额(10≤3与6孰小值)		
11	按照分摊协议从其他关联方归集至本企业的金额		
12	七、本年支出纳税调整金额(3>6，本行=2+3-6+10-11；3≤6，本行=2+10-11-9)		
13	八、累计结转以后年度扣除额(7+8-9)		

广告费和业务宣传费跨年度纳税调整明细表具体填表说明如下。

(1) 列次填报

第1列"广告费和业务宣传费"：报广告费和业务宣传费会计处理、税收规定，以及跨年度纳税调整情况。

第2列"保险企业手续费及佣金支出"：填报保险企业手续费及佣金支出会计处理、税收规定，以及跨年度纳税调整情况。

(2) 行次填报

第1行"一、本年支出"：填报纳税人计入本年损益的支出金额。

第2行"减：不允许扣除的支出"：填报税收规定不允许扣除的支出金额。

第3行"二、本年符合条件的支出"：填报第1行-第2行的余额。

第4行"三、本年计算扣除限额的基数"：填报按照税收规定计算扣除限额的基数。"广告费和业务宣传费"列次填写计算扣除限额的当年销售(营业)收入。"保险企业手续费及佣金支出"列次填报当年保险企业全部保费收入扣除退保金等后余额。

第5行"税收规定扣除率"：填报税收规定的扣除比例。

第6行"四、本企业计算的扣除限额"：填报第4行×第5行的金额。

第7行"五、本年结转以后年度扣除额"：若第3行＞第6行，填报第3行-第6行的余额；若第3行≤第6行，填报0。

第8行"加：以前年度累计结转扣除额"：填报以前年度允许税前扣除但超过扣除限额未扣除、结转扣除的支出金额。

第9行"减：本年扣除的以前年度结转额"：若第3行＞第6行，填0；若第3行≤第6行，填报第6行-第3行与第8行的孰小值。

第10行"六、按照分摊协议归集至其他关联方的金额"：本行第1列填报签订广告费和业务宣传费分摊协议(以下简称分摊协议)的关联企业的一方，按照分摊协议，将其发生的不超过当年销售(营业)收入税前扣除限额比例内的广告费和业务宣传费支出归集至其他关联方扣除的广告费和业务宣传费，本行应≤第3行与第6行的孰小值。本行第2列不可填报。

第11行"按照分摊协议从其他关联方归集至本企业的金额"：本行第1列填报签订广告费和业务宣传费分摊协议(以下简称分摊协议)的关联企业的一方，按照分摊协议，从其他关联方归集至本企业的广告费和业务宣传费。本行第2列不可填报。

第12行"七、本年支出纳税调整金额"：若第3行＞第6行，填报第2行+第3行-第6行+第10行-第11行的金额；若第3行≤第6行，填报第2行+第10行-第11行-第9行的金额。

第13行"八、累计结转以后年度扣除额"：填报第7行+第8行-第9行的金额。

9. 捐赠支出及纳税调整明细表

捐赠支出及纳税调整明细表(A105070)的结构，如表4-19所示。

表4-19 捐赠支出及纳税调整明细表

行次	项目	账载金额	以前年度结转可扣除的捐赠额	按税收规定计算的扣除限额	税收金额	纳税调整增金额	纳税调整减金额	可结转以后年度扣除的捐赠额
		1	2	3	4	5	6	7
1	一、非公益性捐赠		*	*	*		*	*
2	二、限额扣除的公益性捐赠(3+4+5+6)							
3	前三年度(年)	*		*	*	*		
4	前二年度(年)	*		*	*	*		
5	前一年度(年)	*		*	*	*		
6	本年(年)		*				*	
7	三、全额扣除的公益性捐赠		*	*		*	*	*
8	1.		*	*		*	*	*
9	2.		*	*		*	*	*
10	3.		*	*		*	*	*

(续表)

行次	项目	账载金额	以前年度结转可扣除的捐赠额	按税收规定计算的扣除限额	税收金额	纳税调增金额	纳税调减金额	可结转以后年度扣除的捐赠额
		1	2	3	4	5	6	7
11	合计(1+2+7)							
附列资料	2015年度至本年发生的公益性扶贫捐赠合计金额	*	*		*	*	*

捐赠支出及纳税调整明细表具体填表说明如下。

第1行"非公益性捐赠"：填报纳税人本年发生且已计入本年损益的税收规定公益性捐赠以外的其他捐赠支出及纳税调整情况，具体如下。

(1) 第1列"账载金额"：填报纳税人计入本年损益的公益性捐赠以外的其他捐赠支出金额，包括该支出已通过《纳税调整项目明细表》(A105000)第30行"(十七)其他"进行纳税调整的金额。

(2) 第5列"纳税调增额"：填报非公益性捐赠支出纳税调整增加额，金额等于第1列"账载金额"。

第2行"限额扣除的公益性捐赠"：填报纳税人本年发生的限额扣除的公益性捐赠支出、纳税调整额、以前年度结转扣除捐赠支出等。第2行等于第3行+第4行+第5行+第6行。其中，本行第4列"税收金额"：当本行第1列+第2列＞第3列时，第4列＝第3列；当本行第1列+第2列≤第3列时，第4列＝第1列+第2列。

第3行"前三年度"：填报纳税人前三年度发生的未税前扣除的公益性捐赠支出在本年度扣除的金额，具体如下。

(1) 第2列"以前年度结转可扣除的捐赠额"：填报前三年度发生的尚未税前扣除的公益性捐赠支出金额。

(2) 第6列"纳税调减额"：根据本年扣除限额，以及前三年度未扣除的公益性捐赠支出分析填报。

第4行"前二年度"：填报纳税人前两年度发生的未税前扣除的公益性捐赠支出在本年度扣除的捐赠额，以及结转以后年度扣除的捐赠额，具体如下。

(1) 第2列"以前年度结转可扣除的捐赠额"：填报前两年度发生的尚未税前扣除的公益性捐赠支出金额。

(2) 第6列"纳税调减额"：根据本年剩余扣除限额、本年扣除前三年度捐赠支出、前两年度未扣除的公益性捐赠支出分析填报。

(3) 第7列"可结转以后年度扣除的捐赠额"：填报前两年度未扣除、结转以后年度扣除的公益性捐赠支出金额。

第5行"前一年度"：填报纳税人前一年度发生的未税前扣除的公益性捐赠支出在本年度扣除的捐赠额以及结转以后年度扣除的捐赠额，具体如下。

(1) 第2列"以前年度结转可扣除的捐赠额"：填报前一年度发生的尚未税前扣除的公益性捐赠支出金额。

(2) 第6列"纳税调减额"：根据本年剩余扣除限额、本年扣除前三年度捐赠支出、本年扣除前二年度捐赠支出、前一年度未扣除的公益性捐赠支出分析填报。

(3) 第7列"可结转以后年度扣除的捐赠额":填报前一年度未扣除、结转以后年度扣除的公益性捐赠支出金额。

第6行"本年":填报纳税人本年度发生、本年税前扣除、本年纳税调增及结转以后年度扣除的公益性捐赠支出,具体如下。

(1) 第1列"账载金额":填报计入本年损益的公益性捐赠支出金额,包括该支出已通过《纳税调整项目明细表》(A105000)第30行"(十七)其他"进行纳税调整的金额。

(2) 第3列"按税收规定计算的扣除限额":填报按照本年利润总额乘以12%的金额,若利润总额为负数,则以0填报。

(3) 第4列"税收金额":根据本年实际发生的公益性捐赠支出以及结转扣除以前年度公益性捐赠支出情况分析填报。

(4) 第5列"纳税调增额":填报本年公益性捐赠支出账载金额超过税收规定的税前扣除额的部分。

(5) 第7列"可结转以后年度扣除的捐赠额":填报本年度未扣除、结转以后年度扣除的公益性捐赠支出金额。

第7行至第10行"全额扣除的公益性捐赠":填报纳税人发生的可全额税前扣除的公益性捐赠支出,具体如下。

(1) 第7行:填报各行相应列次填报金额的合计金额。

(2) 第8行~第10行"项目":纳税人在以下事项中选择填报:扶贫捐赠;北京2022年冬奥会、冬残奥会、测试赛捐赠;杭州2022年亚运会捐赠;支持疫情防控捐赠(通过公益性社会组织或国家机关捐赠);支持疫情防控捐赠(直接向承担疫情防治任务的医院捐赠)。一个项目填报一行,纳税人有多个项目的,可自行增加行次填报。

(3) 各项目填报规则具体如下。

扶贫捐赠:填报纳税人发生的可全额税前扣除的扶贫公益性捐赠支出情况。第1列"账载金额":填报纳税人本年发生且已计入本年损益的可全额税前扣除的扶贫公益性捐赠支出金额,包括该支出已通过《纳税调整项目明细表》(A105000)第30行"(十七)其他"进行纳税调整的金额。第4列"税收金额":填报第1列"账载金额"。

北京2022年冬奥会、冬残奥会、测试赛捐赠:填报纳税人赞助、捐赠北京2022年冬奥会、冬残奥会、测试赛的可全额扣除的资金、物资、服务支出情况。第1列"账载金额":填报纳税人本年发生且已计入本年损益、可全额扣除的赞助、捐赠北京2022年冬奥会、冬残奥会、测试赛的资金、物资、服务支出金额,包括该支出已通过《纳税调整项目明细表》(A105000)第30行"(十七)其他"进行纳税调整的金额。第4列"税收金额":填报第1列"账载金额"。

杭州2022年亚运会捐赠:填报纳税人赞助、捐赠杭州2022年亚运会、亚残运会、测试赛的可全额扣除的资金、物资、服务支出情况。第1列"账载金额":填报纳税人本年发生且已计入本年损益、可全额扣除的赞助、捐赠杭州2022年亚运会、亚残运会、测试赛的资金、物资、服务支出金额,包括该支出已通过《纳税调整项目明细表》(A105000)第30行"(十七)其他"进行纳税调整的金额。第4列"税收金额":填报第1列"账载金额"。

支持疫情防控捐赠(通过公益性社会组织或国家机关捐赠):填报纳税人发生的可全额税前扣除的通过公益性社会组织或者县级以上人民政府及其部门等国家机关,用于应对疫情的现金和物品捐赠支出情况。第1列"账载金额"：填报纳税人本年发生且已计入本年损益的可全额税前扣除的通过公益性社会组织或者县级以上人民政府及其部门等国家机关，用于应对疫情的现金和物品捐赠支出金额，包括该支出已通过《纳税调整项目明细表》(A105000)第30行"(十七)其他"进行纳税调整的金额。第4列"税收金额"：填报第1列"账载金额"。

支持疫情防控捐赠(直接向承担疫情防治任务的医院捐赠)：填报纳税人发生的可全额税前扣除的直接向承担疫情防治任务的医院用于应对疫情进行的物品捐赠支出情况。第1列"账载金额"：填报纳税人本年发生且已计入本年损益的可全额税前扣除的直接向承担疫情防治任务的医院用于应对疫情进行的物品捐赠支出金额，包括该支出已通过《纳税调整项目明细表》(A105000)第30行"(十七)其他"进行纳税调整的金额。第4列"税收金额"：填报第1列"账载金额"。

第11行"合计"：填报第1行+第2行+第7行的合计金额。

附列资料"2015年度至本年发生的公益性扶贫捐赠合计金额"：企业在2015年1月1日至本年度发生的可全额税前扣除的扶贫公益性捐赠支出合计金额。具体如下：①第1列"账载金额"，填报纳税人2015年1月1日至本年度发生的且已计入损益的按税收规定可全额税前扣除的扶贫公益性捐赠支出合计金额；②第4列"税收金额"，填报纳税人2015年1月1日至本年度发生的且已计入损益的按税收规定已在税前扣除的扶贫公益性捐赠支出合计金额。

10. 资产折旧、摊销及纳税调整明细表

资产折旧、摊销及纳税调整明细表(A105080)的结构，如表4-20所示。

表4-20　资产折旧、摊销及纳税调整明细表

行次	项目	账载金额		税收金额					纳税调整金额
		资产原值	本年折旧、摊销额	累计折旧、摊销额	资产计税基础	税收折旧、摊销额	享受加速折旧政策的资产按税收一般规定计算的折旧、摊销额	加速折旧、摊销统计额	累计折旧、摊销额	
		1	2	3	4	5	6	7=5-6	8	9(2-5)
1	一、固定资产(2+3+4+5+6+7)								*	
2	所有固定资产 (一) 房屋、建筑物								*	
3	(二) 飞机、火车、轮船、机器、机械和其他生产设备								*	
4	(三) 与生产经营活动有关的器具、工具、家具等								*	
5	(四) 飞机、火车、轮船以外的运输工具								*	
6	(五) 电子设备								*	
7	(六) 其他								*	

(续表)

行次	项目		账载金额			税收金额					纳税调整金额
			资产原值	本年折旧、摊销额	累计折旧、摊销额	资产计税基础	税收折旧、摊销额	享受加速折旧政策的资产按税收一般规定计算的折旧、摊销额	加速折旧、摊销统计额	累计折旧、摊销额	
			1	2	3	4	5	6	7=5-6	8	9(2-5)
8	其中：享受固定资产加速折旧及一次性扣除政策的资产加速折旧额大于一般折旧额的部分	(一) 重要行业固定资产加速折旧(不含一次性扣除)									*
9		(二) 其他行业研发设备加速折旧									*
10		(三) 特定地区企业固定资产加速折旧									*
10.1		1. 海南自由贸易港企业固定资产加速折旧									*
10.2		2. 横琴粤澳深度合作区企业固定资产加速折旧									*
11		(四) 500万元以下设备器具一次性扣除(11.1+11.2)									*
11.1		1. 高新技术企业2022年第四季度(10月—12月)购置单价500万元以下设备器具一次性扣除									*
11.2		2. 购置单价500万元以下设备器具一次性扣除(不包含高新技术企业2022年第四季度购置)									*
12		(五) 500万元以上设备器具一次性扣除(12.1+12.2+12.3+12.4)									*
12.1		中小微企业购置单价500万元以上设备器具	1. 最低折旧年限为3年的设备器具一次性扣除								*
12.2			2. 最低折旧年限为4或5年的设备器具50%部分一次性扣除								*
12.3			3. 最低折旧年限为10年的设备器具50%部分一次性扣除								*

(续表)

行次	项目		账载金额			税收金额					纳税调整金额
			资产原值	本年折旧、摊销额	累计折旧、摊销额	资产计税基础	税收折旧、摊销额	享受加速折旧政策的资产按税收一般规定计算的折旧、摊销额	加速折旧、摊销统计额	累计折旧、摊销额	
			1	2	3	4	5	6	7=5-6	8	9(2-5)
30	其中:享受无形资产加速摊销及一次性摊销政策的资产加速摊销额大于一般摊销额的部分	(一) 企业外购软件加速摊销									*
31		(二) 特定地区企业无形资产加速摊销(31.1+31.2)									*
31.1		1. 海南自由贸易港企业无形资产加速摊销									*
31.2		2. 横琴粤澳深度合作区企业无形资产加速摊销									*
32		(三) 特定地区企业无形资产一次性摊销(32.1+32.2)									*
32.1		1. 海南自由贸易港企业无形资产一次性摊销									*
32.2		2. 横琴粤澳深度合作区企业无形资产加速摊销									*
33	四、长期待摊费用(34+35+36+37+38)							*	*		
34	(一) 已足额提取折旧的固定资产的改建支出							*	*		
35	(二) 租入固定资产的改建支出							*	*		
36	(三) 固定资产的大修理支出							*	*		
37	(四) 开办费							*	*		
38	(五) 其他							*	*		
39	五、油气勘探投资							*	*		
40	六、油气开发投资							*	*		
41	合计(1+18+21+33+39+40)										
附列资料	全民所有制改制资产评估增值政策资产							*	*		

资产折旧、摊销及纳税调整明细表具体填表说明如下。

1) 列次填报

第1列"资产原值":填报纳税人会计处理计提折旧、摊销的资产原值(或历史成本)的金额。

第2列"本年折旧、摊销额":填报纳税人会计核算的本年资产折旧、摊销额。

第3列"累计折旧、摊销额"：填报纳税人会计核算的累计(含本年)资产折旧、摊销额。

第4列"资产计税基础"：填报纳税人按照税收规定据以计算折旧、摊销的资产原值(或历史成本)的金额。

第5列"税收折旧额"：填报纳税人按照税收规定计算的允许税前扣除的本年资产折旧、摊销额。对于不征税收入形成的资产，其折旧、摊销额不得税前扣除。第4列～第8列税收金额不包含不征税收入所形成资产的折旧、摊销额。对于第8行～第17行、第29行对应的"税收折旧额"，填报享受各种加速折旧政策的资产，当年享受加速折旧后的税法折旧额合计。本列仅填报加速后的税法折旧额大于一般折旧额月份的金额合计。即对于本年度某些月份，享受加速折旧政策的固定资产，其加速后的税法折旧额大于一般折旧额、某些月份税法折旧额小于一般折旧额的，仅填报税法折旧额大于一般折旧额月份的税法折旧额合计。

第6列"享受加速折旧政策的资产按税收一般规定计算的折旧、摊销额"：仅适用于第8行至第17行、第29行，填报纳税人享受加速折旧政策的资产按照税法一般规定计算的允许税前扣除的本年资产折旧、摊销额。按照税法一般规定计算的折旧额，是指该资产在不享受加速折旧情况下，按照税收规定的最低折旧年限以直线法计算的折旧额。本列仅填报加速后的税法折旧额大于按照税法一般规定计算折旧额对应月份的金额。

第7列"加速折旧统计额"：用于统计纳税人享受各类固定资产加速折旧政策的优惠金额。

第8列"累计折旧、摊销额"：填报纳税人按照税收规定计算的累计(含本年)资产折旧、摊销额。

第9列"纳税调整金额"：填报第2至5列的余额。

2) 行次填报

第2行～第7行、第19行～第20行、第22行～第29行、第34行～第40行：填报各类资产有关情况。

第8行～第17行、第30行～第32行：填报纳税人享受相关加速折旧、摊销优惠政策的资产有关情况及优惠统计情况。

第8行"重要行业固定资产加速折旧"：适用于符合财税〔2014〕75号、财税〔2015〕106号和财政部、税务总局公告2019年第66号文件规定的制造业，信息传输、软件和信息技术服务业行业(以下称"重要行业")的企业填报，填报新购进固定资产享受加速折旧政策的有关情况及优惠统计情况。重要行业纳税人按照上述文件规定享受固定资产一次性扣除政策的资产情况在第11行"500万元以下设备器具一次性扣除"中填报。

第9行"其他行业研发设备加速折旧"：适用于重要行业以外的其他企业填报，填报单位价值超过100万元以上专用研发设备采取缩短折旧年限或加速折旧方法的有关情况及优惠统计情况。

第10行"(三)特定地区企业固定资产加速折旧"：适用于海南自由贸易港等特定地区设立的企业填报享受固定资产加速折旧政策有关情况。本行填报第10.1行+第10.2行金额。

第10.1行"1.海南自由贸易港企业固定资产加速折旧"：海南自由贸易港企业填报新购置(含自建)单位价值500万元以上的固定资产，按照税收规定采取缩短折旧年限或加速折旧方法的有关情况及优惠统计情况。

第10.2行"2.横琴粤澳深度合作区企业固定资产加速折旧"：横琴粤澳深度合作区企业填报新购置(含自建)单位价值500万元以上的固定资产，按照税收规定采取缩短折旧年限或加速折旧方法的固定资产有关情况及优惠统计情况。

第11行"(四)500万元以下设备器具一次性扣除"：填报新购置单位价值不超过500万元的设备器具等，按照税收规定一次性扣除的有关情况及优惠统计情况。本行填报第11.1行+第11.2行金额。

第11.1行"高新技术企业2022年第四季度(10月—12月)购置单500万元以下设备器具一次性扣除"：高新技术企业填报2022年第四季度(10月—12月)新购置单位价值不超过500万元的设备器具等，按照税收规定一次性扣除的有关情况及优惠统计情况。

第11.2行"购置单价500万元以下设备器具一次性扣除(不包含高新技术企业2022年第四季度购置)"：除高新技术企业以外的其他企业填报新购置单位价值不超过500万元的设备器具或者高新技术企业填报除2022年第四季度(10月—12月)以外新购置单位价值不超过500万元的设备器具，按照税收规定一次性扣除的有关情况及优惠统计情况。高新技术企业2022年第四季度(10月—12月)新购置单位价值不超过500万元的设备器具等一次性扣除情况，在第11.1行"高新技术企业2022年第四季度(10月—12月)购置单价500万元以下设备器具一次性扣除"填报。

第12行"(五)500万元以上设备器具一次性扣除"：填报新购置单位价值超过500万元的设备器具等，按照税收规定部分或全部一次性扣除的有关情况及优惠统计情况。第12.1行、第12.2行、第12.3行适用中小微企业填报2022年1月1日至2022年12月31日期间新购置的设备器具所得税税前扣除政策有关情况，第12.4行适用高新技术企业填报2022年第四季度购置设备器具所得税税前扣除政策有关情况。本行填报第12.1行+第12.2行+第12.3行+第12.4行金额。

第12.1行"1.中小微企业购置单价500万元以上设备器具—最低折旧年限为3年的设备器具一次性扣除"，填报中小微企业新购置单位价值500万元以上的设备器具(折旧年限为3年)，按照税收规定一次性扣除的有关情况及优惠统计情况。

第12.2行"2.中小微企业购置单价500万元以上设备器具—最低折旧年限为4或5年的设备器具50%部分一次性扣除"，填报中小微企业新购置单位价值500万元以上的设备器具(折旧年限为4或5年)50%的部分，按照税收规定一次性扣除的有关情况及优惠统计情况。

第12.3行"3.中小微企业购置单价500万元以上设备器具—最低折旧年限为10年的设备器具50%部分一次性扣除"，填报中小微企业新购置单位价值500万元以上的设备器具(折旧年限为10年)50%的部分，按照税收规定一次性扣除的有关情况及优惠统计情况。

第12.4行"4.高新技术企业2022年第四季度(10月—12月)购置单价500万元以上设备器具一次性扣除"：填报高新技术企业2022年第四季度(10月—12月)新购置单位价值500万元以上设备器具，按照税收规定一次性扣除的有关情况及优惠统计情况。

第13行"(六)特定地区企业固定资产一次性扣除"：适用于海南自由贸易港等特定地区设立的企业填报享受固定资产一次性扣除政策有关情况。本行填报第13.1行+第13.2行金额。

第13.1行"1.海南自由贸易港企业固定资产一次性扣除"：海南自由贸易港企业填报新购置(含自建)单位价值不超过500万元的固定资产，按照税收规定一次性扣除的有关情况及优惠统计情况。

第13.2行"2.横琴粤澳深度合作区企业固定资产一次性扣除":横琴粤澳深度合作区企业填报新购置(含自建)单位价值不超过500万元的固定资产,按照税收规定一次性扣除的有关情况及优惠统计情况。

第14行"技术进步、更新换代固定资产加速折旧":填报固定资产因技术进步、产品更新换代较快而按税收规定享受固定资产加速折旧政策的有关情况及优惠统计情况。

第15行"常年强震动、高腐蚀固定资产加速折旧":填报常年处于强震动、高腐蚀状态的固定资产按税收规定享受固定资产加速折旧政策的有关情况及优惠统计情况。

第16行"外购软件加速折旧":填报企业外购软件作为固定资产处理,按财税〔2012〕27号文件规定享受加速折旧政策的有关情况及优惠统计情况。

第17行"集成电路企业生产设备加速折旧":填报集成电路生产企业的生产设备,按照财税〔2012〕27号文件规定享受加速折旧政策的有关情况及优惠统计情况。

第30行"企业外购软件加速摊销":填报企业外购软件作无形资产处理,按财税〔2012〕27号文件规定享受加速摊销政策的有关情况及优惠统计情况。

第31行"(二)特定地区企业无形资产加速摊销":适用于海南自由贸易港等特定地区设立的企业填报享受无形资产加速摊销政策有关情况。本行填报第31.1+31.2行金额。

第31.1行"海南自由贸易港企业无形资产加速摊销":海南自由贸易港企业填报新购置(含自行开发)单位价值超过500万元的无形资产,按照税收规定采取缩短摊销年限或加速摊销方法的有关情况及优惠统计情况。

第31.2行"横琴粤澳深度合作区企业无形资产加速摊销":横琴粤澳深度合作区企业填报新购置(含自行开发)单位价值超过500万元的无形资产,按照税收规定采取缩短摊销年限或加速摊销方法的有关情况及优惠统计情况。

第32行"(三)特定地区企业无形资产一次性摊销":适用于海南自由贸易港等特定地区设立的企业填报享受无形资产一次性摊销政策有关情况。本行填报第32.1行+第32.2行金额。

第32.1行"海南自由贸易港企业无形资产一次性摊销":海南自由贸易港企业填报新购置(含自行开发)单位价值不超过500万元的无形资产,按照税收规定一次性摊销的有关情况及优惠统计情况。

第32.2行"横琴粤澳深度合作区企业无形资产一次性摊销":横琴粤澳深度合作区企业填报新购置(含自行开发)单位价值不超过500万元的无形资产,按照税收规定一次性摊销的有关情况及优惠统计情况。

3) 附列资料

"全民所有制企业公司制改制资产评估增值政策资产":填报企业按照国家税务总局公告2017年第34号规定,执行"改制中资产评估增值不计入应纳税所得额,资产的计税基础按其原有计税基础确定,资产增值部分的折旧或者摊销不得在税前扣除"政策的有关情况。本行不参与计算,仅用于统计享受全民所有制企业公司制改制资产评估增值政策资产的有关情况,相关资产折旧、摊销情况及调整情况在第1行~第40行填报。

11. 企业所得税弥补亏损明细表

企业所得税弥补亏损明细表(A106000)的结构,如表4-21所示。

表4-21 企业所得税弥补亏损明细表

行次	项目	年度	当年境内所得	分立转出的亏损额	合并、分立转入的亏损额			弥补亏损企业类型	当年亏损额	当年待弥补的亏损额	用本年度所得额弥补的以前年度亏损额		当年可结转以后年度弥补的亏损额
					可弥补年限5年	可弥补年限8年	可弥补年限10年				使用境内所得弥补	使用境外所得弥补	
		1	2	3	4	5	6	7	8	9	10	11	12
1	前十年度												*
2	前九年度												
3	前八年度												
4	前七年度												
5	前六年度												
6	前五年度												
7	前四年度												
8	前三年度												
9	前二年度												
10	前一年度												
11	本年度												
12	可结转以后年度弥补的亏损额合计												

纳税人弥补以前年度亏损时,应按照"先到期亏损先弥补、同时到期亏损先发生的先弥补"的原则处理。企业所得税弥补亏损明细表具体填表说明如下。

第1列"年度":填报公历年度。纳税人应首先填报第11行"本年度"对应的公历年度,再依次从第10行往第1行倒推填报以前年度。纳税人发生政策性搬迁事项,如停止生产经营活动年度可以从法定亏损结转弥补年限中减除,则按可弥补亏损年度进行填报。

第2列"当年境内所得额":第11行填报表A100000第19~20行金额。第1行~第10行填报以前年度主表第23行(2013年及以前纳税年度)、以前年度表A106000第6行第2列(2014~2017纳税年度)、以前年度表A106000第11行第2列的金额(亏损以负数表示)。发生查补以前年度应纳税所得额、追补以前年度未能税前扣除的实际资产损失等情况的,按照相应调整后的金额填报。

第3列"分立转出的亏损额":填报本年度企业分立按照企业重组特殊性税务处理规定转出的符合条件的亏损额。分立转出的亏损额按亏损所属年度填报,转出亏损的亏损额以正数表示。

第4列"合并、分立转入的亏损额—可弥补年限5年":填报企业符合企业重组特殊性税务处理规定,因合并或分立本年度转入的不超过5年亏损弥补年限规定的亏损额。合并、分立转入的亏损额按亏损所属年度填报,转入的亏损额以负数表示。

第5列"合并、分立转入的亏损额—可弥补年限8年":填报企业符合企业重组特殊性税务处理规定,因合并或分立本年度转入的不超过8年亏损弥补年限规定的亏损额。合并、分立转入的亏损额按亏损所属年度填报,转入的亏损额以负数表示。

第6列"合并、分立转入的亏损额—可弥补年限10年":填报企业符合企业重组特殊性税务处理规定,因合并或分立本年度转入的不超过10年亏损弥补年限规定的亏损额。合并、分立转入的亏损额按亏损所属年度填报,转入的亏损额以负数表示。

第7列"弥补亏损企业类型":纳税人根据不同年度情况从《弥补亏损企业类型代码表》中选择相应的代码填入本项。不同类型纳税人的亏损结转年限不同,纳税人选择"一般企业"是指亏损结转年限为5年的纳税人;"符合条件的高新技术企业""符合条件的科技型中小企业"是指符合《财政部税务总局关于延长高新技术企业和科技型中小企业亏损结转年限的通知》(财税〔2018〕76号)、《国家税务总局关于延长高新技术企业和科技型中小企业亏损结转弥补年限有关企业所得税处理问题的公告》(2018年第45号)等文件规定,亏损结转年限为10年的纳税人;"线宽小于130纳米(含)的集成电路生产企业"是指符合《财政部税务总局发展改革委工业和信息化部关于促进集成电路和软件产业高质量发展企业所得税政策的公告》(2020年第45号)等文件规定,亏损结转年限1年的纳税人;"受疫情影响困难行业企业"是指符合《财政部税务总局关于支持新型冠状病毒感染的肺炎疫情防控有关税收政策的公告》(2020年第8号)等文件规定的受疫情影响较大的困难行业企业2020年度发生的亏损,最长结转年限由5年延长至8年的纳税人;"电影行业企业"是指《财政部税务总局关于电影等行业税费支持政策的公告》(2020年第25号)规定的电影行业企业2020年度发生的亏损,最长结转年限由5年延长至8年的纳税人。

第8列"当年亏损额":填报纳税人各年度可弥补亏损额的合计金额。

第9列"当年待弥补的亏损额":填报在用本年度(申报所属期年度)所得额弥补亏损前,当年度尚未被弥补的亏损额。

第10列"用本年度所得额弥补的以前年度亏损额—使用境内所得弥补":第1行~第10行,当第11行第2列本年度(申报所属期年度)的"当年境内所得额">0时,填报各年度被本年度(申报所属期年度)境内所得依次弥补的亏损额,弥补的顺序是按照亏损到期的年限优先弥补到期时间近的亏损额,亏损到期年限相同则先弥补更早发生的亏损额,弥补的亏损额以正数表示。本列第11行,填报本列第1行至第10行的合计金额,表A100000第21行填报本项金额。

第11列"用本年度所得额弥补的以前年度亏损额—使用境外所得弥补":第1行~第10行,当纳税人选择用境外所得弥补境内以前年度亏损的,填报各年度被本年度(申报所属期年度)境外所得依次弥补的亏损额,弥补的顺序是按照亏损到期的年限优先弥补到期时间近的亏损额,亏损到期年限相同则先弥补更早发生的亏损额,弥补的亏损额以正数表示。本列第11行,填报本列第1行~第10行的合计金额。

第12列"当年可结转以后年度弥补的亏损额":第1行~第11行,填报各年度尚未弥补完的且准予结转以后年度弥补的亏损额,结转以后年度弥补的亏损额以正数表示。本列第12行,填报本列第1行~第11行的合计金额。

12. 免税、减计收入及加计扣除优惠明细表

免税、减计收入及加计扣除优惠明细表(A107010)的结构,如表4-22所示。

表4-22 免税、减计收入及加计扣除优惠明细表

行次	项目	金额
1	一、免税收入(2+3+9+…+16)	
2	(一)国债利息收入免征企业所得税	
3	(二)符合条件的居民企业之间的股息、红利等权益性投资收益免征企业所得税(4+5+6+7+8)	
4	1.一般股息红利等权益性投资收益免征企业所得税(填写A107011)	
5	2.内地居民企业通过沪港通投资且连续持有H股满12个月取得的股息红利所得免征企业所得税(填写A107011)	
6	3.内地居民企业通过深港通投资且连续持有H股满12个月取得的股息红利所得免征企业所得税(填写A107011)	
7	4.居民企业持有创新企业CDR取得的股息红利所得免征企业所得税(填写A107011)	
8	5.符合条件的永续债利息收入免征企业所得税(填写A107011)	
9	(三)符合条件的非营利组织的收入免征企业所得税	
10	(四)中国清洁发展机制基金取得的收入免征企业所得税	
11	(五)投资者从证券投资基金分配中取得的收入免征企业所得税	
12	(六)取得的地方政府债券利息收入免征企业所得税	
13	(七)中国保险保障基金有限责任公司取得的保险保障基金等收入免征企业所得税	
14	(八)中国奥委会取得北京冬奥组委支付的收入免征企业所得税	
15	(九)中国残奥委会取得北京冬奥组委分期支付的收入免征企业所得税	
16	(十)其他(16.1+16.2)	
16.1	1.取得的基础研究资金收入免征企业所得税	
16.2	2.其他	
17	二、减计收入(18+19+23+24)	
18	(一)综合利用资源生产产品取得的收入在计算应纳税所得额时减计收入	
19	(二)金融、保险等机构取得的涉农利息、保费减计收入(20+21+22)	
20	1.金融机构取得的涉农贷款利息收入在计算应纳税所得额时减计收入	
21	2.保险机构取得的涉农保费收入在计算应纳税所得额时减计收入	
22	3.小额贷款公司取得的农户小额贷款利息收入在计算应纳税所得额时减计收入	
23	(三)取得铁路债券利息收入减半征收企业所得税	
24	(四)其他(24.1+24.2)	
24.1	1.取得的社区家庭服务收入在计算应纳税所得额时减计收入	
24.2	2.其他	
25	三、加计扣除(26+27+28+29+30)	
26	(一)开发新技术、新产品、新工艺发生的研究开发费用加计扣除(填写A107012)	
27	(二)科技型中小企业开发新技术、新产品、新工艺发生的研究开发费用加计扣除(填写A107012)	
28	(三)企业为获得创新性、创意性、突破性的产品进行创意设计活动而发生的相关费用加计扣除(加计扣除比例及计算方法:)	
28.1	其中:第四季度相关费用加计扣除	

(续表)

行次	项目	金额
28.2	前三季度相关费用加计扣除	
29	(四) 安置残疾人员所支付的工资加计扣除	
30	(五) 其他(30.1+30.2+30.3)	
30.1	1. 企业投入基础研究支出加计扣除	
30.2	2. 高新技术企业设备器具加计扣除	
30.3	3. 其他	
31	合计(1+17+25)	

免税、减计收入及加计扣除优惠明细表具体填表说明如下。

第1行"免税收入": 填报第2行+第3行+第6行+第7行+…+第16行的合计金额。

第2行"国债利息收入免征企业所得税": 填报纳税人根据《国家税务总局关于企业国债投资业务企业所得税处理问题的公告》(国家税务总局公告2011年第36号)等相关税收政策规定的, 持有国务院财政部门发行的国债取得的利息收入。

第3行"符合条件的居民企业之间的股息、红利等权益性投资收益免征企业所得税": 填报《符合条件的居民企业之间的股息、红利等权益性投资收益明细表》(A107011)第8行第17列的金额。

第4行"1. 一般股息红利等权益性投资收益免征企业所得税": 填报《中华人民共和国企业所得税法实施条例》第八十三条规定的投资收益, 不含持有H股、创新企业CDR、永续债取得的投资收益, 按表A107011第9行第17列金额填报。

第5行"2. 内地居民企业通过沪港通投资且连续持有H股满12个月取得的股息红利所得免征企业所得税": 填报根据《财政部国家税务总局证监会关于沪港股票市场交易互联互通机制试点有关税收政策的通知》(财税〔2014〕81号)等相关税收政策规定, 内地居民企业连续持有H股满12个月取得的股息红利所得, 按表A107011第10行第17列金额填报。

第6行"3. 内地居民企业通过深港通投资且连续持有H股满12个月取得的股息红利所得免征企业所得税": 填报根据《财政部国家税务总局证监会关于深港股票市场交易互联互通机制试点有关税收政策的通知》(财税〔2016〕127号)等相关税收政策规定, 内地居民企业连续持有H股满12个月取得的股息红利所得, 按表A107011第11行第17列金额填报。

第7行"居民企业持有创新企业CDR取得的股息红利所得免征企业所得税": 填报根据《财政部税务总局证监会关于创新企业境内发行存托凭证试点阶段有关税收政策的公告》(2019年第52号)等相关税收政策规定, 居民企业持有创新企业CDR取得的股息红利所得, 按表A107011第12行第17列金额填报。

第8行"符合条件的永续债利息收入免征企业所得税": 填报根据《财政部税务总局关于永续债企业所得税政策问题的公告》(2019年第64号)等相关税收政策规定, 居民企业取得的可以适用企业所得税法规定的居民企业之间的股息、红利等权益性投资收益免征企业所得税规定的永续债利息收入, 按表A107011第13行第17列金额填报。

第9行"(三)符合条件的非营利组织的收入免征企业所得税": 填报根据税法、《财政部国家税务总局关于非营利组织企业所得税免税收入问题的通知》(财税〔2009〕122号)、《财政部税务总局关于非营利组织免税资格认定管理有关问题的通知》(财税〔2018〕13

号)等相关税收政策规定，认定的符合条件的非营利组织，取得的捐赠收入等免税收入，但不包括从事营利性活动所取得的收入。当表A000000"207非营利组织"选择"是"时，本行可以填报，否则不得填报。

第10行"(四)中国清洁发展机制基金取得的收入免征企业所得税"：填报根据《财政部国家税务总局关于中国清洁发展机制基金及清洁发展机制项目实施企业有关企业所得税政策问题的通知》(财税〔2009〕30号)等相关税收政策规定，中国清洁发展机制基金取得的CDM项目温室气体减排量转让收入上缴国家的部分，国际金融组织赠款收入，基金资金的存款利息收入，购买国债的利息收入，国内外机构、组织和个人的捐赠收入。

第11行"(五)投资者从证券投资基金分配中取得的收入免征企业所得税"：填报根据《财政部国家税务总局关于企业所得税若干优惠政策的通知》(财税〔2008〕1号)第二条第(二)项等相关税收政策规定，投资者从证券投资基金分配中取得的收入。

第12行"(六)取得的地方政府债券利息收入免征企业所得税"：填报纳税人根据《财政部国家税务总局关于地方政府债券利息所得免征所得税问题的通知》(财税〔2011〕76号)、《财政部国家税务总局关于地方政府债券利息免征所得税问题的通知》(财税〔2013〕5号)等相关税收政策规定，取得的2009年、2010年和2011年发行的地方政府债券利息所得，2012年及以后年度发行的地方政府债券利息收入。

第13行"(七)中国保险保障基金有限责任公司取得的保险保障基金等收入免征企业所得税"：填报中国保险保障基金有限责任公司根据《财政部税务总局关于保险保障基金有关税收政策问题的通知》(财税〔2018〕41号)等相关税收政策规定，按《保险保障基金管理办法》规定取得的境内保险公司依法缴纳的保险保障基金；依法从撤销或破产保险公司清算财产中获得的受偿收入和向有关责任方追偿所得，以及依法从保险公司风险处置中获得的财产转让所得；捐赠所得；银行存款利息收入；购买政府债券、中央银行、中央企业和中央级金融机构发行债券的利息收入；国务院批准的其他资金运用取得的收入。

第14行"(八)中国奥委会取得北京冬奥组委支付的收入免征企业所得税"：填报根据《财政部税务总局海关总署关于北京2022年冬奥会和冬残奥会税收政策的通知》(财税〔2017〕60号)等相关税收政策规定，中国奥委会按中国奥委会、主办城市签订的《联合市场开发计划协议》和中国奥委会、主办城市、国际奥委会签订的《主办城市合同》取得的由北京冬奥组委分期支付的收入、按比例支付的盈余分成收入。

第15行"(九)中国残奥委会取得北京冬奥组委分期支付的收入免征企业所得税"：填报根据财税〔2017〕60号等相关税收政策规定，中国残奥委会按照《联合市场开发计划协议》取得的由北京冬奥组委分期支付的收入。

第16行"(十)其他"：根据相关行次计算结果填报。本行=第16.1行+第16.2行。各行按照以下要求填报。

第16.1行"1.取得的基础研究资金收入免征企业所得税"：非营利性研究开发机构、高等学校填报根据《财政部税务总局关于企业投入基础研究有关税收优惠政策的公告》(2022年第32号)等相关税收政策规定取得的基础研究资金收入。

第16.2行"2.其他"：填报纳税人享受的本表未列明的其他免税收入税收优惠事项名称、减免税代码及免税收入金额。

第17行"二、减计收入":填报第18行+第19行+第23行+第24行金额。

第18行"(一)综合利用资源生产产品取得的收入在计算应纳税所得额时减计收入":填报纳税人综合利用资源生产产品取得的收入总额乘以10%的金额。

第19行"(二)金融、保险等机构取得的涉农利息、保费减计收入":填报金融、保险等机构取得的涉农利息、保费收入减计收入的金额,按第20行+第21行+第22行金额填报。

第20行"1. 金融机构取得的涉农贷款利息收入在计算应纳税所得额时减计收入":填报金融机构取得的农户小额贷款利息收入总额乘以10%的金额。

第21行"2. 保险机构取得的涉农保费收入在计算应纳税所得额时减计收入":填报保险公司为种植业、养殖业提供保险业务取得的保费收入总额乘以10%的金额。其中保费收入总额=原保费收入+分保费收入-分出保费。

第22行"3. 小额贷款公司取得的农户小额贷款利息收入在计算应纳税所得额时减计收入":填报经省级金融管理部门(金融办、局等)批准成立的小额贷款公司取得的农户小额贷款利息收入乘以10%的金额。

第23行"(三)取得铁路债券利息收入减半征收企业所得税":填报纳税人根据《财政部国家税务总局关于铁路建设债券利息收入企业所得税政策的通知》(财税〔2011〕99号)、《财政部国家税务总局关于2014—2015年铁路建设债券利息收入企业所得税政策的通知》(财税〔2014〕2号)及《财政部国家税务总局关于铁路债券利息收入所得税政策问题的通知》(财税〔2016〕30号)、《财政部税务总局关于铁路债券利息收入所得税政策的公告》(2019年第57号)等相关税收政策规定,持有中国铁路建设铁路债券等企业债券取得的利息收入乘以50%的金额。

第24行"(四)其他":根据相关行次计算结果填报。本行=第24.1行+第24.2行。第24.1行和第24.2行按照以下要求填报:

第24.1行"1. 取得的社区家庭服务收入在计算应纳税所得额时减计收入":填报纳税人根据《财政部税务总局发展改革委民政部商务部卫生健康委关于养老、托育、家政等社区家庭服务业税费优惠政策的公告》(2019年第76号)等相关税收政策规定,社区养老、托育、家政相关服务的收入乘以10%的金额。

第24.2行"2. 其他":填报纳税人享受的本表未列明的其他减计收入的税收优惠事项名称、减免税代码及减计收入金额。

第25行"三、加计扣除":填报第26行+第27行+第28行+第29行+第30行的合计金额。

第26行"(一)开发新技术、新产品、新工艺发生的研究开发费用加计扣除":当表A000000"210-3"项目未填有入库编号时,填报表A107012第51行金额。本行与第27行不可同时填报。

第27行"(二)科技型中小企业开发新技术、新产品、新工艺发生的研究开发费用加计扣除":当表A000000"210-3"项目填有入库编号时,填报表A107012第51行金额。本行与第26行不可同时填报。

第28行"(三)企业为获得创新性、创意性、突破性的产品进行创意设计活动而发生的相关费用加计扣除"：填报纳税人根据《财政部国家税务总局科技部关于完善研究开发费用税前加计扣除政策的通知》(财税〔2015〕119号)第二条第四款规定，为获得创新性、创意性、突破性的产品进行创意设计活动而发生的相关费用按照规定进行税前加计扣除的金额。纳税人填报本行时，根据有关政策规定填报加计扣除比例及计算方法。纳税人根据实际情况从《创意设计活动加计扣除比例及计算方法代码表》选择相应代码填入本项。"加计扣除比例及计算方法"选择"121"或"122"的，第28行填报第28.1行和第28.2行的合计金额。

第28.1行"其中：第四季度相关费用加计扣除"：当"创意设计活动加计扣除比例及分配方法"选择"121"或"122"时，填报根据选定的第四季度相关费用计算方法计算的第四季度进行税前加计扣除的金额。当"研发费用加计扣除比例及计算方法"选择"110"时，本行无须填报。

第28.2行"前三季度相关费用加计扣除"：当纳税人"创意设计活动加计扣除比例及分配方法"选择"121"或"122"时，填报根据选定的第四季度相关费用计算方法计算的前三季度进行税前加计扣除的金额。当"研发费用加计扣除比例及计算方法"选择"110"时，本行无须填报。

第29行"(四)安置残疾人员所支付的工资加计扣除"：填报纳税人根据《财政部国家税务总局关于安置残疾人员就业有关企业所得税优惠政策问题的通知》(财税〔2009〕70号)等相关税收政策规定安置残疾人员的，按照支付给残疾职工工资的100%加计扣除的金额。

第30行"(五)其他"：根据相关行次计算结果填报。本行=第30.1行+第30.2行+第30.3行。各行按照以下要求填报。

第30.1行"1. 企业投入基础研究支出加计扣除"：填报纳税人根据《财政部税务总局关于企业投入基础研究有关税收优惠政策的公告》(2022年第32号)等相关税收政策规定，出资给非营利性科学技术研究开发机构、高等学校和政府性自然科学基金用于基础研究的支出按照100%加计扣除的金额。

第30.2行"2. 高新技术企业设备器具加计扣除"：填报高新技术企业根据《财政部税务总局科技部关于加大支持科技创新税前扣除力度的公告》(2022年第28号)等相关税收政策规定，2022年10月1日至2022年12月31日期间新购置的设备器具加计扣除的金额。

第30.3行"3. 其他"：填报纳税人享受的本表未列明的其他加计扣除的税收优惠事项名称、减免税代码及加计扣除的金额。

第31行"合计"：填报第1行+第17行+第25行金额。

13. 符合条件的居民企业之间的股息、红利等权益性投资收益优惠明细表

符合条件的居民企业之间的股息、红利等权益性投资收益优惠明细表(A107011)结构，如表4-23所示。

表4-23 符合条件的居民企业之间的股息、红利等权益性投资收益优惠明细表

行次	被投资企业名称 (1)	统一社会信用代码(纳税人识别号) (2)	投资性质 (3)	投资成本 (4)	投资比例 (5)	被投资企业做出利润分配或转股决定时间 (6)	依决定归属于本公司的股息、红利等权益性投资收益金额 (7)	分得的被投资企业清算剩余资产 (8)	被清算企业累计未分配利润和累计盈余公积应享有部分 (9)	应确认的股息所得 10(8与9孰小)	从被投资企业撤回或减少投资取得的资产 (11)	减少投资比例 (12)	收回初始投资成本 13(4×12)	取得资产中超过收回初始投资成本部分 14(11-13)	撤回或减少投资应享有被投资企业累计未分配利润和累计盈余公积计盈余公积 (15)	应确认的股息所得 16(14与15孰小)	合计 17(7+10+16)
1																	
2																	
3																	
4																	
5																	
6																	
7																	
8 合计																	
9 其中：直接投资或投资非H股股票投资																	
10 股票投资——沪港通H股																	
11 股票投资——深港通H股																	
12 创新企业CDR																	
13 永续债																	

符合条件的居民企业之间的股息、红利等权益性投资收益优惠明细表具体填表说明如下。第1行～第7行根据投资企业名称和投资性质填报，可以根据情况增加。

第8行"合计"：填报第1行+第2行+…+第7行的第17列合计金额，若增行，根据增行后的情况合计。

第9行"直接投资或非H股票投资"：填报第1行+第2行+…+第7行中，"投资性质"列选择"(1)直接投资""(2)股票投资(不含H股)"的行次，第17列合计金额。

第10行"股票投资——沪港通H股"：填报第1行+第2行+…+第7行中，"投资性质"列选择"(3)股票投资(沪港通H股投资)"的行次，第17列合计金额。

第11行"股票投资——深港通H股"：填报第1行+第2行+…+第7行中，"投资性质"列选择"(4)股票投资(深港通H股投资)"的行次，第17列合计金额。

第12行"创新企业CDR"：填报第1行+第2行+…+第7行中，"投资性质"列选择"(5)创新企业CDR"的行次，第17列合计金额。

第13行"永续债"：填报第1行+第2行+…+第7行中，"投资性质"列选择"(6)永续债"的行次，第17列合计金额。

第1列"被投资企业"：填报被投资企业名称。

第2列"被投资企业统一社会信用代码(纳税人识别号)"：填报被投资企业工商等部门核发的纳税人统一社会信用代码。未取得统一社会信用代码的，填报税务机关核发的纳税人识别号。

第3列"投资性质"：按直接投资、股票投资(不含H股)、股票投资(沪港通H股投资)、股票投资(深港通H股投资)选项填报。

第4列"投资成本"：填报纳税人投资于被投资企业的计税成本。

第5列"投资比例"：填报纳税人投资于被投资企业的股权比例。若购买公开发行股票的，此列可不填报。

第6列"被投资企业做出利润分配或转股决定时间"：填报被投资企业做出利润分配或转股决定的时间。

第7列"依决定归属于本公司的股息、红利等权益性投资收益金额"：填报纳税人按照投资比例或者其他方法计算的，实际归属于本公司的股息、红利等权益性投资收益金额。若被投资企业将股权(票)溢价所形成的资本公积转为股本的，不作为投资方企业的股息、红利收入，投资方企业也不得增加该项长期投资的计税基础。

第8列"分得的被投资企业清算剩余资产"：填报纳税人分得的被投资企业清算后的剩余资产。

第9列"被清算企业累计未分配利润和累计盈余公积应享有部分"：填报被清算企业累计未分配利润和累计盈余公积中本企业应享有的金额。

第10列"应确认的股息所得"：填报第7列与第8列孰小值。

第11列"从被投资企业撤回或减少投资取得的资产"：填报纳税人从被投资企业撤回或减少投资时取得的资产。

第12列"减少投资比例"：填报纳税人撤回或减少的投资额占投资方在被投资企业持有总投资比例。

第13列"收回初始投资成本"：填报第4列×第11列的金额。

第14列"取得资产中超过收回初始投资成本部分"：填报第11列-第13列的余额。

第15列"撤回或减少投资应享有被投资企业累计未分配利润和累计盈余公积"：填报被投资企业累计未分配利润和累计盈余公积按减少实收资本比例计算的部分。

第16列"应确认的股息所得"：填报第13列与第14列孰小值。第17列"合计"：填报第7列+第10列+第16列的合计金额。

14. 减免所得税优惠明细表

减免所得税优惠明细表(A107040)结构，如表4-24所示。

表4-24　减免所得税优惠明细表

行次	项目	金额
1	一、符合条件的小型微利企业减免企业所得税	
2	二、国家需要重点扶持的高新技术企业减按15%的税率征收企业所得税(填写A107041)	
3	三、经济特区和上海浦东新区新设立的高新技术企业在区内取得的所得定期减免企业所得税(填写A107041)	
4	四、受灾地区农村信用社免征企业所得税	
5	五、动漫企业自主开发、生产动漫产品定期减免企业所得税	
6	六、线宽小于0.8微米(含)的集成电路生产企业减免企业所得税(填写A107042)	
7	七、线宽小于0.25微米的集成电路生产企业减按15%税率征收企业所得税(填写A107042)	
8	八、投资额超过80亿元的集成电路生产企业减按15%税率征收企业所得税(填写A107042)	
9	九、线宽小于0.25微米的集成电路生产企业减免企业所得税(填写A107042)	
10	十、投资额超过80亿元的集成电路生产企业减免企业所得税(填写A107042)	
11	十一、新办集成电路设计企业减免企业所得税(填写A107042)	
12	十二、国家规划布局内集成电路设计企业可减按10%的税率征收企业所得税(填写A107042)	
13	十三、符合条件的软件企业减免企业所得税(填写A107042)	
14	十四、国家规划布局内重点软件企业可减按10%的税率征收企业所得税(填写A107042)	
15	十五、符合条件的集成电路封装、测试企业定期减免企业所得税(填写A107042)	
16	十六、符合条件的集成电路关键专用材料生产企业、集成电路专用设备生产企业定期减免企业所得税(填写A107042)	
17	十七、经营性文化事业单位转制为企业的免征企业所得税	
18	十八、符合条件的生产和装配伤残人员专门用品企业免征企业所得税	
19	十九、技术先进型服务企业(服务外包类)减按15%的税率征收企业所得税	
20	二十、技术先进型服务企业(服务贸易类)减按15%的税率征收企业所得税	
21	二十一、设在西部地区的鼓励类产业企业减按15%的税率征收企业所得税(主营业务收入占比____%)	
22	二十二、新疆困难地区新办企业定期减免企业所得税	
23	二十三、新疆喀什、霍尔果斯特殊经济开发区新办企业定期免征企业所得税	
24	二十四、广东横琴、福建平潭、深圳前海、广东南沙等地区的鼓励类产业企业减按15%税率征收企业所得税(24.1+24.2+24.3+24.4)	
24.1	(一)横琴粤澳深度合作区的鼓励类产业企业减按15%税率征收企业所得税	
24.2	(二)平潭综合实验区的鼓励类产业企业减按15%税率征收企业所得税	

(续表)

行次	项目	金额
24.3	(三) 前海深港现代服务业合作区的鼓励类产业企业减按15%税率征收企业所得税	
24.4	(四) 南沙先行启动区的鼓励类产业企业减按15%税率征收企业所得税	
25	二十五、北京冬奥组委、北京冬奥会测试赛赛事组委会免征企业所得税	
26	二十六、线宽小于130纳米(含)的集成电路生产企业减免企业所得税(原政策,填写A107042)	
27	二十七、线宽小于65纳米(含)或投资额超过150亿元的集成电路生产企业减免企业所得税(原政策,填写A107042)	
28	二十八、其他(28.1+28.2+28.3+28.4+28.5+28.6)	
28.1	(一) 从事污染防治的第三方企业减按15%的税率征收企业所得税	
28.2	(二) 上海自贸试验区临港新片区的重点产业企业减按15%的税率征收企业所得税	
28.3	(三) 海南自由贸易港鼓励类企业减按15%税率征收企业所得税	
28.4	(四) 国家鼓励的集成电路和软件企业减免企业所得税政策(28.4.1+…+28.4.10)	
28.4.1	1. 线宽小于28纳米(含)集成电路生产企业减免企业所得税(填写A107042)	
28.4.2	2. 线宽小于65纳米(含)集成电路生产企业减免企业所得税(填写A107042)	
28.4.3	3. 线宽小于130纳米(含)集成电路生产企业减免企业所得税(填写A107042)	
28.4.4	4. 集成电路设计企业减免企业所得税(填写A107042)	
28.4.5	5. 重点集成电路设计企业减免企业所得税(填写A107042)	
28.4.6	6. 集成电路装备企业减免企业所得税(填写A107042)	
28.4.7	7. 集成电路材料企业减免企业所得税(填写A107042)	
28.4.8	8. 集成电路封装、测试企业减免企业所得税(填写A107042)	
28.4.9	9. 软件企业减免企业所得税(填写A107042)	
28.4.10	10. 重点软件企业减免企业所得税(填写A107042)	
28.5	(五) 其他1	
28.6	(六) 其他2	
29	二十九、减:项目所得额按法定税率减半征收企业所得税叠加享受减免税优惠	
30	三十、支持和促进重点群体创业就业企业限额减征企业所得税(30.1+30.2)	
30.1	(一) 企业招用建档立卡贫困人口就业扣减企业所得税	
30.2	(二) 企业招用登记失业半年以上人员就业扣减企业所得税	
31	三十一、扶持自主就业退役士兵创业就业企业限额减征企业所得税	
32	三十二、符合条件的公司型创投企业按照企业年末个人股东持股比例减免企业所得税(个人股东持股比例%)	
33	三十三、民族自治地方的自治机关对本民族自治地方的企业应缴纳的企业所得税中属于地方分享的部分减征或免征(□免征□减征:减征幅度%)	
34	合计(1+2+…+26+27-28+29+30+31+32+33)	

减免所得税优惠明细表具体填表说明如下。

第1行"符合条件的小型微利企业减免企业所得税":由享受小型微利企业所得税政策的纳税人填报。填报纳税人为从事国家非限制和禁止行业的企业,并符合工业企业的条件,年度应纳税所得额不超过50万元,从业人数不超过100人,资产总额不超过3000万元;

若为其他企业，年度应纳税所得额不超过50万元，从业人数不超过80人，资产总额不超过1000万元条件的，其所得减按50%计入应纳税所得额，按20%的税率缴纳企业所得税。本行填报《中华人民共和国企业所得税年度纳税申报表(A类)》(A100000)第23行应纳税所得额×15%的金额。

第2行"国家需要重点扶持的高新技术企业减按15%的税率征收企业所得税"：国家需要重点扶持的高新技术企业享受15%税率优惠金额填报本行。同时须填报《高新技术企业优惠情况及明细表》(A107041)。

第3行"经济特区和上海浦东新区新设立的高新技术企业在区内取得的所得定期减免企业所得税"：填报纳税人为经济特区和上海浦东新区内，在2008年1月1日(含)之后完成登记注册的国家需要重点扶持的高新技术企业。在经济特区和上海浦东新区内取得的所得，自取得第一笔生产经营收入所属纳税年度起，第一年至第二年免征企业所得税，第三年至第五年按照25%法定税率减半征收企业所得税。对于跨经济特区和上海浦东新区的高新技术企业，其区内所得优惠填写本行，区外所得优惠填写本表第2行。经济特区和上海浦东新区新设立的高新技术企业定期减免税期满后，只享受15%税率优惠的，填写本表第2行。同时须填报《高新技术企业优惠情况及明细表》(A107041)。

第4行"受灾地区农村信用社免征企业所得税"：填报受灾地区农村信用社按相关规定免征企业所得税的金额。本行不得填报。

第5行"动漫企业自主开发、生产动漫产品定期减免企业所得税"：经认定的动漫企业自主开发、生产动漫产品，享受软件企业所得税优惠政策。自获利年度起，第一年至第二年免征所得税，第三年至第五年按照25%的法定税率减半征收所得税。本行填报根据表A100000第23行计算的免征、减征企业所得税金额。

第6行"线宽小于0.8微米(含)的集成电路生产企业减免企业所得税"：集成电路线宽小于0.8微米(含)的集成电路生产企业，在2017年12月31日前自获利年度起计算优惠期，第一年至第二年免征企业所得税，第三年至第五年按照25%的法定税率减半征收企业所得税，并享受至期满为止。当表A107042"减免方式"选择第1行时，本行填报表A107042第32行的金额，否则不允许填报。

第7行"线宽小于0.25微米的集成电路生产企业减按15%税率征收企业所得税"：线宽小于0.25微米的集成电路生产企业，享受15%税率。当表A107042"减免方式"选择第2行的"15%税率"时，本行填报表A107042第32行的金额，否则不允许填报。

第8行"投资额超过80亿元的集成电路生产企业减按15%税率征收企业所得税"：投资额超过80亿元的集成电路生产企业，享受15%税率。当表A107042"减免方式"选择第3行的"15%税率"时，本行填报表A107042第32行的金额，否则不允许填报。

第9行"线宽小于0.25微米的集成电路生产企业减免企业所得税"：线宽小于0.25微米的集成电路生产企业，经营期在15年以上的，在2017年12月31日前自获利年度起计算优惠期，第一年至第五年免征企业所得税，第六年至第十年按照25%的法定税率减半征收企业所得税，并享受至期满为止。当表A107042"减免方式"选择第2行的"五免五减半"时，本行填报表A107042第32行的金额，否则不允许填报。

第10行"投资额超过80亿元的集成电路生产企业减免企业所得税"：投资额超过80亿元的集成电路生产企业，经营期在15年以上的，在2017年12月31日前自获利年度起计算优惠期，第一年至第五年免征企业所得税，第六年至第十年按照25%的法定税率减半征收企业所得税，并享受至期满为止。当表A107042"减免方式"选择第3行的"五免五减半"时，本行填报表A107042第32行的金额，否则不允许填报。

第11行"新办集成电路设计企业减免企业所得税"：我国境内新办的集成电路设计企业，在2017年12月31日前自获利年度起计算优惠期，第一年至第二年免征企业所得税，第三年至第五年按照25%的法定税率减半征收企业所得税，并享受至期满为止。当表A107042"减免方式"选择第4行时，本行填报表A107042第32行的金额，否则不允许填报。

第12行"国家规划布局内集成电路设计企业可减按10%的税率征收企业所得税"：国家规划布局内的重点集成电路设计企业，如当年未享受免税优惠的，可减按10%税率征收企业所得税。当表A107042"减免方式"选择第5行时，本行填报表A107042第32行的金额，否则不允许填报。

第13行"符合条件的软件企业减免企业所得税"：我国境内新办的符合条件的企业，在2017年12月31日前自获利年度起计算优惠期，第一年至第二年免征企业所得税，第三年至第五年按照25%的法定税率减半征收企业所得税，并享受至期满为止。当表A107042"减免方式"选择第6行时，本行填报表A107042第32行的金额，否则不允许填报。

第14行"国家规划布局内重点软件企业可减按10%的税率征收企业所得税"：国家规划布局内的重点软件企业，如当年未享受免税优惠的，可减按10%税率征收企业所得税。当表A107042"减免方式"选择第7行时，本行填报表A107042第32行的金额，否则不允许填报。

第15行"符合条件的集成电路封装、测试企业定期减免企业所得税"：符合条件的集成电路封装、测试企业，在2017年(含2017年)前实现获利的，自获利年度起第一年至第二年免征企业所得税，第三年至第五年按照25%的法定税率减半征收企业所得税，并享受至期满为止；2017年前未实现获利的，自2017年起计算优惠期，享受至期满为止。本行填报根据表A100000第23行应纳税所得额计算的免征、减征企业所得税金额。当表A107042"减免方式"选择第8行时，本行填报表A107042第32行的金额，否则不允许填报。

第16行"符合条件的集成电路关键专用材料生产企业、集成电路专用设备生产企业定期减免企业所得税"：符合条件的集成电路关键专用材料生产企业、集成电路专用设备生产企业，在2017年(含2017年)前实现获利的，自获利年度起第一年至第二年免征企业所得税，第三年至第五年按照25%的法定税率减半征收企业所得税，并享受至期满为止；2017年前未实现获利的，自2017年起计算优惠期，享受至期满为止。本行填报根据表A100000第23行应纳税所得额计算的免征、减征企业所得税金额。当表A107042"减免方式"选择第9行时，本行填报表A107042第32行的金额，否则不允许填报。

第17行"经营性文化事业单位转制为企业的免征企业所得税"：从事新闻出版、广播影视和文化艺术的经营性文化事业单位转制为企业的，自转制注册之日起免征企业所得税。本行填报根据表A100000第23行应纳税所得额计算的免征企业所得税金额。

第18行"符合条件的生产和装配伤残人员专门用品企业免征企业所得税":符合条件的生产和装配伤残人员专门用品的企业免征企业所得税。本行填报根据A100000表第23行应纳税所得额计算的免征企业所得税金额。

第19行"技术先进型服务企业(服务外包类)减按15%的税率征收企业所得税":对经认定的技术先进型服务企业,减按15%的税率征收企业所得税。表A000000"206技术先进型服务企业类型"填报"110信息技术外包服务(ITO)""120技术性业务流程外包服务(BPO)""130技术性知识流程外包服务(KPO)"的纳税人可以填报本项,本行填报根据表A100000第23行计算的减征企业所得税金额。

第20行"技术先进型服务企业(服务贸易类)减按15%的税率征收企业所得税":对经认定的技术先进型服务企业(服务贸易类),减按15%的税率征收企业所得税。表A000000"206技术先进型服务企业类型"填报"210计算机和信息服务""220研究开发和技术服务""230文化技术服务""240中医药医疗服务"的纳税人可以填报本项,本行填报根据表A100000第23行计算的减征企业所得税金额。

第21行"设在西部地区的鼓励类产业企业减按15%的税率征收企业所得税":对设在西部地区的鼓励类产业企业减按15%的税率征收企业所得税,对设在赣州市的鼓励类产业的内资和外商投资企业减按15%税率征收企业所得税。本行填报根据表A100000第23行计算的减征企业所得税金额。

跨地区经营汇总纳税企业总机构和分支机构因享受该项优惠政策适用不同税率的,本行填报按照《国家税务总局关于印发〈跨地区经营汇总纳税企业所得税征收管理办法〉的公告》(2012年第57号)第十八条规定计算的减免税额。纳税人填报该行次时,需填报符合《西部地区鼓励类产业目录》的主营业务收入占比,保留至小数点后四位,并按百分数填报。

第22行"新疆困难地区新办企业定期减免企业所得税":对在新疆困难地区新办的属于《新疆困难地区重点鼓励发展产业企业所得税优惠目录》范围内的企业,自取得第一笔生产经营收入所属纳税年度起,第一年至第二年免征企业所得税,第三年至第五年减半征收企业所得税。本行填报根据A100000表第23行应纳税所得额计算的免征、减征企业所得税金额。

第23行"新疆喀什、霍尔果斯特殊经济开发区新办企业定期免征企业所得税":对在新疆喀什、霍尔果斯两个特殊经济开发区内新办的属于《新疆困难地区重点鼓励发展产业企业所得税优惠目录》范围内的企业,自取得第一笔生产经营收入所属纳税年度起,五年内免征企业所得税。本行填报根据A100000表第23行应纳税所得额计算的免征企业所得税金额。

第24行"广东横琴、福建平潭、深圳前海、广东南沙等地区的鼓励类产业企业减按15%税率征收企业所得税":对设在广东横琴、福建平潭、深圳前海、广东南沙等地区的鼓励类产业企业减按15%率征收企业所得税。根据《财政部税务总局关于横琴粤澳深度合作区企业所得税优惠政策的通知》(财税〔2022〕19号)、《财政部税务总局关于广州南沙企业所得税优惠政策的通知》(财税〔2022〕40号)等规定,在第24行下增加明细行次,对区域性优惠政策进一步细分,供纳税人分别填报横琴粤澳深度合作区、平潭综合实验区、前海深港现代服务业合作区、南沙先行启动区相关优惠政策。根据相关行次计算结果填报。本行=第24.1行+第24.2行+第24.3行+第24.4行。各行分别按照以下要求进行填报。

第24.1行"横琴粤澳深度合作区的鼓励类产业企业减按15%税率征收企业所得税"：对设在横琴粤澳深度合作区符合条件的产业企业，减按15%的税率征收企业所得税。如果是一般企业，本行填报根据表A00000中第23行应纳税所得额×10%的优惠金额填报；如果是汇总纳税企业，对总机构设在合作区的企业，仅就其设在合作区内符合优惠条件的总机构和分支机构的所得适用15%税率。优惠金额按符合条件的总机构和分支机构的"应纳税所得额"×10%计算，由总机构填报；如果是汇总纳税企业，对总机构设在合作区以外的企业，仅就其设在合作区内符合优惠条件的分支机构所得适用15%税率。分支机构享受优惠的，由总机构在年度汇算清缴时，按分支机构"应纳税所得额"×10%的优惠金额填报。

第24.2行"平潭综合实验区的鼓励类产业企业减按15%税率征收企业所得税"：对设在平潭综合实验区符合条件的产业企业，减按15%的税率征收企业所得税。如果是一般企业，本行填报根据表A00000中第23行应纳税所得额×10%的优惠金额填报；如果是汇总纳税企业，对总机构设在合作区的企业，仅就其设在合作区内符合优惠条件的总机构和分支机构的所得适用15%税率。优惠金额按符合条件的总机构和分支机构的"应纳税所得额"×10%计算，由总机构填报；如果是汇总纳税企业，对总机构设在合作区以外的企业，仅就其设在合作区内符合优惠条件的分支机构所得适用15%税率。分支机构享受优惠的，由总机构在年度汇算清缴时，按分支机构"应纳税所得额"×10%的优惠金额填报。

第24.3行"前海深港现代服务业合作区的鼓励类产业企业减按15%税率征收企业所得税"：对设在前海深港现代服务业合作区符合条件的产业企业，减按15%的税率征收企业所得税。如果是一般企业，本行填报根据表A00000中第23行应纳税所得额×10%的优惠金额填报；如果是汇总纳税企业，对总机构设在合作区的企业，仅就其设在合作区内符合优惠条件的总机构和分支机构的所得适用15%税率。优惠金额按符合条件的总机构和分支机构的"应纳税所得额"×10%计算，由总机构填报；如果是汇总纳税企业，对总机构设在合作区以外的企业，仅就其设在合作区内符合优惠条件的分支机构所得适用15%税率。分支机构享受优惠的，由总机构在年度汇算清缴时，按分支机构"应纳税所得额"×10%的优惠金额填报。

第24.4行"南沙先行启动区的鼓励类产业企业减按15%税率征收企业所得税"：对设在南沙先行启动区符合条件的产业企业，减按15%的税率征收企业所得税。如果是一般企业，本行填报根据表A00000中第23行应纳税所得额×10%的优惠金额填报；如果是汇总纳税企业，对总机构设在合作区的企业，仅就其设在合作区内符合优惠条件的总机构和分支机构的所得适用15%税率。优惠金额按符合条件的总机构和分支机构的"应纳税所得额"×10%计算，由总机构填报；如果是汇总纳税企业，对总机构设在合作区以外的企业，仅就其设在合作区内符合优惠条件的分支机构所得适用15%税率。分支机构享受优惠的，由总机构在年度汇算清缴时，按分支机构"应纳税所得额"×10%的优惠金额填报。

第25行"北京冬奥组委、北京冬奥会测试赛赛事组委会免征企业所得税"：为支持发展奥林匹克运动，确保北京2022年冬奥会和冬残奥会顺利举办，对北京冬奥组委免征应缴纳的企业所得税，北京冬奥会测试赛赛事组委会取得的收入及发生的涉税支出比照执行北京冬奥组委的税收政策。本行填报北京冬奥组委、北京冬奥会测试赛赛事组委会根据表A100000第23行应纳税所得额计算的免征企业所得税金额。

第26行"线宽小于130纳米(含)的集成电路生产企业减免企业所得税"：集成电路线宽小于130纳米(含)，且经营期在10年以上的集成电路生产企业，自企业获利年度起，第一年至第二年免征企业所得税，第三年至第五年按照25%的法定税率减半征收企业所得税。符合上述政策条件且在2019年(含)之前已经进入优惠期的企业，2020年(含)起可按政策规定享受至期满为止。A000000表"208软件、集成电路企业类型"填报"140集成电路生产企业(线宽小于130纳米的企业)"，A107042表选择"延续适用原有优惠政策"的纳税人适用本项，本行填报表A107042第11行金额。

第27行"线宽小于65纳米(含)或投资额超过150亿元的集成电路生产企业减免企业所得税"：集成电路线宽小于65纳米(含)或投资额超过150亿元，且经营期在15年以上的集成电路生产企业，自企业获利年度起，第一年至第五年免征企业所得税，第六年至第十年按照25%的法定税率减半征收企业所得税。符合上述政策条件且在2019年(含)之前已经进入优惠期的企业，2020年(含)起可按政策规定享受至期满为止。表A000000"208软件、集成电路企业类型"填报"150集成电路生产企业(线宽小于65纳米或投资额超过150亿元的企业)"的、A107042表选择"延续适用原有优惠政策"的纳税人适用本项，本行填报表A107042第11行金额。

第28行"其他"：根据相关行次计算结果填报。本行＝第28.1行+第28.2行+第28.3行+第28.4行+第28.5行+第28.6行，各行按照以下要求填报。

第28.1行"从事污染防治的第三方企业减按15%的税率征收企业所得税"：对符合条件的从事污染防治的第三方企业减按15%的税率征收企业所得税。本行填报根据表A100000第23行计算的减征企业所得税金额。

第28.2行"上海自贸试验区临港新片区的重点企业减按15%的税率征收企业所得税"：对新片区内从事集成电路、人工智能、生物医药、民用航空等关键领域核心环节相关产品(技术)业务，并开展实质性生产或研发活动的符合条件的法人企业享受的减免优惠，本行填报根据表A100000第23行计算的减征企业所得税金额。

第28.3行"海南自由贸易港鼓励类企业减按15%税率征收企业所得税"：对设在海南自由贸易港地区，符合鼓励类产业企业条件，减按15%的税率征收企业所得税，本行填报根据表A100000第23行计算的减征企业所得税金额。

第28.4行"国家鼓励的集成电路和软件企业减免企业所得税政策"：国家鼓励的集成电路和软件企业可享受一系列企业所得税减免政策，本项为汇总项，纳税人应根据企业享受的具体政策情况在下列项目中选择一项填报。

第28.4.1行"线宽小于28纳米(含)集成电路生产企业减免企业所得税"：国家鼓励的集成电路线宽小于28纳米(含)的企业，自获利年度起，第一年至第十年免征企业所得税。表A000000"208软件、集成电路企业类型"填报"160集成电路生产企业(线宽小于28纳米的企业)"，且A107042表选择"适用新出台优惠政策"的纳税人填报本项，本行填报表A107042第11行金额。

第28.4.2行"线宽小于65纳米(含)集成电路生产企业减免企业所得税"：国家鼓励的集成电路线宽小于65纳米(含)的企业，自获利年度起，第一年至第五年免征企业所得税，第六年至第十年按照25%的法定税率减半征收企业所得税。表A000000"208软件、集成电路企业类型"填报"150集成电路生产企业(线宽小于65纳米或投资额超过150亿元的企业)",且A107042表选择"适用新出台优惠政策"的纳税人填报本项,本行填报表A107042第11行金额。

第28.4.3行"线宽小于130纳米(含)集成电路生产企业减免企业所得税":国家鼓励的集成电路线宽小于130纳米(含)的企业,自获利年度起,第一年至第二年免征企业所得税,第三年至第五年按照25%的法定税率减半征收企业所得税。表A000000"208软件、集成电路企业类型"填报"140集成电路生产企业(线宽小于130纳米的企业)",且A107042表选择"适用新出台优惠政策"的纳税人填报本项,本行填报表A107042第11行金额。

第28.4.4行"集成电路设计企业减免企业所得税":国家鼓励的集成电路设计企业,自获利年度起,第一年至第二年免征企业所得税,第三年至第五年按照25%的法定税率减半征收企业所得税。表A000000"208软件、集成电路企业类型"填报"210集成电路设计企业(新办符合条件的集成电路设计企业\国家鼓励的集成电路设计企业)",且A107042表选择"适用新出台优惠政策"的纳税人填报本项,本行填报表A107042第11行金额。

第28.4.5行"重点集成电路设计企业减免企业所得税":国家鼓励的重点集成电路设计企业,自获利年度起,享受五年免征企业所得税政策后,接续年度减按10%税率征收企业所得税。表A000000"208软件、集成电路企业类型"填报"220集成电路设计企业(符合规模条件的重点集成电路设计企业)""230集成电路设计企业(符合领域条件的重点集成电路设计企业)",且A107042表选择"适用新出台优惠政策"的纳税人填报本项,本行填报表A107042第11金额。

第28.4.6行"集成电路装备企业减免企业所得税":国家鼓励的集成电路装备企业,自获利年度起,第一年至第二年免征企业所得税,第三年至第五年按照25%的法定税率减半征收企业所得税。表A000000"208软件、集成电路企业类型"填报"600集成电路装备(含专用设备)企业",且A107042表选择"适用新出台优惠政策"的纳税人填报本项,本行填报表A107042第11行金额。

第28.4.7行"集成电路材料企业减免企业所得税":国家鼓励的集成电路材料企业,自获利年度起,第一年至第二年免征企业所得税,第三年至第五年按照25%的法定税率减半征收企业所得税。表A000000"208软件、集成电路企业类型"填报"500集成电路材料(含关键专用材料)企业",且A107042表选择"适用新出台优惠政策"的纳税人填报本项,本行填报表A107042第11行金额。

第28.4.8行"集成电路封装、测试企业减免企业所得税":国家鼓励的集成电路封装、测试企业,自获利年度起,第一年至第二年免征企业所得税,第三年至第五年按照25%的法定税率减半征收企业所得税。表A000000"208软件、集成电路企业类型"填报"400集成电路封装、测试(含封装测试)企业减免企业所得税",且A107042表选择"适用新出台优惠政策"的纳税人填报本项,本行填报表A107042第11行金额。

第28.4.9行"软件企业减免企业所得税":国家鼓励的软件企业,自获利年度起,第一年至第二年免征企业所得税,第三年至第五年按照25%的法定税率减半征收企业所得税。表A000000"208软件、集成电路企业类型"填报"311软件企业(一般软件企业—符合条件的软件企业\国家鼓励的软件企业)" "321软件企业(嵌入式或信息系统集成软件—符合条件的软件企业\国家鼓励的软件企业)",且A107042表选择"适用新出台优惠政策"的纳税人填报本项,本行填报表A107042第11行金额。

第28.4.10行"重点软件企业减免企业所得税":国家鼓励的重点软件企业,自获利年度起,享受五年免征企业所得税政策后,接续年度减按10%税率征收企业所得税。表A000000"208软件、集成电路企业类型"填报"312软件企业(一般软件企业—符合规模条件的重点软件企业)" "313软件企业(一般软件企业—符合领域条件的重点软件企业)" "314软件企业(一般软件企业—符合出口条件的重点软件企业)" "322软件企业(嵌入式或信息系统集成软件—符合规模条件的重点软件企业)" "323软件企业(嵌入式或信息系统集成软件—符合领域条件的重点软件企业)" "324软件企业(嵌入式或信息系统集成软件—符合出口条件的重点软件企业)",且A107042表选择"适用新出台优惠政策"的纳税人填报本项,本行填报表A107042第11行金额。

第28.5行"其他1":填报当年新出台且本表未列明的其他税收优惠政策,需填报项目名称、减免税代码及免征、减征企业所得税金额。

第28.6行"其他2":填报国务院根据税法授权制定的及本表未列明的其他税收优惠政策,需填报项目名称、减免税代码及免征、减征企业所得税金额。

第29行"项目所得额按法定税率减半征收企业所得税叠加享受减免税优惠":纳税人同时享受优惠税率和所得项目减半情形下,在填报本表低税率优惠时,所得项目按照优惠税率减半计算多享受优惠的部分。

企业从事农林牧渔业项目、国家重点扶持的公共基础设施项目、符合条件的环境保护、节能节水项目、符合条件的技术转让、集成电路生产项目、其他专项优惠等所得额应按法定税率25%减半征收,同时享受高新技术企业、技术先进型服务企业、集成电路线生产企业、重点软件企业和重点集成电路设计企业等优惠税率政策,由于申报表填报顺序,按优惠税率减半叠加享受减免税优惠部分,应在本行对该部分金额进行调整。本行应≥0且≤第1行+第2行+…+第20行+第22行+…+第28行的值。计算公式:本行=减半项目所得额×50%×(25%-优惠税率)。

第30行"支持和促进重点群体创业就业企业限额减征企业所得税":企业招用建档立卡贫困人口,以及在人力资源社会保障部门公共就业服务机构登记失业半年以上且持《就业创业证》或《就业失业登记证》(注明"企业吸纳税收政策")的人员,与其签订1年以上期限劳动合同并依法缴纳社会保险费的,自签订劳动合同并缴纳社会保险当月起,在3年内按实际招用人数予以定额依次扣减增值税、城市维护建设税、教育费附加、地方教育附加和企业所得税优惠。定额标准为每人每年600元,最高可上浮30%,各省、自治区、直辖市人民政府可根据本地区实际情况在此幅度内确定具体定额标准。本行填报企业纳税年度终了时实际减免的增值税、城市维护建设税、教育费附加和地方教育附加小于核定的减免税总额部分，在企业所得税汇算清缴时扣减的企业所得税金额。当年扣减不完的，不再结转以后年度扣减。本行填报第30.1行+第30.2行的合计金额。

企业招用建档立卡贫困人口就业扣减企业所得税、企业招用登记失业半年以上人员就业扣减企业所得税，分别填报第30.1行、第30.2行。

第31行"扶持自主就业退役士兵创业就业企业限额减征企业所得税"：企业招用自主就业退役士兵，与其签订1年以上期限劳动合同并依法缴纳社会保险费的，自签订劳动合同并缴纳社会保险当月起，在3年内按实际招用人数予以定额依次扣减增值税、城市维护建设税、教育费附加、地方教育附加和企业所得税优惠。定额标准为每人每年6000元，最高可上浮50%，各省、自治区、直辖市人民政府可根据本地区实际情况在此幅度内确定具体定额标准。本行填报企业纳税年度终了时实际减免的增值税、城市维护建设税、教育费附加和地方教育附加小于核定的减免税总额部分，在企业所得税汇算清缴时扣减的企业所得税金额。当年扣减不完的，不再结转以后年度扣减。

第32行"符合条件的公司型创投企业按照企业年末个人股东持股比例减免企业所得税"：在中关村国家自主创新示范区试行公司型创投企业所得税优惠政策，符合条件的公司型创投企业按照企业年末个人股东持股比例减免企业所得税。本行填报企业所得税免征额。纳税人填报该行次时，需填报符合条件的年末个人股东持股比例，保留至小数点后四位，并按百分数填报。

第33行"民族自治地方的自治机关对本民族自治地方的企业应缴纳的企业所得税中属于地方分享的部分减征或免征"：实行民族区域自治的自治区、自治州、自治县的自治机关对本民族自治地方的企业应缴纳的企业所得税中属于地方分享的部分，可以决定减征或者免征，自治州、自治县决定减征或者免征的，须报省、自治区、直辖市人民政府批准。

纳税人填报该行次时，根据享受政策的类型选择"免征"或"减征"填报，二者必选其一。选择"免征"是指企业所得税款地方分成40%部分全部免征；选择"减征：减征幅度%"需填报"减征幅度"，减征幅度范围是1至100，表示企业所得税地方分成部分减征的百分比。例如，地方分享部分减半征收，则选择"减征"，并在"减征幅度"后填写"50%"。本行填报(应纳所得税额-本表以上行次优惠合计)×40%×减征幅度的金额，以上行次不包括第28.1行至第28.6行、第30.1行、第30.2行。

第34行"合计"：填报第1行+第2行+…+第28行-第29行+第30行+第31行+第32行+第33行的合计金额。

15. 境外所得税收抵免明细表

境外所得税收抵免明细表(A108000)结构，如表4-25所示。

表4-25　境外所得税收抵免明细表

行次	国家(地区)	境外税前所得	境外所得纳税调整后所得	弥补境外以前年度亏损	境外应纳税所得额	抵减境内亏损	抵减境内亏损后的境外应纳税所得额	税率	境外所得应纳税额	境外所得可抵免税额	境外所得抵免限额	本年可抵免境外所得税额	未超过境外所得税抵免限额的余额	本年可抵免以前年度未抵免境外所得税额	按简易办法计算				境外所得税抵免所得税额合计
															按低于125%的实际税率计算的抵免额	按12.5%计算的抵免额	按25%计算的抵免额	小计	
	1	2	3	4	5(3-4)	6	7(5-6)	8	9(7×8)	10	11	12	13(11-12)	14	15	16	17	18(15+16+17)	19(12+14+18)
1																			
2																			
3																			
4																			
5																			
6																			
7																			
8																			
9																			
10																			
合计																			

境外所得税收抵免明细表具体填表说明如下。

1) 行次填报

纳税人若选择"分国(地区)不分项"的境外所得抵免方式，应根据表A108010、表A108020、表A108030分国(地区)别逐行填报本表；纳税人若选择"不分国(地区)不分项"的境外所得抵免方式，应按照税收规定计算可抵免境外所得税税额和抵免限额，并根据表A108010、表A108020、表A108030的合计金额填报本表第1行。

2) 列次填报

第1列"国家(地区)"：纳税人若选择"分国(地区)不分项"的境外所得抵免方式，填报纳税人境外所得来源的国家(地区)名称，来源于同一国家(地区)的境外所得合并到一行填报；纳税人若选择"不分国(地区)不分项"的境外所得抵免方式，填报"不分国(地区)不分项"。

第2列"境外税前所得"：填报《境外所得纳税调整后所得明细表》(A108010)第14列的金额。

第3列"境外所得纳税调整后所得"：填报《境外所得纳税调整后所得明细表》(A108010)第18列的金额。

第4列"弥补境外以前年度亏损"：填报《境外分支机构弥补亏损明细表》(A108020)第4列和第13列的合计金额。

第5列"境外应纳税所得额"：填报第3列-第4列的余额。当第3列-第4列＜0时，本列填报"0"。

第6列"抵减境内亏损"：当纳税人选择用境外所得弥补境内亏损时，填报纳税人境外所得按照税收规定抵减境内的亏损额(包括弥补的当年度境内亏损额和以前年度境内亏损额)；当纳税人选择不用境外所得弥补境内亏损时，填报0。

第7列"抵减境内亏损后的境外应纳税所得额"：填报第5列-第6列的余额。

第8列"税率"：填报法定税率25%。符合《财政部国家税务总局关于高新技术企业境外所得适用税率及税收抵免问题的通知》(财税〔2011〕47号)第一条规定的高新技术企业填报15%。

第9列"境外所得应纳税额"：填报第7列×第8列的金额。

第10列"境外所得可抵免税额"：填报表A108010第13列的金额。

第11列"境外所得抵免限额"：境外所得抵免限额按中国境内、境外所得依照企业所得税法和条例的规定计算的应纳税总额×来源于某国(地区)的应纳税所得额÷中国境内、境外应纳税所得总额填报。

第12列"本年可抵免境外所得税额"：填报纳税人本年来源于境外的所得已缴纳所得税在本年度允许抵免的金额。填报第10列、第11列孰小值。

第13列"未超过境外所得税抵免限额的余额"：填报纳税人本年在抵免限额内抵免完境外所得税后，有余额的可用于抵免以前年度结转的待抵免的所得税额。本列填报第11列-第12列的余额。

第14列"本年可抵免以前年度未抵免境外所得税额"：填报纳税人本年可抵免以前年度未抵免、结转到本年度抵免的境外所得税额。填报第10列、《跨年度结转抵免境外所得税明细表》(A108030)第7列孰小值。

第15列至第18列由选择简易办法计算抵免额的纳税人填报。

第15列"按低于12.5%的实际税率计算的抵免额"：纳税人从境外取得营业利润所得及符合境外税额间接抵免条件的股息所得，所得来源国(地区)的实际有效税率低于12.5%的，填报按照实际有效税率计算的抵免额。

第16列"按12.5%计算的抵免额"：纳税人从境外取得营业利润所得及符合境外税额间接抵免条件的股息所得，除第15列情形外，填报按照12.5%计算的抵免额。

第17列"按25%计算的抵免额"：纳税人从境外取得营业利润所得及符合境外税额间接抵免条件的股息所得，所得来源国(地区)的实际有效税率高于25%的，填报按照25%计算的抵免额。

第19列"境外所得抵免所得税额合计"：填报第12行+第14行+第18列的合计金额。

16. 中华人民共和国企业所得税年度纳税申报表(A类)

中华人民共和国企业所得税年度纳税申报表(A类)(A100000)结构，如表4-26所示。

表4-26　中华人民共和国企业所得税年度纳税申报表(A类)

行次	类别	项目	金额
1	利润总额计算	一、营业收入(填写A101010\101020\103000)	
2		减：营业成本(填写A102010\102020\103000)	
3		减：税金及附加	
4		减：销售费用(填写A104000)	
5		减：管理费用(填写A104000)	
6		减：财务费用(填写A104000)	
7		减：资产减值损失	
8		加：公允价值变动收益	
9		加：投资收益	
10		二、营业利润(1-2-3-4-5-6-7+8+9)	
11		加：营业外收入(填写A101010\101020\103000)	
12		减：营业外支出(填写A102010\102020\103000)	
13		三、利润总额(10+11-12)	
14	应纳税所得额计算	减：境外所得(填写A108010)	
15		加：纳税调整增加额(填写A105000)	
16		减：纳税调整减少额(填写A105000)	
17		减：免税、减计收入及加计扣除(填写A107010)	
18		加：境外应税所得抵减境内亏损(填写A108000)	
19		四、纳税调整后所得(13-14+15-16-17+18)	
20		减：所得减免(填写A107020)	
21		减：弥补以前年度亏损(填写A106000)	
22		减：抵扣应纳税所得额(填写A107030)	
23		五、应纳税所得额(19-20-21-22)	

(续表)

行次	类别	项目	金额
24	应纳税额计算	税率(25%)	
25		六、应纳所得税额(23×24)	
26		减：减免所得税额(填写A107040)	
27		减：抵免所得税额(填写A107050)	
28		七、应纳税额(25-26-27)	
29		加：境外所得应纳所得税额(填写A108000)	
30		减：境外所得抵免所得税额(填写A108000)	
31		八、实际应纳所得税额(28+29-30)	
32		减：本年累计实际已缴纳的所得税额	
33		九、本年应补(退)所得税额(31-32)	
34		其中：总机构分摊本年应补(退)所得税额(填写A109000)	
35		财政集中分配本年应补(退)所得税额(填写A109000)	
36		总机构主体生产经营部门分摊本年应补(退)所得税额(填写A109000)	
FZ1	实际缴纳企业所得税计算	中央级收入实际应补(退)所得税额[一般企业33×60%；总机构(34+36)×60%+35]	
FZ2		地方级收入应补(退)所得税额[一般企业33×40%；总机构(34+36)×40%)]	
37		本年民族自治地区地方分享部分优惠方式	□免征 □减征□否
37.0		优惠幅度(0为不减免，100%为免征)	
37.1		本年应减免金额(一般企业31行×40%×37.0行"优惠幅度"；总机构A109000表第18行)	
37.2	实际缴纳企业所得税计算	本年累计已减免金额(本年度4季度预缴申报表23.1行，总机构A109000表第19行)	
37.3		因优惠产生的地方级收入应补(退)金额(一般企业37.1-37.2；总机构A109000第20行)	
37.4		总机构及分支机构地方级收入全年减免总额(37.1+A109100第12列合计)	
FZ3		地方级收入实际应补(退)所得税额(FZ2-37.3)	
38		十、实际应补(退)所得税额(一般企业FZ1+FZ3；总机构A109000第21行)	

A100000具体填表说明如下。

第1～13行参照国家统一会计制度规定填写。本部分未设"研发费用""其他收益""资产处置收益"等项目，对于已执行《财政部关于修订印发2019年度一般企业财务报表格式的通知》(财会〔2019〕6号)的纳税人，在《利润表》中归集的"研发费用"通过《期间费用明细表》(A104000)第19行"研究费用"的管理费用相应列次填报；在《利润表》中归集的"其他收益""资产处置收益""信用减值损失""净敞口套期收益"项目则无须填报，同时第10行"营业利润"不执行"第10行＝第1行-第2行-第3行-第4行-第5行-第6行-第7行+第8行+第9行"的表内关系，按照《利润表》"营业利润"项目直接填报。

第1行"营业收入"：填报纳税人主要经营业务和其他经营业务取得的收入总额。本行根据"主营业务收入"和"其他业务收入"的数额填报。一般企业纳税人根据《一般企业收入明细表》(A101010)填报；金融企业纳税人根据《金融企业收入明细表》(A101020)填报；事业单位、社会团体、民办非企业单位、非营利组织等纳税人根据《事业单位、民间非营利组织收入、支出明细表》(A103000)填报。

第2行"营业成本"：填报纳税人主要经营业务和其他经营业务发生的成本总额。本行根据"主营业务成本"和"其他业务成本"的数额填报。一般企业纳税人根据《一般企业成本支出明细表》(A102010)填报；金融企业纳税人根据《金融企业支出明细表》(A102020)填报；事业单位、社会团体、民办非企业单位、非营利组织等纳税人，根据《事业单位、民间非营利组织收入、支出明细表》(A103000)填报。

第3行"税金及附加"：填报纳税人经营活动发生的消费税、城市维护建设税、资源税、土地增值税和教育费附加等相关税费。本行根据纳税人相关会计科目填报。纳税人在其他会计科目核算的税金不得重复填报。

第4行"销售费用"：填报纳税人在销售商品和材料、提供劳务的过程中发生的各种费用。本行根据《期间费用明细表》(A104000)中对应的"销售费用"填报。

第5行"管理费用"：填报纳税人为组织和管理企业生产经营发生的管理费用。本行根据《期间费用明细表》(A104000)中对应的"管理费用"填报。

第6行"财务费用"：填报纳税人为筹集生产经营所需资金等发生的筹资费用。本行根据《期间费用明细表》(A104000)中对应的"财务费用"填报。

第7行"资产减值损失"：填报纳税人计提各项资产准备发生的减值损失。本行根据企业"资产减值损失"科目上的数额填报，实行其他会计制度的比照填报。

第8行"公允价值变动收益"：填报纳税人在初始确认时划分为以公允价值计量且其变动计入当期损益的金融资产或金融负债(包括交易性金融资产或负债，直接指定为以公允价值计量且其变动计入当期损益的金融资产或金融负债)，以及采用公允价值模式计量的投资性房地产、衍生工具和套期业务中公允价值变动形成的应计入当期损益的利得或损失。本行根据企业"公允价值变动损益"科目的数额填报，损失以"-"填列。

第9行"投资收益"：填报纳税人以各种方式对外投资确认所取得的收益或发生的损失。根据企业"投资收益"科目的数额计算填报，实行事业单位会计准则的纳税人根据"其他收入"科目中的投资收益金额分析填报，损失以"-"填列。实行其他会计制度的纳税人比照填报。

第10行"营业利润"：填报纳税人当期的营业利润。根据上述项目计算填列。

第11行"营业外收入"：填报纳税人取得的与其经营活动无直接关系的各项收入的金额。一般企业纳税人根据《一般企业收入明细表》(A101010)填报；金融企业纳税人根据《金融企业收入明细表》(A101020)填报；实行事业单位会计准则或民间非营利组织会计制度的纳税人根据《事业单位、民间非营利组织收入、支出明细表》(A103000)填报。

第12行"营业外支出"：填报纳税人发生的与其经营活动无直接关系的各项支出的金额。一般企业纳税人根据《一般企业成本支出明细表》(A102010)填报；金融企业纳税人根据《金融企业支出明细表》(A102020)填报；实行事业单位会计准则或民间非营利组织会计制度的纳税人根据《事业单位、民间非营利组织收入、支出明细表》(A103000)填报。

第13行"利润总额"：填报纳税人当期的利润总额。根据上述项目计算填列。

第14行"境外所得"：填报已计入利润总额以及按照税法相关规定已在《纳税调整项目明细表》(A105000)进行纳税调整的境外所得金额。本行根据《境外所得纳税调整后所得明细表》(A108010)填报。

第15行"纳税调整增加额"：填报纳税人会计处理与税收规定不一致，进行纳税调整增加的金额。本行根据《纳税调整项目明细表》(A105000)"调增金额"列填报。

第16行"纳税调整减少额"：填报纳税人会计处理与税收规定不一致，进行纳税调整减少的金额。本行根据《纳税调整项目明细表》(A105000)"调减金额"列填报。

第17行"免税、减计收入及加计扣除"：填报属于税收规定的免税收入、减计收入、加计扣除金额。本行根据《免税、减计收入及加计扣除优惠明细表》(A107010)填报。

第18行"境外应税所得抵减境内亏损"：当纳税人选择不用境外所得抵减境内亏损时，填报0；当纳税人选择用境外所得抵减境内亏损时，填报境外所得抵减当年度境内亏损的金额，用境外所得弥补以前年度境内亏损的，需填报《企业所得税弥补亏损明细表》(A106000)和《境外所得税收抵免明细表》(A108000)。

第19行"纳税调整后所得"：填报纳税人经过纳税调整、税收优惠、境外所得计算后的所得额。

第20行"所得减免"：填报属于税收规定所得减免金额。本行根据《所得减免优惠明细表》(A107020)填报。

第21行"弥补以前年度亏损"：填报纳税人按照税收规定可在税前弥补的以前年度亏损数额。本行根据《企业所得税弥补亏损明细表》(A106000)填报。

第22行"抵扣应纳税所得额"：填报根据税收规定应抵扣的应纳税所得额。本行根据《抵扣应纳税所得额明细表》(A107030)填报。

第23行"应纳税所得额"：本行金额等于本表第19行-第20行-第21行-第22行的计算结果。本行不得为负数，按照上述行次顺序计算结果为负数的，则本行金额填零。

第24行"税率"：填报税收规定的税率25%。

第25行"应纳所得税额"：金额等于本表第23行×第24行。

第26行"减免所得税额"：填报纳税人按税收规定实际减免的企业所得税额。本行根据《减免所得税优惠明细表》(A107040)填报。

第27行"抵免所得税额"：填报企业当年的应纳所得税额中抵免的金额。本行根据《税额抵免优惠明细表》(A107050)填报。

第28行"应纳税额"：金额等于本表第25行-第26行-第27行。

第29行"境外所得应纳所得税额"：填报纳税人来源于中国境外的所得，按照我国税收规定计算的应纳所得税额。本行根据《境外所得税收抵免明细表》(A108000)填报。

第30行"境外所得抵免所得税额"：填报纳税人来源于中国境外所得依照中国境外税收法律以及相关规定应缴纳并实际缴纳(包括视同已实际缴纳)的企业所得税性质的税款(准予抵免税款)。本行根据《境外所得税收抵免明细表》(A108000)填报。

第31行"实际应纳所得税额"：填报纳税人当期的实际应纳所得税额。金额等于本表第28+29-30行。

第32行"本年累计实际已缴纳的所得税额"：填报纳税人按照税收规定本纳税年度已在月(季)度累计预缴的所得税额，包括按照税收规定的特定业务已预缴(征)的所得税额，建筑企业总机构直接管理的跨地区设立的项目部按规定向项目所在地主管税务机关预缴的所得税额。

第33行"本年应补(退)的所得税额"：填报纳税人当期应补(退)的所得税额。金额等于本表第31-32行。

第34行"总机构分摊本年应补(退)所得税额"：填报汇总纳税的总机构按照税收规定在总机构所在地分摊本年应补(退)所得税额。本行根据《跨地区经营汇总纳税企业年度分摊企业所得税明细表》(A109000)填报。

第35行"财政集中分配本年应补(退)所得税额"：填报汇总纳税的总机构按照税收规定财政集中分配本年应补(退)所得税款。本行根据《跨地区经营汇总纳税企业年度分摊企业所得税明细表》(A109000)填报。

第36行"总机构主体生产经营部门分摊本年应补(退)所得税额"：填报汇总纳税的总机构所属的具有主体生产经营职能的部门按照税收规定应分摊的本年应补(退)所得税额。本行根据《跨地区经营汇总纳税企业年度分摊企业所得税明细表》(A109000)填报。

第FZ1行"中央级收入实际应补(退)所得税额"：企业类型为"一般企业"，中央级收入实际应补(退)所得税额=第33行×60%；企业类型为"跨地区经营汇总纳税企业总机构"，中央级收入实际应补(退)所得税额=第(34+36)行×60%+第35行。

第FZ2行"地方级收入实际应补(退)所得税额"：企业类型为"一般企业"地方级收入实际应补(退)所得税额=第33行×40%；企业类型为"跨地区经营汇总纳税企业总机构"，地方级收入实际应补(退)所得税额=第(34+36)行×40%

第37行"本年民族自治地区地方分享部分优惠方式"：根据《中华人民共和国企业所得税法》《中华人民共和国民族区域自治法》《财政部国家税务总局关于贯彻落实国务院关于实施企业所得税过渡优惠政策有关问题的通知》(财税〔2008〕21号)等规定，实行民族区域自治的自治区、自治州、自治县的自治机关对本民族自治地方的企业应缴纳的企业所得税中属于地方分享的部分，可以决定减征或免征，自治州、自治县决定减征或者免征的，须报省、自治区、直辖市人民政府批准。

第37.0行"优惠幅度"：0为不减免，100%为免税。

第37.1行"本年应减免金额"：企业类型为"一般企业"，本年应减免金额=第31行×40%×第37.0行"优惠幅度"；企业类型为"跨地区经营汇总纳税企业总机构"，本行填报《跨地区经营汇总纳税企业年度分摊企业所得税明细表》(A109000)表第18行。

第37.2行"本年累计已减免金额"：本年度4季度预缴申报表23.1行，总机构A109000表第19行。

第37.3行"因优惠产生的地方级收入应补(退)金额"：企业类型为"一般企业"，因优惠产生的地方级收入应补(退)金额=第37.1行-第37.2行；企业类型为"跨地区经营汇总纳税企业总机构"，本行填报《跨地区经营汇总纳税企业年度分摊企业所得税明细表》(A109000)表第20行。

第37.4行"总机构及分支机构地方级收入全年减免总额"：第37.1行+A109100第12列合计。

第FZ3行"地方级收入实际应补(退)所得税额"：按表中所列公式计算所得，本期地方级收入实际应纳税额=第FZ2行-第37.3行。

第38行"十、本年实际应补(退)所得税额"：填报纳税人当期实际应补(退)的所得税额。企业类型为"一般企业"的，本行填报第FZ1+FZ3行金额。企业类型为"跨地区经营汇总纳税企业总机构"的，本行填报《跨地区经营汇总纳税企业年度分摊企业所得税明细表》(A109000)第21行"八、总机构本年实际应补(退)所得税额"的金额。

4.3 企业所得税纳税申报模拟实训

4.3.1 查账征收企业所得税季度预缴申报模拟实训

1. 案例资料

公司名称：衡信教育科技有限公司

纳税人识别号：91240200057440013A

纳税人资格：一般纳税人

企税核定类型：查账征收

企业所得税申报期限：季

登记日期：2017年05月20日

会计准则：企业会计准则

生产经营范围：技术开发、技术服务、销售：教育软件、教学仪器设备等。

衡信教育科技有限公司税务机关核定企业所得税征收方式为查账征收，按照实际利润额预缴方式预缴企业所得税。企业财务执行新会计准则，非汇总企业，无分支机构。

企业20×5年第一季度从业人数季初320人，季末318人，资产总额季初850.00万元，季末1080.00万元。

现进行公司20×5年第一季度企业所得税预缴申报，相关资料如下。

20×5年03月31日利润表如表4-27所示。

表4-27 利润表

编制单位：衡信教育科技有限公司20×5年03月31日　　　　　　　　　　　　　　单位：人民币元(列至角分)

项目	本月数	本年累计
一、营业收入	878 000	1 689 000
减：营业成本	291 600	604 600
税金及附加	63 100	93 100
销售费用	80 300	136 800
管理费用	70 000	127 980
研发费用	56 000	80 220
财务费用	75 500	550 300
其中：利息费用		
利息收入		
资产减值损失		
信用减值损失		
加：其他收益		
投资收益(损失以"-"号填列)		
其中：对联营企业和合营企业的投资收益		
净敞口套期收益(损失以"-"号填列)		
公允价值变动收益(损失以"-"号填列)		

(续表)

项目	本月数	本年累计
资产处置收益(损失以"-"号填列)		
二、营业利润(亏损以"-"号填列)	241 500	96 000
加:营业外收入		
减:营业外支出		
三、利润总额(亏损总额以"-"号填列)	241 500	96 000
减:所得税费用	6 037.5	2 400
四、净利润(净亏损以"-"号填列)	235 462.5	93 600
(一)持续经营净利润(净亏损以"-"号填列)		
(二)终止经营净利润(净亏损以"-"号填列)		
五、其他综合收益的税后净额		
(一)不能重分类进损益的其他综合收益		
1.重新计量设定受益计划变动额		
2.权益法下不能转损益的其他综合收益		
3.其他权益工具投资公允价值变动		
4.企业自身信用风险公允价值变动		
……		
(二)将重分类进损益的其他综合收益		
1.权益法下可转损益的其他综合收益		
2.其他债权投资公允价值变动		
3.金融资产重分类计入其他综合收益的金额		
4.其他债权投资信用减值准备		
5.现金流量套期储备		
6.外币财务报表折算差额		

备注:

(1) 公司20×5年第1季度的管理费用中包括业务招待费15 000元;

(2) 公司20×5年第1季度的销售费用中包括广告费和业务宣传费26 800元;

(3) 公司20×5年第1季度共发生研发费用80 220元,是公司进行研究与开发过程中发生的费用化支出。

要求:根据以上资料,编制衡信教育科技有限公司20×5年第1季度企业所得税月(季)度预缴纳税申报表。

2. 模拟申报

1) 系统选择

进入企税系统选择界面,如图4-1所示,选择企税查账月(季)申报实训系统,进入操作界面。

2) 设置税款所属期

纳税人申报税款的所属时间,根据本案例资料设置为20×5年3月,图4-2所示为税款所属期选择页面。

图4-1　企税查账月(季)申报实训系统选择页面

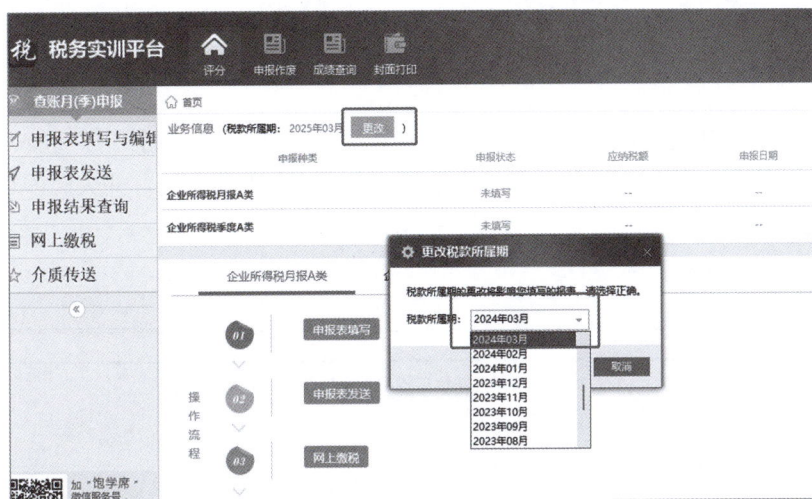

图4-2　税款所属期选择页面

3) 申报表模板选择

依据本案例资料，选择"企业所得税季度A类"，如图4-3所示。

图4-3　企业所得税季度申报模板选择界面

4) 申报表填写

单击"申报表填写与编辑"进入申报表填写界面,如图4-4所示。

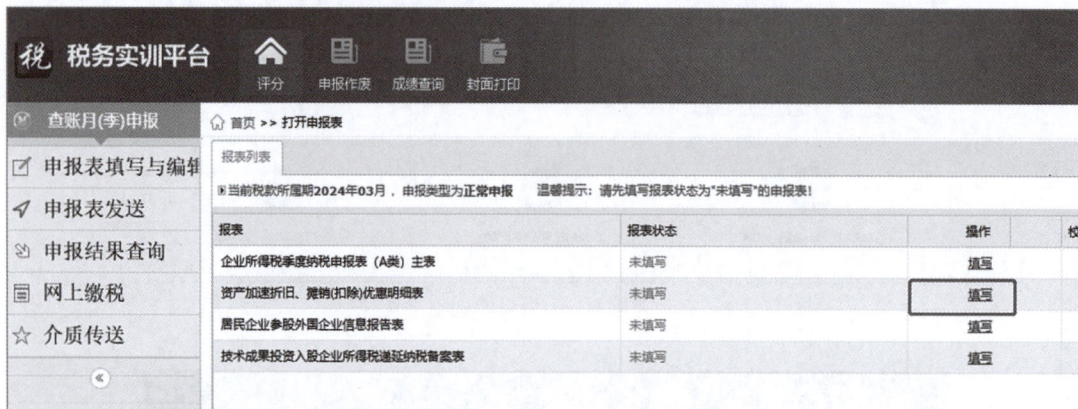

图4-4　申报表填写页面

(1) 单击"资产加速折旧、摊销(扣除)优惠明细表"的"填写"按钮,进入填写界面,如图4-5所示,根据本案例情况,此项无须填写,直接单击"保存",并关闭即可。

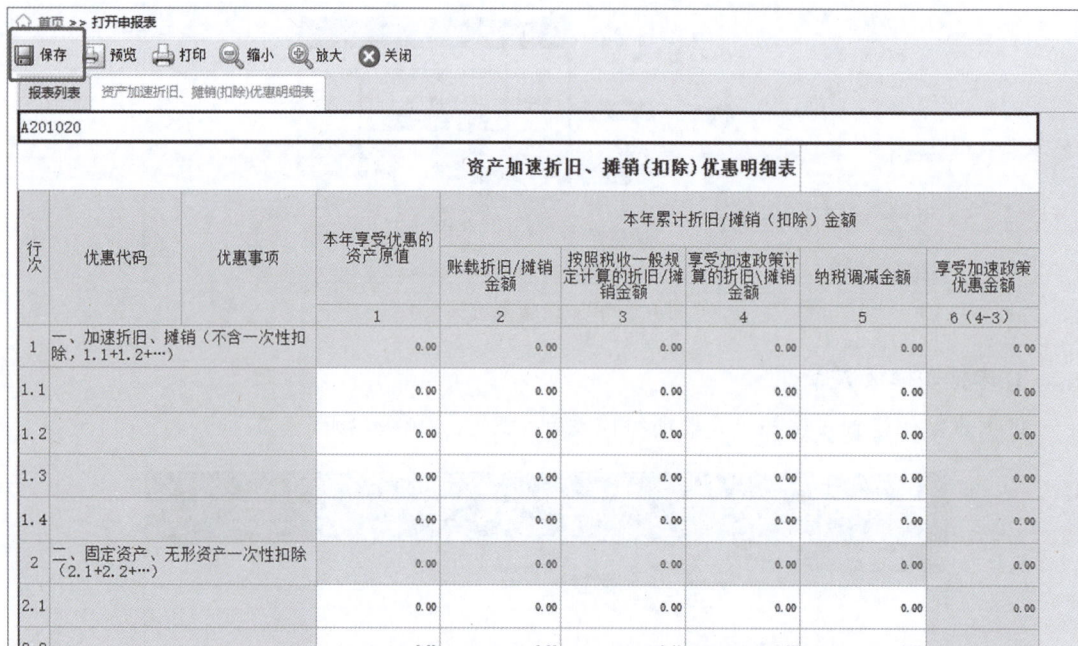

图4-5　资产加速折旧、摊销(扣除)优惠明细表

(2) 单击"企业所得税季度纳税申报表(A类)主表"的"填写"按钮,进入填写界面,如图4-6所示。根据本案例资料,需填写本企业第一季度"从业人数"季初"320",季末"318",资产总额(万元)季初"850",季末"1080","国家限制或禁止行业"勾选"否","小型微利企业"勾选"否",第一行"营业收入"填写"1 689 000",第二行"营业成本"填写"604 600","利润总额"填写"96 000"。填写完毕之后,点击"保存"按钮,并关闭此表。填写完整的企业所得税季度纳税申报表(A类)主表如表4-28所示。

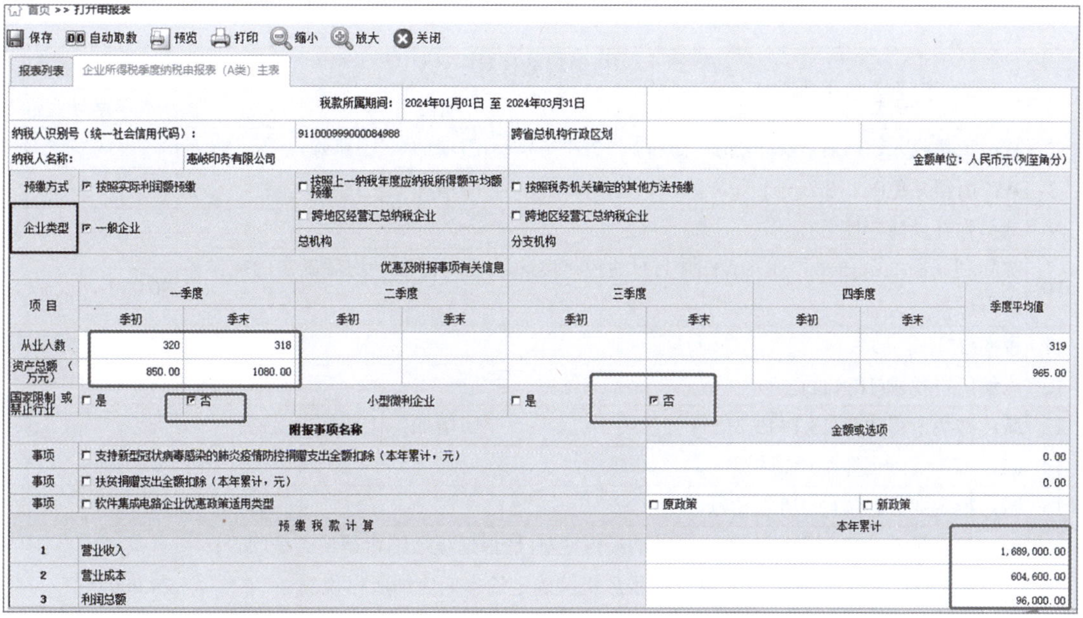

图4-6 企业所得税季度纳税申报表(A类)主表页面

表4-28 填写完整的企业所得税季度纳税申报表(A类)

税款所属期间：20×5年1月1日至20×5年3月31日

纳税人识别号(统一社会信用代码)：91240200057440013A

纳税人名称：衡信教育科技有限公司　　　　　　　　　　金额单位：人民币元(列至角分)

预缴方式	□按照实际利润额预缴	□按照上一纳税年度应纳税所得额平均额预缴	□按照税务机关确定的其他方法预缴
企业类型	□一般企业	□跨地区经营汇总纳税企业总机构	□跨地区经营汇总纳税企业分支机构

优惠及附报事项有关信息									
项目季初季末	一季度		二季度		三季度		四季度		季度平均值
	季初	季末	季初	季末	季初	季末	季初	季末	
从业人数	320	318							319
资产总额(万元)	850	1080							965
国家限制或禁止行业	□是□否				小型微利企业			□是	□否

附报事项名称			金额或选项
事项1	□	扶贫捐赠支出全额扣除(本年累计____元)	
事项2	□	软件集成电路企业优惠政策适用类型□原政策□新政策	

预缴税款计算		
行次	项目	本年累计金额
1	营业收入	1 689 000.00
2	营业成本	604 600.00
3	利润总额	96 000.00
4	加：特定业务计算的应纳税所得额	
5	减：不征税收入	
6	减：资产加速折旧、摊销(扣除)调减额(填写A201020)	

(续表)

	预缴税款计算			
行次		项目		本年累计金额
7	减：免税收入、减计收入、加计扣除(7.1+7.2+…)	□增加	□删除	
8	减：所得减免(8.1+8.2+…)	□增加	□删除	
9	减：弥补以前年度亏损			
10	实际利润额(3+4-5-6-7-8-9)\按照上一纳税年度应纳税所得额平均额确定的应纳税所得额			96 000
11	税率(25%)			25%
12	应纳所得税额(10×11)			24 000.00
13	减：减免所得税额(13.1+13.2+…)	□增加	□删除	
14	减：本年实际已缴纳所得税额			
15	减：特定业务预缴(征)所得税额			
L16	减：符合条件的小型微利企业延缓缴纳所得税额(是否延缓缴纳所得税□是□否)			
16	本期应补(退)所得税额(12-13-14-15)\税务机关确定的本期应纳所得税额			24 000.00
	汇总纳税企业总分机构税款计算			
17	总机构填报	总机构本期分摊应补(退)所得税额(18+19+20)		
18		其中：总机构分摊应补(退)所得税额(16×总机构分摊比例)		
19		财政集中分配应补(退)所得税额(16×财政集中分配比例)		
20		总机构具有主体生产经营职能的部门分摊所得税额(16×全部分支机构分摊比例×总机构具有主体生产经营职能部门分摊比例)		
21	分支机构填报	分支机构本期分摊比例		
22		分支机构本期分摊应补(退)所得税额		
	实际缴纳企业所得税计算			
FZ1	中央级收入实际应纳税额[本期：第16行×60%或(第18行+第20行)×60%+第19或第22行×60%]			
FZ2	地方级收入应纳税额[本期：第16行×40%或(第18行+第20行)×40%或第22行×40%]			
23	减：民族自治地区企业所得税地方分享部分： □免征□幅：度% 本机构本年累计的(第23行的本年累计) 本年累计应减免金额[(12-13-15)×地方级比例×减征幅度](总机构及分支机构合计，总机构填报)	本期实际减免金额(FZ2×减征幅度)		
FZ3		地方级收入实际应纳税额(本期：FZ2-23)		

(续表)

实际缴纳企业所得税计算				
24				实际应补(退)所得税额(本期：FZ1+FZ3)	

附报信息

高新技术企业□是□否	科技型中小企业□是□否
技术入股递延纳税事项□是□否	

谨声明：本纳税申报表是根据国家税收法律法规及相关规定填报的，是真实的、可靠的、完整的。

法定代表人(签章)：　年　月　日

经办人：	
经办人身份证号：	
代理机构签章：	
代理机构统一社会信用代码：	

(3) 单击"居民企业参股外国企业信息报告表"的"填写"按钮，进入填写界面，如图4-7所示，根据本案例情况，此项无须填写，直接单击"保存"，并关闭即可。

图4-7　居民企业参股外国企业信息报告表

4.3.2　查账征收企业所得税年度汇算清缴申报模拟实训

1.案例资料

衡信教育科技有限公司成立于2015年01月01日，属于增值税一般纳税人，税务机关核定的企业所得税征收方式为查账征收，按照实际利润预缴方式预缴企业所得税。其他基本信息如下。

非跨地区经营企业，非上市公司。资产总额1000万元，从业人数308人。

股东信息：周凯(中国国籍，身份证××××××××××)投资比例60%；李雅欣(中国国籍，身份证××××××××××)投资比例40%。

公司适用的所得税税率为25%。

所属行业：8391职业技能培训。

适用的会计准则：企业会计准则(一般企业)

采用的境外所得抵免方式：不分国(地区)不分项

记账本位币：人民币

会计政策和估计是否发生变化：否

固定资产折旧方法：年限平均法

存货成本计价方法：先进先出法

坏账损失核算方法：备抵法

采用一般企业财务报表格式(2019年版)：是

现进行该公司20×5年度企业所得税汇算清缴，已经预缴所得税额117.52万元，具体资料如表4-29至表4-38所示。

表4-29 利润表

编制单位：衡信教育科技有限公司　　20×5年12月31日　　　　　　　　　　　　单位：人民币万元

项目	本月数	本年累计
一、营业收入	1000.00	8200.00
减：营业成本	430.00	5136.00
税金及附加	15.00	205.00
销售费用	90.00	1010.00
管理费用	105.00	1250.00
研发费用		
财务费用	9.00	102.00
其中：利息费用		
利息收入		
资产减值损失	50.00	50.00
信用减值损失		
加：其他收益		
投资收益(损失以"-"号填列)	105.00	105.00
其中：对联营企业和合营企业的投资收益		
净敞口套期收益(损失以"-"号填列)		
公允价值变动收益(损失以"-"号填列)	20.00	20.00
资产处置收益(损失以"-"号填列)		
二、营业利润(亏损以"-"号填列)	426.00	572.00
加：营业外收入		174.60
减：营业外支出		39.00
三、利润总额(亏损总额以"-"号填列)	426.00	707.60
减：所得税费用	106.50	176.90
四、净利润(净亏损以"-"号填列)	319.50	530.70
(一)持续经营净利润(净亏损以"-"号填列)		
(二)终止经营净利润(净亏损以"-"号填列)		
五、其他综合收益的税后净额		
(一)不能重分类进损益的其他综合收益		
1.重新计量设定受益计划变动额		

(续表)

项目	本月数	本年累计
2. 权益法下不能转损益的其他综合收益		
3. 其他权益工具投资公允价值变动		
4. 企业自身信用风险公允价值变动		
……		
(二) 将重分类进损益的其他综合收益		
1. 权益法下可转损益的其他综合收益		
2. 其他债权投资公允价值变动		
3. 金融资产重分类计入其他综合收益的金额		
4. 其他债权投资信用减值准备		
5. 现金流量套期储备		
6. 外币财务报表折算差额		

表4-30 企业收入明细表

一级科目	明细科目	金额	备注
主营业务收入	销售商品收入	6 800.00	
	提供劳务收入	600.00	
	让渡资产使用权收入	800.00	
营业外收入	非货币性资产交换利得	40.00	
	无法偿付的应付账款	12.00	
	其他	2.60	
	非货币性资产处置利得	120	境外所得

表4-31 成本支出明细表

一级科目	明细科目	金额	备注
主营业务成本	销售商品成本	4 156.00	
	提供劳务成本	420.00	
	让渡资产使用权成本	560.00	
营业外支出	罚没支出	9.00	税收滞纳金3万元，合同违约金6万元
	捐赠支出	4.78	直接向某希望小学捐赠公司自产教学设备(适用增值税税率为13%)一批，该批自产设备不含税公允价值为6万元，生产成本为4万元
	其他	25.22	其中包括与企业经营无关的支出12万元

表4-32 期间费用明细表

一级科目	明细科目	金额	备注
销售费用	职工薪酬	302.14	
	广告费	707.86	
管理费用	职工薪酬	697.86	
	资产折旧摊销费	58.86	
	其他	493.28	

(续表)

一级科目	明细科目	金额	备注
财务费用	佣金和手续费	0.90	
	利息支出	0.50	均为向银行借款的利息支出
	现金折扣	92.60	
	其他	8.00	

表4-33 境外所得纳税调整项目

国家	境外税后所得(财产转让所得)	境外所得税率	境外所得换算含税所得	境外直接缴纳的所得税额(可抵免税额)	可抵免限额
840美国	78.00	35%	120.00	42.00	30.00

表4-34 投资收益明细表

收入类型	金额	备注
国债利息收入	50.00	
股息(居民企业)	55.00	2021年07月01日直接投资A企业(统一社会信用代码：91330823220264 3708)220万元，占股5%，2023年12月22日A企业公布利润分配决定，衡信教育科技有限公司获得股利55万元

表4-35 资产折旧/摊销情况(备注：企业本年度不享受固定资产加速折旧)

资产项目	会计				税法			
	原值	折旧年限(年)	本年折旧/摊销额	累计折旧/摊销额	原值	折旧年限(年)	本年折旧/摊销额	累计折旧/摊销额
生产专用器具	155.00	10	15.50	62.00	105.00	10	10.50	42.00
办公电子设备等	100.00	6	15.83	79.15	100.00	6	15.83	79.15
专利权	413.00	15	27.53	110.12	619.50	15	41.30	165.20

表4-36 职工薪酬调整明细

项目	账载金额	实际发生额	备注
职工工资	1000.00	1000.00	其中支付残疾人工资8万元(符合加计扣除条件)
职工福利费	210.00	210.00	在工资的14%限额内允许扣除
职工教育经费	40.00	40.00	在工资的8%限额内允许扣除，超支部分可在以后年度无限结转
工会经费	20.00	20.00	在工资的2%限额内允许扣除

表4-37 其他项目说明

项目类别	金额	备注
公允价值变动损益	20.00	本年公司确认投资性房地产公允价值变动收益20万元
资产减值准备	50.00	本年计提固定资产减值准备10万元，存货跌价准备40万元

表4-38 企业所得税弥补亏损明细表

年度	盈利额或亏损额	备注
20×0	8.60	

(续表)

年度	盈利额或亏损额	备注
20×1	2.50	
20×2	12.00	
20×3	36.00	
20×4	10.32	

要求：根据本案例相关资料进行衡信教育科技有限公司20×5年企业所得税汇算清缴。

2. 模拟申报

1) 系统选择

进入企税系统选择界面，如图4-8所示，选择企税查账汇算清缴实训系统，可以看到登录按钮，单击"登录"按钮后，进入操作界面。

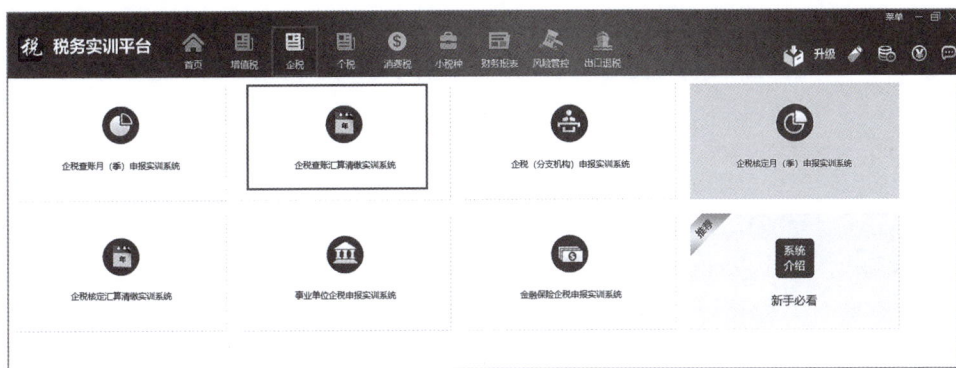

图4-8 企税系统选择页面

2) 修改税款所属期

纳税人申报的企税查账征收汇算清缴应纳税额的所属时间，根据具体案例进行设置，则本年所做的业务都自动保存在本年度所属期当中，图4-9所示为税款所属期选择页面。

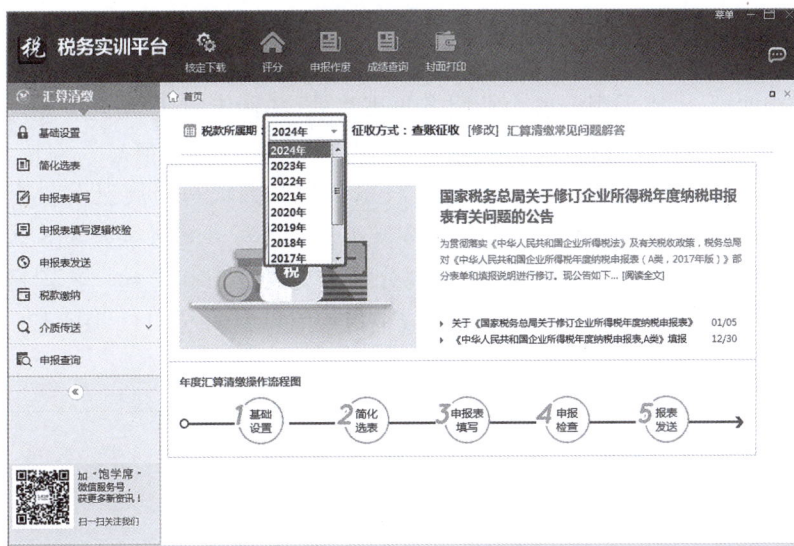

图4-9 税款所属期选择页面

3) 基础设置

基础设置中主要填写纳税人基础信息表格,确认企业信息,方便企业所得税的申报,图4-10为基础设置页面。

图4-10 基础设置页面

(1) 填写企业所得税年度纳税申报基础信息表。

选择"基础设置—企业所得税年度纳税申报基础信息表"进入纳税人信息报表界面。根据案例进行纳税人信息进行填写,可参考右侧的填表说明填写信息表。基本经营情况中"纳税申报企业类型"选择"非跨地区经营企业","资产总额(万元)"填写"1000","从业人数"填写"308","所属国民经济行业"选择"职业技能培训","从事国家限制或禁止行业"勾选"否","适用会计准则或会计制度"选择"企业会计准则(一般企业)","采用一般企业财务报表格式(2019年版)"勾选"是","小型微利企业"勾选"否","上市公司"勾选"否","境外所得信息"勾选"不分国(地区)不分项",主要股东及分红情况分别在股东名称一列填写"周凯""李雅欣",证件种类一列选择"居民身份证",证件号码一列分别填写"××××××××××"和"××××××××××",投资比例一列分别填写"60"和"40",国籍一列均选择"中国"。完整填写报表后单击保存按钮完成纳税人信息表。图4-11、图4-12为企业所得税年度纳税申报基础信息表填写示例。

企业所得税年度纳税申报基础信息表

基本经营情况（必填项目）

101纳税申报企业类型	100|非跨地区经营企业		
102分支机构就地纳税比例	%		
103资产总额（万元）	1000.00	104从业人数	308
105所属国民经济行业	8391|职业技能培训	106从事国家限制或禁止行业	☐是 ☑否
107适用会计准则或会计制度	110|企业会计准则（一般企业）		
108采用一般企业财务报表格式（2019年版）	☑是 ☐否		
109小型微利企业	☐是 ☑否	110上市公司	是（☐境内 ☐境外）☑否

有关涉税事项情况（存在或者发生下列事项时必填）

201从事股权投资业务		☐是	202存在境外关联交易	☐是
203境外所得信息	203-1选择采用的境外所得抵免方式	☐分国（地区）不分项 ☑不分国（地区）不分项		
	203-2新增境外直接投资信息	☐是（产业类别：☐旅游业 ☐现代服务业 ☐高新技术产业）		
204有限合伙制创业投资企业的法人合伙人		☐是	205创业投资企业	☐是
206技术先进型服务企业类型	- 请选择 -			
207非营利组织	☐是			

图4-11　企业所得税年度纳税申报基础信息表

主要股东及分红情况（必填项目）

股东名称	证件种类	证件号码	投资比例	当年（决议日）分配的股息、红利等权益性投资收益金额	国籍(注册地址)
周凯	201|居民身份证	××××××××××	60.0000%	0.00	156|中国
李雅欣	201|居民身份证	××××××××××	40.0000%	0.00	156|中国
	- 请选择 -		%		- 请选择 -
	- 请选择 -		%		- 请选择 -
	- 请选择 -		%		- 请选择 -
	- 请选择 -		%		- 请选择 -
	- 请选择 -		%		- 请选择 -
	- 请选择 -		%		- 请选择 -

图4-12　企业所得税年度纳税申报基础信息表

(2) 法定比例。

选择"基础设置—法定比例"，进入页面后会根据实际情况修改扣除率，右边有对应项目扣除率的填表说明，完成后单击"保存"，如图4-13所示。

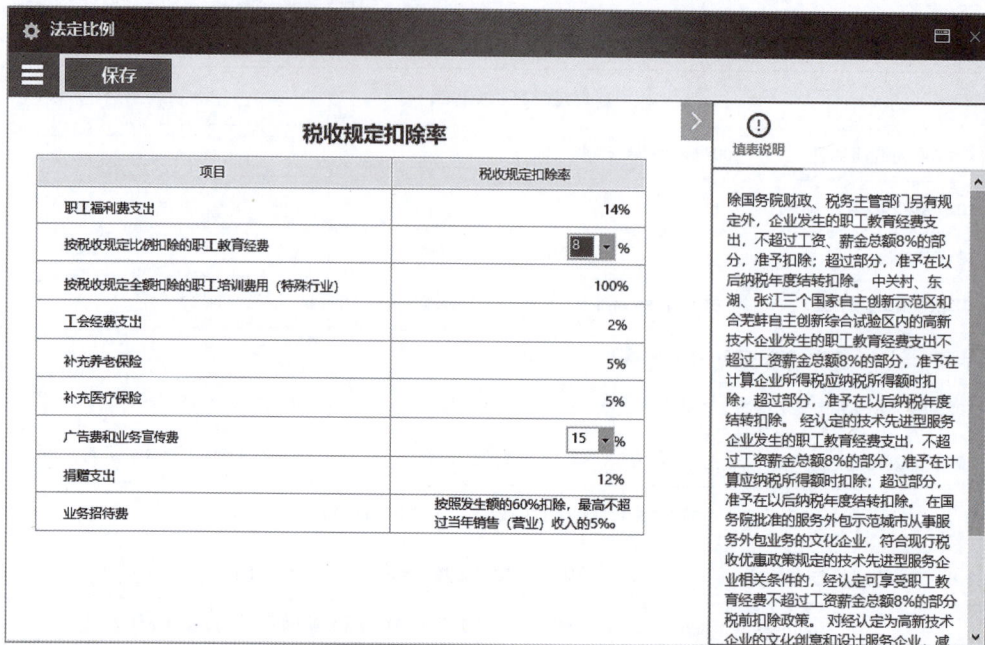

图4-13　法定比例

(3) 预缴及结转信息。

选择"基础设置—预缴及结转信息",进入页面后根据本案例公司预缴及结存的金额填写1175200,左边有相对应项目的填表信息,完成填表后单击"保存",如图4-14所示。

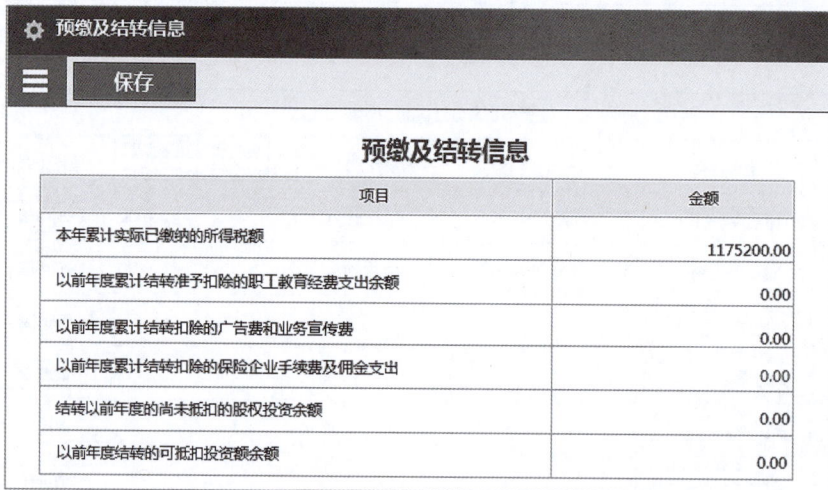

图4-14　预缴及结转信息

4) 简化选表

目前最新的企业所得税年度申报表共有46张,并适用于不同的业务内容。若不经筛选,纳税人填报时将无比烦琐且很可能无从下手。本章主要介绍关于填写所得税申报表简化填写的功能,根据年度所得税申报表业务特性的《简化选表答卷》,通过纳税人答题方式来智能筛选出企业本年度需填写的申报表,以此简化纳税人的年度汇算清缴工作。

选择"简化选表"进入企业所得税简化报表功能页面,如图4-15所示。

图4-15 简化选表页面

在简化选表页面可以选择性进行手工报表不填写选择，单击修改填报和不填报按钮，图4-16所示。

图4-16 简化选表

依据简化选表结果，显示企业需填写的申报表，并按业务性质对需填写的申报表进行归类，方便企业填写；可按表与表之间的关系自由钻取填写，不强制填表顺序；依据简表选表结果及纳税人基本信息，置灰无须填写的数据项，减少填报干扰；表内表间数据自动计算；提供跟随式填表说明。

本案例当中，简化选表的结果为A100000、A101010、A102010、A104000、A105000、A105010、A105050、A105060、A105070、A105080、A106000、A107010、A107011、A108000、A108010共15张报表。

5) 申报表填写

选择"申报表填写"进入企业所得税申报表填写界面,如图4-17所示。

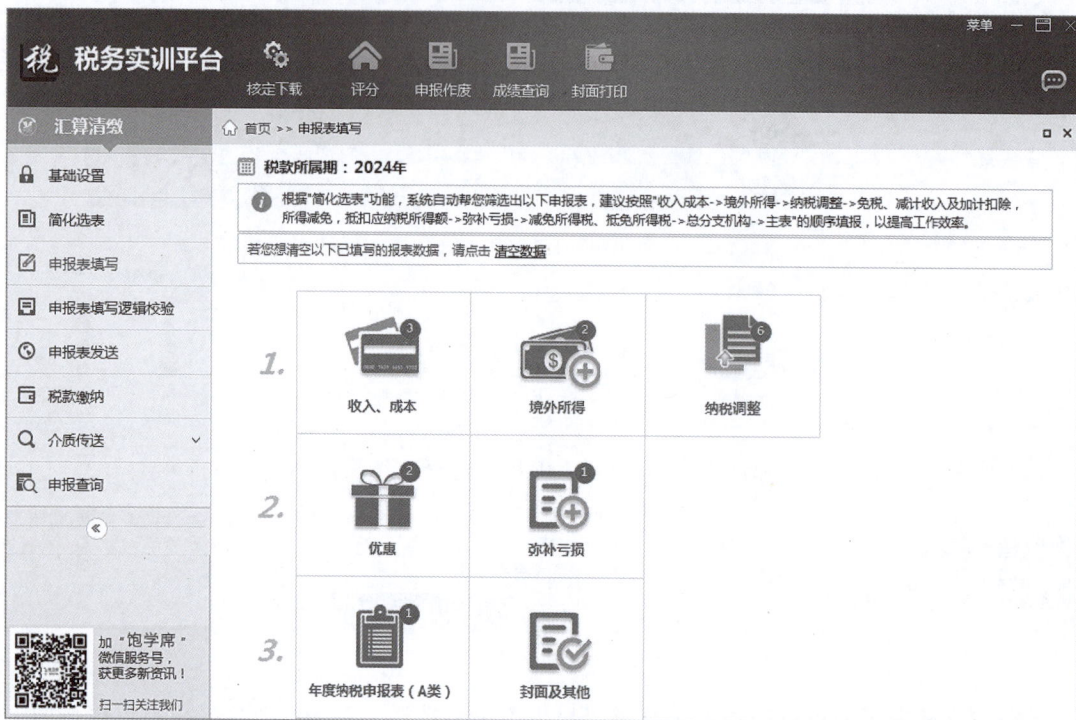

图4-17　申报表填写页面

选中需要填写的报表,单击后进入报表页面,填写相关数据,确保报表数据完整准确后单击左上角"保存"选项后保存填写完成的报表。在填写报表的时候,选中对应数据单元格后右边会有相关报表填写指南,如图4-18所示。

图4-18　一般企业收入明细表页面

备注：

在表格中黑色字体单元格代表可以编辑单元格；红色字体单元格代表合计不可编辑单元格。钻取功能即代表可以在原始表格未保存情况下打开另外一张报表，同时保证原始报表数据不丢失，又能对新打开报表数据进行更新保存。

本案例需注意的细节如下。

(1) A101010一般企业收入明细表根据表4-30填列。

(2) A102010一般企业成本明细表根据表4-31填列。

(3) A104000期间费用明细表根据表4-32填列。

(4) A108010境外所得纳税调整后所得明细表根据表4-33填列，增加"国家(840 美利坚合众国)"，单击"取消"，填写"境外税后所得"栏目下的"财产转让所得"780 000和"境外所得可抵免的所得税额"栏目下的"直接缴纳的所得税额"420 000。

(5) A108000境外所得税收抵免明细表根据表4-33填列，其中"税率"选择"25%"，"境外所得抵免限额"填写"300 000"。

(6) A105010视同销售和房地产开发企业特定业务纳税调整明细表第7行"用于对外捐赠视同销售收入"填写"60 000"，第17行"用于对外捐赠视同销售成本"填写"40 000"。

(7) A105050职工薪酬支出及纳税调整明细表根据表4-36填列。

(8) A105060广告费和业务宣传费等跨年度纳税调整明细表首先填写第1行"本年广告费和业务宣传费支出"7 078 600，其次计算扣除限额的基数：营业收入+视同销售收入=82 000 000+60 000=82 060 000元，然后填写第4行"本年计算广告费和业务宣传费扣除限额的销售(营业)收入"82 060 000。

(9) A105070捐赠支出及纳税调整明细表的第1行"非公益性捐赠账载金额"填写67 800(因为已在视同销售业务中调整过)。

(10) A105080资产折旧、摊销及纳税调整明细表根据表4-35填写。

(11) A105000纳税调整项目明细表根据表4-37填写第7行"公允价值变动净损益"200 000，第33行"资产减值准备金"500 000，根据表4-31填写第20行"税收滞纳金、加收利息"30 000，第27行"与取得收入无关的支出"120 000。第30行"其他"需填写视同销售业务的税会差异——账载金额(成本+按公允价值计算的销项税额)47 800；税收金额(市价+按公允价值计算的销项税额)67 800。

(12) A107011符合条件的居民企业之间的股息、红利等权益性投资收益优惠明细表根据表4-34填写被投资企业的相关信息。

(13) A107010 免税、减计收入及加计扣除优惠明细表根据表4-34填写第2行"国债利息收入免征企业所得税"500 000，根据表4-36填写第29行"安置残疾人员所支付的工资加计扣除"80 000。

(14) A106000企业所得税弥补亏损明细表根据表4-38填写前5个年度的所得额。

(15) A100000主表根据表4-29补充利润表项目。

本案例填写完整的申报表如表4-39至表4-53所示。

表4-39 填写完整的企业所得税年度纳税申报表(A类)(A10000)

单位：元

行次	类别	项目	金额
1		一、营业收入(填写A101010\101020\103000)	82 000 000.00
2		减：营业成本(填写A102010\102020\103000)	51 360 000.00
3		减：税金及附加	2 050 000.00
4		减：销售费用(填写A104000)	10 100 000.00
5		减：管理费用(填写A104000)	12 500 000.00
6	利润	减：财务费用(填写A104000)	1 020 000.00
7	总额	减：资产减值损失	500 000.00
8	计算	加：公允价值变动收益	200 000.00
9		加：投资收益	1 050 000.00
10		二、营业利润(1-2-3-4-5-6-7+8+9)	5 720 000.00
11		加：营业外收入(填写A101010\101020\103000)	1 746 000.00
12		减：营业外支出(填写A102010\102020\103000)	390 000.00
13		三、利润总额(10+11-12)	7 076 000.00
14		减：境外所得(填写A108010)	1 200 000.00
15		加：纳税调整增加额(填写A105000)	1 477 800.00
16		减：纳税调整减少额(填写A105000)	347 700.00
17	应纳	减：免税、减计收入及加计扣除(填写A107010)	1 130 000.00
18	税所	加：境外应税所得抵减境内亏损(填写A108000)	0.00
19	得额	四、纳税调整后所得(13-14+15-16-17+18)	5 876 100.00
20	计算	减：所得减免(填写A107020)	0.00
21		减：弥补以前年度亏损(填写A106000)	0.00
22		减：抵扣应纳税所得额(填写A107030)	0.00
23		五、应纳税所得额(19-20-21-22)	5 876 100.00
24		税率(25%)	25.00%
25		六、应纳所得税额(23×24)	1 469 025.00
26		减：减免所得税额(填写A107040)	0.00
27		减：抵免所得税额(填写A107050)	0.00
28		七、应纳税额(25-26-27)	1 469 025.00
29	应纳	加：境外所得应纳所得税额(填写A108000)	300 000.00
30	税额	减：境外所得抵免所得税额(填写A108000)	300 000.00
31	计算	八、实际应纳所得税额(28+29-30)	1 469 025.00
32		减：本年累计实际已缴纳的所得税额	1 175 200.00
33		九、本年应补(退)所得税额(31-32)	293 825.00
34		其中：总机构分摊本年应补(退)所得税额(填写A109000)	0.00
35		财政集中分配本年应补(退)所得税额(填写A109000)	0.00
36		总机构主体生产经营部门分摊本年应补(退)所得税额(填写A109000)	0.00

表4-40 填写完整的一般企业收入明细表(A101010)

单位：元

行次	项目	金额
1	一、营业收入(2+9)	82 000 000.00
2	(一) 主营业务收入(3+5+6+7+8)	82 000 000.00
3	1. 销售商品收入	68 000 000.00
4	其中：非货币性资产交换收入	0.00
5	2. 提供劳务收入	6 000 000.00
6	3. 建造合同收入	0.00
7	4. 让渡资产使用权收入	8 000 000.00
8	5. 其他	0.00
9	(二) 其他业务收入(10+12+13+14+15)	0.00
10	1. 销售材料收入	0.00
11	其中：非货币性资产交换收入	0.00
12	2. 出租固定资产收入	0.00
13	3. 出租无形资产收入	0.00
14	4. 出租包装物和商品收入	0.00
15	5. 其他	0.00
16	二、营业外收入(17+18+19+20+21+22+23+24+25+26)	1 746 000.00
17	(一) 非流动资产处置利得	1 200 000.00
18	(二) 非货币性资产交换利得	400 000.00
19	(三) 债务重组利得	0.00
20	(四) 政府补助利得	0.00
21	(五) 盘盈利得	0.00
22	(六) 捐赠利得	0.00
23	(七) 罚没利得	0.00
24	(八) 确实无法偿付的应付款项	120 000.00
25	(九) 汇兑收益	0.00
26	(十) 其他	26 000.00

表4-41 填写完整的一般企业成本支出明细表(A102010)

单位：元

行次	项目	金额
1	一、营业成本(2+9)	51 360 000.00
2	(一) 主营业务成本(3+5+6+7+8)	51 360 000.00
3	1. 销售商品成本	41 560 000.00
4	其中：非货币性资产交换成本	0.00
5	2. 提供劳务成本	4 200 000.00
6	3. 建造合同成本	0.00

(续表)

行次	项目	金额
7	4. 让渡资产使用权成本	5 600 000.00
8	5. 其他	0.00
9	(二) 其他业务成本(10+12+13+14+15)	0.00
10	1. 销售材料成本	0.00
11	其中: 非货币性资产交换成本	0.00
12	2. 出租固定资产成本	0.00
13	3. 出租无形资产成本	0.00
14	4. 包装物出租成本	0.00
15	5. 其他	0.00
16	二、营业外支出(17+18+19+20+21+22+23+24+25+26)	390 000.00
17	(一) 非流动资产处置损失	0.00
18	(二) 非货币性资产交换损失	0.00
19	(三) 债务重组损失	0.00
20	(四) 非常损失	0.00
21	(五) 捐赠支出	47 800.00
22	(六) 赞助支出	0.00
23	(七) 罚没支出	90 000.00
24	(八) 坏账损失	0.00
25	(九) 无法收回的债券股权投资损失	0.00
26	(十) 其他	252 200.00

表4-42 填写完整的期间费用明细表(A104000)

单位: 元

行次	项目	销售费用	其中: 境外支付	管理费用	其中: 境外支付	财务费用	其中: 境外支付
		1	2	3	4	5	6
1	一、职工薪酬	3 021 400.00	*	6 978 600.00	*	*	*
2	二、劳务费	0.00	0.00	0.00	0.00	*	*
3	三、咨询顾问费	0.00	0.00	0.00	0.00	*	*
4	四、业务招待费	0.00	*	0.00	*	*	*
5	五、广告费和业务宣传费	7 078 600.00	*	0.00	*	*	*
6	六、佣金和手续费	0.00	0.00	0.00	0.00	9 000.00	0.00
7	七、资产折旧摊销费	0.00	*	588 600.00	*	*	*
8	八、财产损耗、盘亏及毁损损失	0.00	*	0.00	*	*	*
9	九、办公费	0.00	*	0.00	*	*	*
10	十、董事会费	0.00	*	0.00	*	*	*
11	十一、租赁费	0.00	0.00	0.00	0.00	*	*
12	十二、诉讼费	0.00	*	0.00	*	*	*

(续表)

行次	项目	销售费用 1	其中：境外支付 2	管理费用 3	其中：境外支付 4	财务费用 5	其中：境外支付 6
13	十三、差旅费	0.00	*	0.00	*	*	*
14	十四、保险费	0.00	*	0.00	*	*	*
15	十五、运输、仓储费	0.00	0.00	0.00	0.00	*	*
16	十六、修理费	0.00	0.00	0.00	0.00	*	*
17	十七、包装费	0.00	*	0.00	*	*	*
18	十八、技术转让费	0.00	0.00	0.00	0.00	*	*
19	十九、研究费用	0.00	0.00	0.00	0.00	*	*
20	二十、各项税费	0.00	*	0.00	*	*	*
21	二十一、利息收支	*	*	*	*	5 000.00	0.00
22	二十二、汇兑差额	*	*	*	*	0.00	0.00
23	二十三、现金折扣	*	*	*	*	926 000.00	
24	二十四、党组织工作经费	*	*	0.00	*	*	*
25	二十五、其他	0.00	0.00	4 932 800.00	0.00	80 000.00	
26	合计(1+2+3+…25)	10 100 000.00	0.00	12 500 000.00	0.00	1 020 000.00	0.00

表4-43 填写完整的纳税调整项目明细表 (A105000)

单位：元

行次	项目	账载金额 1	税收金额 2	调增金额 3	调减金额 4
1	一、收入类调整项目(2+3+…8+10+11)	0	0	60 000.00	200 000.00
2	(一) 视同销售收入(填写A105010)	0	60 000.00	60 000.00	0
3	(二) 未按权责发生制原则确认的收入(填写A105020)	0.00	0.00	0.00	0.00
4	(三) 投资收益(填写A105030)	0.00	0.00	0.00	0.00
5	(四) 按权益法核算长期股权投资对初始投资成本调整确认收益	0	0	0	0.00
6	(五) 交易性金融资产初始投资调整	0	0	0	0
7	(六) 公允价值变动净损益	200 000.00	0	0	200 000.00
8	(七) 不征税收入	0	0	0.00	0.00
9	其中：专项用途财政性资金(填写A105040)	0	0	0.00	0.00
10	(八) 销售折扣、折让和退回	0.00	0.00	0.00	0.00
11	(九) 其他	0.00	0.00	0.00	0.00
12	二、扣除类调整项目(13+14+…24+26+27+28+29+30)	0	0	917 800.00	60 000.00
13	(一) 视同销售成本(填写A105010)	0	40 000.00	0	40 000.00
14	(二) 职工薪酬(填写A105050)	12 700 000.00	12 000 000.00	700 000.00	0.00
15	(三) 业务招待费支出	0.00	0.00	0.00	0

(续表)

行次	项目	账载金额	税收金额	调增金额	调减金额
		1	2	3	4
16	(四) 广告费和业务宣传费支出(填写A105060)	0	0	0.00	0.00
17	(五) 捐赠支出(填写A105070)	67 800.00	0.00	67 800.00	0.00
18	(六) 利息支出	0.00	0.00	0.00	0.00
19	(七) 罚金、罚款和被没收财物的损失	0.00	0	0.00	0
20	(八) 税收滞纳金、加收利息	30 000.00	0	30 000.00	0
21	(九) 赞助支出	0.00	0	0.00	0
22	(十) 与未实现融资收益相关在当期确认的财务费用	0.00	0.00	0.00	0.00
23	(十一) 佣金和手续费支出	0.00	0.00	0.00	0.00
24	(十二) 不征税收入用于支出所形成的费用	0	0	0.00	0
25	其中：专项用途财政性资金用于支出 所形成的费用(填写A105040)	0	0	0.00	0
26	(十三) 跨期扣除项目	0.00	0.00	0.00	0.00
27	(十四) 与取得收入无关的支出	120 000.00	0	120 000.00	0
28	(十五) 境外所得分摊的共同支出	0	0	0.00	0
29	(十六) 党组织工作经费	0.00	0.00	0.00	0.00
30	(十七) 其他	47 800.00	67 800.00	0.00	20 000.00
31	三、资产类调整项目(32+33+34+35)	0.00	0.00	500 000.00	87 700.00
32	(一) 资产折旧、摊销(填写A105080)	588 600.00	676 300.00	0.00	87 700.00
33	(二) 资产减值准备金	500 000.00	0	500 000.00	0
34	(三) 资产损失(填写A105090)	0.00	0.00	0.00	0.00
35	(四) 其他	0.00	0.00	0.00	0.00
36	四、特殊事项调整项目(37+38+…+43)	0	0	0.00	0.00
37	(一) 企业重组及递延纳税事项(填写A105100)	0.00	0.00	0.00	0.00
38	(二) 政策性搬迁(填写A105110)	0	0	0.00	0.00
39	(三) 特殊行业准备金(39.1+39.2+39.4+39.5+39.6+39.7)	0.00	0.00	0.00	0.00
39.1	1. 保险公司保险保障基金	0.00	0.00	0.00	0.00
39.2	2. 保险公司准备金	0.00	0.00	0.00	0.00
39.3	其中：已发生未报案未决赔款准备金	0.00	0.00	0.00	0.00
39.4	3. 证券行业准备金	0.00	0.00	0.00	0.00
39.5	4. 期货行业准备金	0.00	0.00	0.00	0.00
39.6	5. 中小企业融资(信用)担保机构准备金	0.00	0.00	0.00	0.00
39.7	6. 金融企业、小额贷款公司准备金(填写A105120)	0.00	0.00	0.00	0.00

(续表)

行次	项目	账载金额 1	税收金额 2	调增金额 3	调减金额 4
40	(四) 房地产开发企业特定业务计算的纳税调整额 (填写A105010)	0	0.00	0.00	0.00
41	(五) 有限合伙企业法人合伙方应分得的应纳税所得额	0.00	0.00	0.00	0.00
42	(六) 其他	0.00	0.00	0.00	0.00
43	五、特别纳税调整应税所得	0	0	0.00	0.00
44	六、其他	0	0	0.00	0.00
45	合计(1+12+31+36+43+44)	0	0	1 477 800.00	347 700.00

表4-44 填写完整的视同销售和房地产开发企业特定业务纳税调整明细表 (A105010)

单位：元

行次	项目	税收金额 1	纳税调整金额 2
1	一、视同销售(营业)收入(2+3+4+5+6+7+8+9+10)	60 000.00	60 000.00
2	(一) 非货币性资产交换视同销售收入	0.00	0.00
3	(二) 用于市场推广或销售视同销售收入	0.00	0.00
4	(三) 用于交际应酬视同销售收入	0.00	0.00
5	(四) 用于职工奖励或福利视同销售收入	0.00	0.00
6	(五) 用于股息分配视同销售收入	0.00	0.00
7	(六) 用于对外捐赠视同销售收入	60 000.00	60 000.00
8	(七) 用于对外投资项目视同销售收入	0.00	0.00
9	(八) 提供劳务视同销售收入	0.00	0.00
10	(九) 其他	0.00	0.00
11	二、视同销售(营业)成本(12+13+14+15+16+17+18+19+20)	40 000.00	−40 000.00
12	(一) 非货币性资产交换视同销售成本	0.00	0.00
13	(二) 用于市场推广或销售视同销售成本	0.00	0.00
14	(三) 用于交际应酬视同销售成本	0.00	0.00
15	(四) 用于职工奖励或福利视同销售成本	0.00	0.00
16	(五) 用于股息分配视同销售成本	0.00	0.00
17	(六) 用于对外捐赠视同销售成本	40 000.00	−40 000.00
18	(七) 用于对外投资项目视同销售成本	0.00	0.00
19	(八) 提供劳务视同销售成本	0.00	0.00
20	(九) 其他	0.00	0.00
21	三、房地产开发企业特定业务计算的纳税调整额(22-26)	0.00	0.00
22	(一) 房地产企业销售未完工开发产品特定业务计算的纳税调整额(24-25)	0.00	0.00

(续表)

行次	项目	税收金额	纳税调整金额
		1	2
23	1. 销售未完工产品的收入	0.00	—
24	2. 销售未完工产品预计毛利额	0.00	0.00
25	3. 实际发生的税金及附加、土地增值税	0.00	0.00
26	(二) 房地产企业销售的未完工产品转完工产品特定业务计算的纳税调整额(28-29)	0.00	0.00
27	1. 销售未完工产品转完工产品确认的销售收入	0.00	—
28	2. 转回的销售未完工产品预计毛利额	0.00	0.00
29	3. 转回实际发生的税金及附加、土地增值税	0.00	0.00

表4-45　填写完整的职工薪酬支出及纳税调整明细表(A105050)

单位：元

行次	项目	账载金额	实际发生额	税收规定扣除率	以前年度累计结转扣除额	税收金额	纳税调整金额	累计结转以后年度扣除额
		1	2	3	4	5	6(1-5)	7(1+4-5)
1	一、工资薪金支出	10 000 000.00	10 000 000.00	*	*	10 000 000.00	0.00	*
2	其中：股权激励	0.00	0.00	*	*	0.00	0.00	*
3	二、职工福利费支出	2 100 000.00	2 100 000.00	14.00%	*	1 400 000.00	700 000.00	*
4	三、职工教育经费支出	400 000.00	400 000.00	*	0.00	400 000.00	0.00	0.00
5	其中：按税收规定比例扣除的职工教育经费	400 000.00	400 000.00	8.00%	0.00	400 000.00	0.00	0.00
6	其中：按税收规定全额扣除的职工培训费用	0.00	0.00	100.00%	*	0.00	0.00	*
7	四、工会经费支出	200 000.00	200 000.00	2.00%	*	200 000.00	0.00	*
8	五、各类基本社会保障性缴款	0.00	0.00	*	*	0.00	0.00	*
9	六、住房公积金	0.00	0.00	*	*	0.00	0.00	*
10	七、补充养老保险	0.00	0.00	5.00%	*	0.00	0.00	*
11	八、补充医疗保险	0.00	0.00	5.00%	*	0.00	0.00	*
12	九、其他	0.00	0.00	*	*	0.00	0.00	*
13	合计(1+3+4+7+8+9+10+11+12)	12 700 000.00	12 700 000.00	*	0.00	12 000 000.00	700 000.00	0.00

表4-46 填写完整的广告费和业务宣传费跨年度纳税调整明细表(A105060)

单位：元

行次	项目	金额
1	一、本年广告费和业务宣传费支出	7 078 600.00
2	减：不允许扣除的广告费和业务宣传费支出	0.00
3	二、本年符合条件的广告费和业务宣传费支出(1-2)	7 078 600.00
4	三、本年计算广告费和业务宣传费扣除限额的销售(营业)收入	82 060 000.00
5	乘：税收规定扣除率	15.00%
6	四、本企业计算的广告费和业务宣传费扣除限额(4×5)	12 309 000.00
7	五、本年结转以后年度扣除额(3>6，本行=3-6；3≤6，本行=0)	0.00
8	加：以前年度累计结转扣除额	0.00
9	减：本年扣除的以前年度结转额(3>6，本行=0；3≤6，本行=8与(6-3)孰小值)	0.00
10	六、按照分摊协议归集至其他关联方的广告费和业务宣传费(10≤3与6孰小值)	0.00
11	按照分摊协议从其他关联方归集至本企业的广告费和业务宣传费	0.00
12	七、本年广告费和业务宣传费支出纳税调整金额(3>6，本行=2+3-6+10-11；3≤6，本行=2+10-11-9)	0.00
13	八、累计结转以后年度扣除额(7+8-9)	0.00

表4-47 填写完整的捐赠支出及纳税调整明细表 (A105070)

单位：元

行次	项目	账载金额	以前年度结转可扣除的捐赠额	按税收规定计算的扣除限额	税收金额	纳税调增金额	纳税调减金额	可结转以后年度扣除的捐赠额
		1	2	3	4	5	6	7
1	一、非公益性捐赠	67 800.00	*	*	*	67 800.00	*	*
2	二、限额扣除的公益性捐赠(3+4+5+6)	0.00	0.00	849 120.00	0.00	0.00	0.00	0.00
3	前三年度(年)	*	0.00	*	*	*	0.00	*
4	前二年度(年)	*	0.00	*	*	*	0.00	*
5	前一年度(年)	*	0.00	*	*	*	0.00	*
6	本年(年)	0.00	*	849 120.00	0.00	0.00	*	0.00
7	三、全额扣除的公益性捐赠	0.00	*	*	0.00	*	*	0.00
8	1.		*	*	*	*	*	*
9	2.		*	*	*	*	*	*
10	3.		*	*	*	*	*	*
11	合计(1+2+7)	67 800.00	0.00	849 120.00	0.00	67 800.00	0.00	0.00
附列资料	2015年度至本年发生的公益性扶贫捐赠合计金额	0.00	*	*	0.00	*	*	*

表4-48　填写完整的资产折旧、摊销及纳税调整明细表(A105080)

单位：元

行次	项目	账载金额			税收金额					纳税调整金额
		资产原值	本年折旧、摊销额	累计折旧、摊销额	资产计税基础	税收折旧额	享受加速折旧政策的资产按一般规定计算的折旧、摊销额	加速折旧统计额	累计折旧、摊销额	
		1	2	3	4	5	6	7=5-6	8	9(2-5)
1	一、固定资产(2+3+4+5+6+7)	2 550 000.00	313 300.00	1 411 500.00	2 050 000.00	263 300.00	0.00	0.00	1 211 500.00	50 000.00
2	(一)房屋、建筑物	0.00	0.00	0.00	0.00	0.00	0.00	0.00	0.00	0.00
3	(二)飞机、火车、轮船、机器、机械和其他生产设备	0.00	0.00	0.00	0.00	0.00	0.00	0.00	0.00	0.00
4	(三)与生产经营活动有关的器具、工具、家具等	1 550 000.00	155 000.00	620 000.00	1 050 000.00	105 000.00	0.00	0.00	420 000.00	50 000.00
5	(四)飞机、火车、轮船以外的运输工具	0.00	0.00	0.00	0.00	0.00	0.00	0.00	0.00	0.00
6	(五)电子设备	1 000 000.00	158 300.00	791 500.00	1 000 000.00	158 300.00	0.00	0.00	791 500.00	0.00
7	(六)其他	0.00	0.00	0.00	0.00	0.00	0.00	0.00	0.00	0.00

所有固定资产

（续表）

行次	项目	账载金额			资产计税基础	税收金额				纳税调整金额
		资产原值	本年折旧、摊销额	累计折旧、摊销额	资产计税基础	税收折旧额	享受加速折旧政策的资产按税收一般规定计算的折旧、摊销额	加速折旧统计额	累计折旧、摊销额	纳税调整金额
		1	2	3	4	5	6	7=5-6	8	9(2-5)
8	（一）重要行业固定资产加速折旧（不含一次性扣除）	0.00	0.00	0.00	0.00	0.00	0.00	0.00	0.00	0.00
9	（二）其他行业研发设备加速折旧	0.00	0.00	0.00	0.00	0.00	0.00	0.00	0.00	0.00
10	（三）海南自由贸易港企业固定资产加速折旧	0.00	0.00	0.00	0.00	0.00	0.00	0.00	0.00	0
11	其中：享受固定资产加速折旧及一次性扣除政策的资产 （四）500万元以下设备器具一次性扣除	0.00	0.00	0.00	0.00	0.00	0.00	0.00	0.00	0.00
12	（五）疫情防控重点保障物资生产企业单价500万元以上设备一次性扣除	0.00	0.00	0.00	0.00	0.00	0.00	0.00	0.00	0
13	（六）海南自由贸易港企业固定资产一次性扣除	0.00	0.00	0.00	0.00	0.00	0.00	0.00	0.00	0
14	加速折旧额大于一般折旧额的部分 （七）技术进步、更新换代固定资产加速折旧	0.00	0.00	0.00	0.00	0.00	0.00	0.00	0.00	0.00
15	（八）常年强震动、高腐蚀固定资产	0.00	0.00	0.00	0.00	0.00	0.00	0.00	0.00	0.00
16	（九）外购软件折旧	0.00	0.00	0.00	0.00	0.00	0.00	0.00	0.00	0.00
17	（十）集成电路生产企业生产设备加速折旧	0.00	0.00	0.00	0.00	0.00	0.00	0.00	0.00	0.00
18	二、生产性生物资产(19+20)	0.00	0.00	0.00	0.00	0.00	0.00	0.00	0.00	0.00
19	（一）林木类	0.00	0.00	0.00	0.00	0.00	0.00	0.00	0.00	0.00

(续表)

项目	行次	账载金额			税收金额					纳税调整金额
		资产原值	本年折旧、摊销额	累计折旧、摊销额	资产计税基础	税收折旧额	享受加速折旧政策的资产按税收一般规定计算的折旧、摊销额	加速折旧统计额	累计折旧、摊销额	
		1	2	3	4	5	6	7=5-6	8	9(2-5)
(二)畜类	20	0.00	0.00	0.00	0.00	0.00	0.00	0.00	0.00	0.00
三、无形资产(22+23+24+25+26+27+28+30)	21	4 130 000.00	275 300.00	1 101 200.00	6 195 000.00	413 000.00	0.00	0.00	1 652 000.00	-137 700.00
(一)专利权	22	4 130 000.00	275 300.00	1 101 200.00	6 195 000.00	413 000.00	0.00	0.00	1 652 000.00	-137 700.00
(二)商标权	23	0.00	0.00	0.00	0.00	0.00	0.00	0.00	0.00	0.00
(三)著作权	24	0.00	0.00	0.00	0.00	0.00	0.00	0.00	0.00	0.00
所有无形资产 (四)土地使用权	25	0.00	0.00	0.00	0.00	0.00	0.00	0.00	0.00	0.00
(五)非专利技术	26	0.00	0.00	0.00	0.00	0.00	0.00	0.00	0.00	0.00
(六)特许权使用费	27	0.00	0.00	0.00	0.00	0.00	0.00	0.00	0.00	0.00
(七)软件	28	0.00	0.00	0.00	0.00	0.00	0.00	0.00	0.00	0.00
(八)其他	29	0.00	0.00	0.00	0.00	0.00	0.00	0.00	0.00	0.00
其中:享受无形资产加速摊销政策的资产加速摊销及一次性摊销额大于一般规定摊销额的部分 (一)企业外购软件加速摊销	30	0.00	0.00	0.00	0.00	0.00	0.00	0.00	0.00	0.00
(二)海南自由贸易港企业无形资产加速摊销	31	0.00	0.00	0.00	0.00	0.00	0.00	0.00	0.00	0.00
(三)海南自由贸易港企业无形资产一次性摊销	32	0.00	0.00	0.00	0.00	0.00	0.00	0.00	0.00	0.00
四、长期待摊费用(34+35+36+37+38)	33	0.00	0.00	0.00	0.00	0.00	0.00	0.00	0.00	0.00

（续表）

行次	项目	账载金额			税收金额					纳税调整金额
		资产原值	本年折旧、摊销额	累计折旧、摊销额	资产计税基础	税收折旧额	享受加速折旧政策的资产按税收一般规定计算的折旧、摊销额	加速折旧统计额	累计折旧、摊销额	
		1	2	3	4	5	6	7=5-6	8	9(2-5)
34	（一）已足额提取折旧的固定资产的改建支出	0.00	0.00	0.00	0.00	0.00	0.00	0.00	0.00	0.00
35	（二）租入固定资产的改建支出	0.00	0.00	0.00	0.00	0.00	0.00	0.00	0.00	0.00
36	（三）固定资产的大修理支出	0.00	0.00	0.00	0.00	0.00	0.00	0.00	0.00	0.00
37	（四）开办费	0.00	0.00	0.00	0.00	0.00	0.00	0.00	0.00	0.00
38	（五）其他	0.00	0.00	0.00	0.00	0.00	0.00	0.00	0.00	0.00
39	五、油气勘探投资	0.00	0.00	0.00	0.00	0.00	0.00	0.00	0.00	0.00
40	六、油气开发投资	0.00	0.00	0.00	0.00	0.00	0.00	0.00	0.00	0.00
41	合计(1+18+21+33+39+40)	6 680 000.00	588 600.00	2 512 700.00	8 245 000.00	676 300.00	0.00	0.00	2 863 500.00	−87 700.00
附列资料	全民所有制企业公司制改制资产评估增值政策资产	0.00	0.00	0.00	0.00	0.00	0.00	0.00	0.00	0.00

表4-49 填写完整的企业所得税弥补亏损明细表

单位：元

行次	项目	年度	当年境内所得	分立转出的亏损额	合并、分立转入的亏损额			弥补亏损企业类型	当年亏损额	当年待弥补的亏损额	用本年度所得额弥补的以前年度亏损额		当年可结转以后年度弥补的亏损额
					可弥补年限5年	可弥补年限8年	可弥补年限10年				使用境内所得弥补	使用境外所得弥补	
		1	2	3	4	5	6	7	8	9	10	11	12
1	前十年度		0.00	0.00	0.00	0.00	0.00	100|一般企业	0.00	0.00	0.00	0.00	0.00
2	前九年度		0.00	0.00	0.00	0.00	0.00	100|一般企业	0.00	0.00	0.00	0.00	0.00
3	前八年度		0.00	0.00	0.00	0.00	0.00	100|一般企业	0.00	0.00	0.00	0.00	0.00
4	前七年度		0.00	0.00	0.00	0.00	0.00	100|一般企业	0.00	0.00	0.00	0.00	0.00
5	前六年度		0.00	0.00	0.00	0.00	0.00	100|一般企业	0.00	0.00	0.00	0.00	0.00
6	前五年度	20×0	86 000.00	0.00	0.00	0.00	0.00	100|一般企业	0.00	0.00	0.00	0.00	0.00
7	前四年度	20×1	25 000.00	0.00	0.00	0.00	0.00	100|一般企业	0.00	0.00	0.00	0.00	0.00
8	前三年度	20×2	120 000.00	0.00	0.00	0.00	0.00	100|一般企业	0.00	0.00	0.00	0.00	0.00
9	前二年度	20×3	360 000.00	0.00	0.00	0.00	0.00	100|一般企业	0.00	0.00	0.00	0.00	0.00
10	前一年度	20×4	103 200.00	0.00	0.00	0.00	0.00	100|一般企业	0.00	0.00	0.00	0.00	0.00

(续表)

行次	项目	年度	当年境内所得	分立转出的亏损额	合并、分立转入的亏损额			弥补亏损企业类型	当年亏损额	当年待弥补的亏损额	用本年度所得额弥补的以前年度亏损额		当年可结转以后年度弥补的亏损额
					可弥补年限5年	可弥补年限8年	可弥补年限10年				使用境内所得弥补	使用境外所得弥补	
		1	2	3	4	5	6	7	8	9	10	11	12
11	本年度	20×5	5 876 100.00	0.00	0.00	0.00	0.00	100|一般企业	0.00	0.00	0.00	0.00	0.00
12	可结转以后年度弥补的亏损额合计												0.00

表4-50 填写完整的免税、减计收入及加计扣除优惠明细表

单位：元

行次	项目	金额
1	一、免税收入(2+3+9+…+16)	1 050 000.00
2	(一)国债利息收入免征企业所得税	500 000.00
3	(二)符合条件的居民企业之间的股息、红利等权益性投资收益免征企业所得税(4+5+6+7+8)	550 000.00
4	1.一般股息红利等权益性投资收益免征企业所得税(填写A107011)	550 000.00
5	2.内地居民企业通过沪港通投资且连续持有H股满12个月取得的股息红利所得免征企业所得税(填写A107011)	0.00
6	3.内地居民企业通过深港通投资且连续持有H股满12个月取得的股息红利所得免征企业所得税(填写A107011)	0.00
7	4.居民企业持有创新企业CDR取得的股息红利所得免征企业所得税(填写A107011)	0.00
8	5.符合条件的永续债利息收入免征企业所得税(填写A107011)	0.00
9	(三)符合条件的非营利组织的收入免征企业所得税	0.00
10	(四)中国清洁发展机制基金取得的收入免征企业所得税	0.00
11	(五)投资者从证券投资基金分配中取得的收入免征企业所得税	0.00
12	(六)取得的地方政府债券利息收入免征企业所得税	0.00
13	(七)中国保险保障基金有限责任公司取得的保险保障基金等收入免征企业所得税	0.00
14	(八)中国奥委会取得北京冬奥组委支付的收入免征企业所得税	0.00
15	(九)中国残奥委会取得北京冬奥组委分期支付的收入免征企业所得税	0.00

(续表)

行次	项目	金额
16	(十) 其他(16.1+16.2)	0.00
16.1	1. 取得的基础研究资金收入免征企业所得税	0.00
16.2	2. 其他	0.00
17	二、减计收入(18+19+23+24)	0.00
18	(一) 综合利用资源生产产品取得的收入在计算应纳税所得额时减计收入	0.00
19	(二) 金融、保险等机构取得的涉农利息、保费减计收入(20+21+22)	0.00
20	1. 金融机构取得的涉农贷款利息收入在计算应纳税所得额时减计收入	0.00
21	2. 保险机构取得的涉农保费收入在计算应纳税所得额时减计收入	0.00
22	3. 小额贷款公司取得的农户小额贷款利息收入在计算应纳税所得额时减计收入	0.00
23	(三) 取得铁路债券利息收入减半征收企业所得税	0.00
24	(四) 其他(24.1+24.2)	0.00
24.1	1. 取得的社区家庭服务收入在计算应纳税所得额时减计收入	0.00
24.2	2. 其他	0.00
25	三、加计扣除(26+27+28+29+30)	80 000.00
26	(一) 开发新技术、新产品、新工艺发生的研究开发费用加计扣除(填写A107012)	0.00
27	(二) 科技型中小企业开发新技术、新产品、新工艺发生的研究开发费用加计扣除(填写A107012)	0.00
28	(三) 企业为获得创新性、创意性、突破性的产品进行创意设计活动而发生的相关费用加计扣除(加计扣除比例及计算方法：)	0.00
28.1	其中：第四季度相关费用加计扣除	0.00
28.2	前三季度相关费用加计扣除	0.00
29	(四) 安置残疾人员所支付的工资加计扣除	80 000.00
30	(五) 其他(30.1+30.2+30.3)	0.00
30.1	1. 企业投入基础研究支出加计扣除	0.00
30.2	2. 高新技术企业设备器具加计扣除	0.00
30.3	3. 其他	0.00
31	合计(1+17+25)	1 130 000.00

表4-51　填写完整的符合条件的居民企业之间的股息、红利等权益性投资收益优惠明细表

单位：元

行次	被投资企业	被投资企业统一社会信用代码(纳税人识别号)	投资性质	投资成本	投资比例	被投资企业利润分配确认金额	被投资企业清算确认金额			撤回或减少投资确认金额						合计
						被投资企业做出利润分配或转股决定时间 / 依决定归属于本公司的股息、红利等权益性投资收益金额	分得的被投资企业清算剩余资产	被清算企业累计未分配利润和累计盈余公积中应享有部分	应确认的股息所得	从被投资企业撤回或减少投资取得的资产	减少投资比例	收回初始投资成本	取得资产中超过收回初始投资成本部分	撤回或减少投资应享有被投资企业累计未分配利润和累计盈余公积	应确认的股息所得	
1	2	3	4	5	6 / 7	8	9	10(8与9孰小)	11	12	13(4×12)	14(11-13)	15	16(14与15孰小)	17(7+10+16)
1	A企业	91330823220643708	01 直接投资	2 200 000.00	5.00%	2023/12/22　550 000.00	0.00	0.00	0.00	0.00	0.00%	0.00	0.00	0.00	0.00	550 000.00
2									0.00						0.00	0.00
3									0.00						0.00	0.00
4									0.00						0.00	0.00
5									0.00						0.00	0.00

(续表)

行次	被投资企业 1	被投资企业统一社会信用代码(纳税人识别号) 2	投资性质 3	投资成本 4	投资比例 5	被投资企业利润分配确认金额		被投资企业清算确认金额			撤回或减少投资确认金额						合计
						被投资企业做出利润分配或转股决定时间 6	依决定归属于本公司的股息、红利等权益性投资收益金额 7	分得的被投资企业累计未分配利润和累计盈余公积应享有部分 8	被清算企业累计未分配利润和累计盈余公积应享有部分 9	应确认的股息所得 10(8与9孰小)	从被投资企业撤回或减少投资取得的资产 11	减少投资比例 12	收回初始投资成本 13(4×12)	取得资产中超过收回初始投资成本部分 14(11-13)	撤回或减少投资应享有被投资企业累计未分配利润和累计盈余公积 15	应确认的股息所得 16(14与15孰小)	17(7+10+16)
6										0.00			0.00	0.00		0.00	0.00
7										0.00			0.00	0.00		0.00	0.00
8 合计																	550 000.00
9 其中:直接投资或非H股票投资																	550 000.00
10 股票投资—沪港通H股																	0.00
11 股票投资—深港通H股																	0.00
12 创新企业CDR																	0.00
13 永续债																	0.00

表4-52　填写完整的符合条件的居民企业之间的股息、红利等权益性投资收益优惠明细表

单位：元

行次	国家(地区) 1	境外税前所得 2	境外所得纳税调整后所得 3	弥补境外以前年度亏损 4	境外应纳税所得额 5(3-4)	抵减境内亏损 6	抵减境内亏损后的境外应纳税所得额 7(5-6)	税率 8	境外所得应纳税额 9(7×8)	境外所得可抵免税额 10	境外所得抵免限额 11	本年可抵免境外所得税额 12	未超过境外所得税抵免限额的余额 13(11-12)	本年可抵免前年度未抵免境外所得税额 14	按简易办法计算				境外所得抵免所得税额合计 19(12+14+18)
															按低于12.5%的实际税率计算抵免境外所得税额 15	按12.5%计算的抵免额 16	按25%计算的抵免额 17	小计 18(15+16+17)	
1	不分国(地区)不分项	1 200 000.00	1 200 000.00	0.00	1 200 000.00	0.00	1 200 000.00	25.00%	300 000.00	420 000.00	300 000.00	300 000.00	0.00	0.00	0.00	0.00	0.00	0.00	300 000.00
2		0.00	0.00	0.00	0.00	0.00	0.00	0.00%	0.00	0.00	0.00	0.00	0.00	0.00	0.00	0.00	0.00	0.00	0.00
3		0.00	0.00	0.00	0.00	0.00	0.00	0.00%	0.00	0.00	0.00	0.00	0.00	0.00	0.00	0.00	0.00	0.00	0.00
4		0.00	0.00	0.00	0.00	0.00	0.00	0.00%	0.00	0.00	0.00	0.00	0.00	0.00	0.00	0.00	0.00	0.00	0.00
5		0.00	0.00	0.00	0.00	0.00	0.00	0.00%	0.00	0.00	0.00	0.00	0.00	0.00	0.00	0.00	0.00	0.00	0.00
6		0.00	0.00	0.00	0.00	0.00	0.00	0.00%	0.00	0.00	0.00	0.00	0.00	0.00	0.00	0.00	0.00	0.00	0.00
7		0.00	0.00	0.00	0.00	0.00	0.00	0.00%	0.00	0.00	0.00	0.00	0.00	0.00	0.00	0.00	0.00	0.00	0.00
8		0.00	0.00	0.00	0.00	0.00	0.00	0.00%	0.00	0.00	0.00	0.00	0.00	0.00	0.00	0.00	0.00	0.00	0.00
9		0.00	0.00	0.00	0.00	0.00	0.00	0.00%	0.00	0.00	0.00	0.00	0.00	0.00	0.00	0.00	0.00	0.00	0.00
10	合计	1 200 000.00	1 200 000.00	0.00	1 200 000.00	0.00	1 200 000.00	0.00%	300 000.00	420 000.00	300 000.00	300 000.00	0.00	0.00	0.00	0.00	0.00	0.00	300 000.00

表4-53 填写完整的境外所得纳税调整后所得明细表

单位：元

行次	国家(地区)	境外税后所得：分支机构营业利润所得	股息、红利等权益性投资所得	利息所得	特许权使用费所得	租金所得	财产转让所得	其他所得	小计	境外所得可抵免的所得税额：直接缴纳的所得税额	间接负担的所得税额	享受税收饶让抵免税额	小计	境外税前所得	境外分支机构收入与支出纳税调整额	境外分支机构调整摊销的有关成本费用	境外所得对应调整的相关成本费用支出	境外所得纳税调整后所得	其中：海南自由贸易港企业新增境外直接投资所得：营业利润	调整分摊扣除的有关成本费用	纳税调整额	纳税调整后所得	境外所得税额	对应的股息所得税额	对应的股息境外所得税额	境外享受免税政策的所得 小计
	1	2	3	4	5	6	7	8	9(2+…+8)	10	11	12	13(10+11+12)	14(9+10+11)	15	16	17	18(14+15-16-17)	19	20	21	22(19-20+21)	23	24	25	26(22+24)
2	美利坚合众国	0.00	0.00	0.00	0.00	0.00	780 000.00	0.00	780 000.00	420 000.00		0.00	420 000.00	1 200 000.00	0.00	0.00		1 200 000.00				0.00	0.00	0.00		0.00
3									0.00				0.00	0.00				0.00				0.00		0.00		0.00
4									0.00				0.00	0.00				0.00				0.00		0.00		0.00
5									0.00				0.00	0.00				0.00				0.00		0.00		0.00
6									0.00				0.00	0.00				0.00				0.00		0.00		0.00
7									0.00				0.00	0.00				0.00				0.00		0.00		0.00
8													0.00	0.00				0.00				0.00		0.00		0.00
9									0.00					0.00								0.00				0.00
10																										0.00
11	合计	0.00	0.00				780 000.00	0.00	780 000.00	420 000.00		0.00	420 000.00	1 200 000.00	0.00	0.00	0.00	1 200 000.00	0.00	0.00	0.00	0.00	0.00	0.00		0.00

6) 税收遵从风险提示

本功能模块主要完成企业所得税年度申报表(A类)的填写检查，以帮助企业发现申报表填写问题。

选择"申报表填写与逻辑校验"进入所得税申报表检查界面，如图4-19所示。

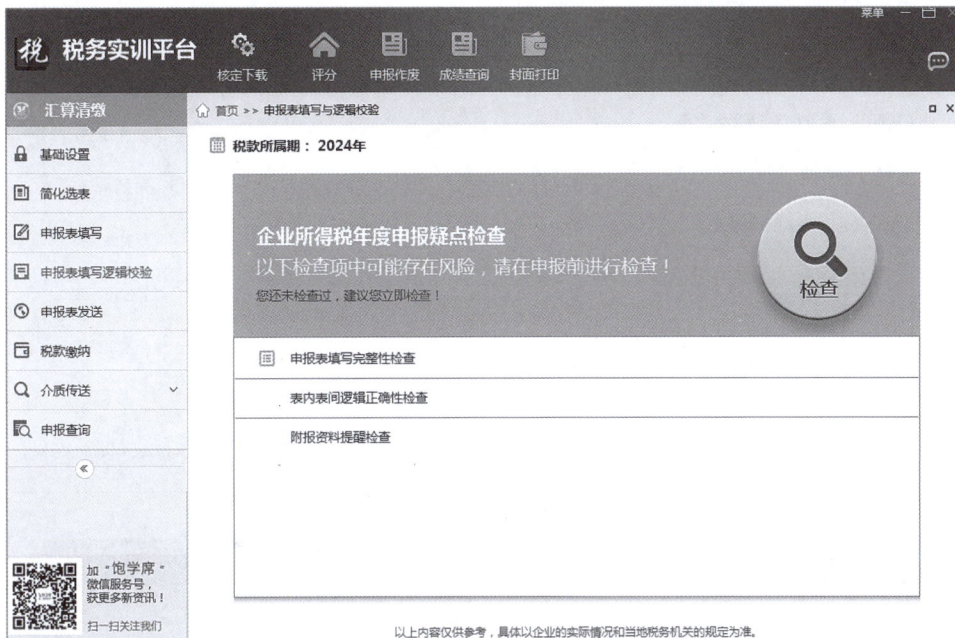

图4-19　申报表填写逻辑校验页面

单击"检查"选项对企业所得税年度申报进行疑点查询，如图4-20所示。

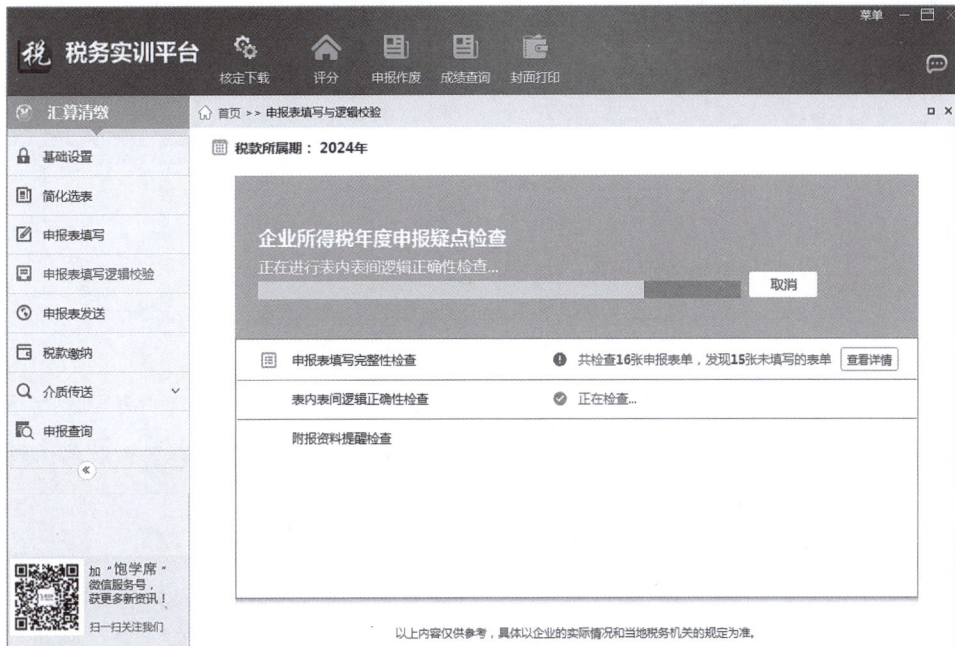

图4-20　企业所得税年度申报疑点检查

单击"查看详情"选项可以对存在风险的疑点进行查看。申报表填写完整性检查如图4-21所示，表内表间逻辑正确性检查对话框如图4-22所示。

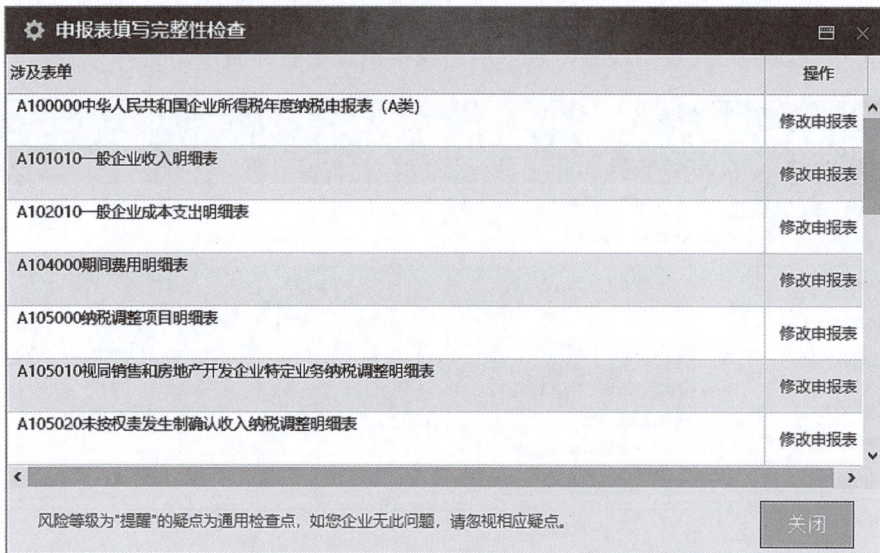

图4-21　申报表填写完整性检查页面

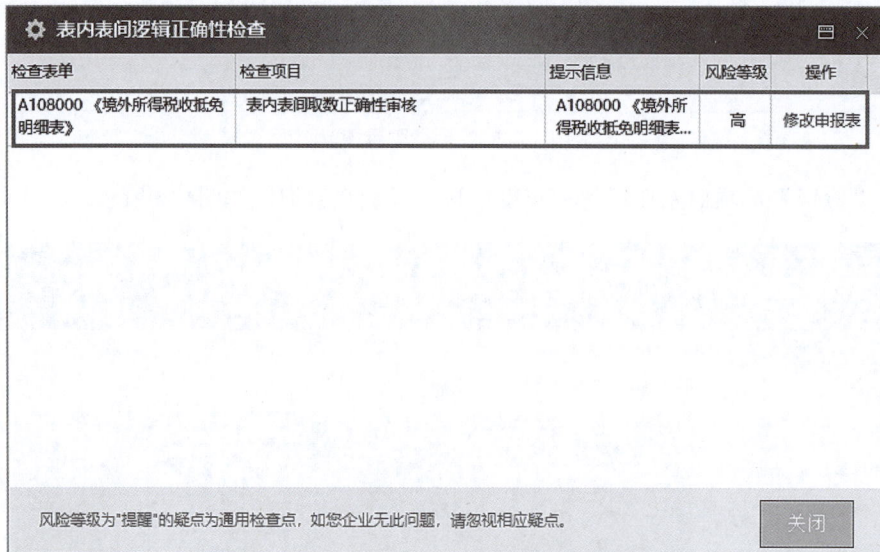

图4-22　表内表间逻辑正确性检查页面

针对其他检查问题，单击操作列中的表单名称，弹出当前表单对应的表单填写页面进行修改。完成表单修改后，单击保存按钮，保存数据，单击关闭弹出表单，回到当前的检查结果详情页面。

7) 申报表发送

申报表需填写完整，且报表逻辑关系没有问题通过逻辑校验后，可进行申报发送。

选择"申报表发送"进入报表申报发送页面。选中需要申报的报表种类，确认后单击"申报表发送"选项就可以发送申报表。

8) 税款缴纳

单击"税款缴纳"选项，出现缴税信息的对话框，核实缴税信息，信息无误，单击"缴税"选项，实现税款的缴纳。

实战演练：

衡信教育科技有限公司，成立于2014年01月15日，属于增值税一般纳税人，税务机关核定的企业所得税征收方式为查账征收，按照实际利润预缴方式预缴企业所得税。非跨地区经营企业，非小型微利企业，非上市公司。公司主要从事软件开发、服务、培训等业务。

公司资产总额为1000万元，总人数535人，皆为大专以上学历，其中研究开发人员343人。

股东信息：周凯(中国国籍，身份证×××××××××××)投资比例60%；李雅欣(中国国籍，身份证×××××××××××)投资比例40%。

公司适用的所得税税率为25%。

所属行业：6511基础软件开发

会计主管：方易元

适用的会计准则：企业会计准则(一般企业)

采用一般企业财务报表格式(2019年版)：是

会计档案存放地：浙江省杭州市

会计核算软件：用友

记账本位币：人民币

固定资产折旧方法：年限平均法

存货成本计价方法：先进先出法

现进行该公司20×3年度企业所得税汇算清缴，已经预缴所得税额300 000.00元，相关资料如表4-54所示。

表4-54　利润表

编制单位：衡信教育科技有限公司　　　20×3年12月31日　　　　　　　　单位：人民币元

项目	本月数	本年累计
一、营业收入	28 000 000.00	75 238 200.00
减：营业成本	10 350 000.00	46 396 500.00
税金及附加	242 200.00	6 253 200.00
销售费用	600 000.00	7 135 000.00
管理费用	383 300.00	10 840 080.00
研发费用		
财务费用	28 000.00	-240 000.00
其中：利息费用		
利息收入		-240 000.00
资产减值损失	7 200.00	7 200.00
信用减值损失		
加：其他收益		
投资收益(损失以"-"号填列)	500 000.00	500 000.00

(续表)

项目	本月数	本年累计
其中：对联营企业和合营企业的投资收益		
净敞口套期收益(损失以"-"号填列)		
公允价值变动收益(损失以"-"号填列)		
资产处置收益(损失以"-"号填列)		
二、营业利润(亏损以"-"号填列)	16 889 300.00	5 346 220.00
加：营业外收入		525 000.00
减：营业外支出		426 500.00
三、利润总额(亏损总额以"-"号填列)	16 889 300.00	5 444 720.00
减：所得税费用	4 222 325.00	550 372.25
四、净利润(净亏损以"-"号填列)	12 666 975.00	4 894 347.75
(一) 持续经营净利润(净亏损以"-"号填列)		
(二) 终止经营净利润(净亏损以"-"号填列)		
五、其他综合收益的税后净额		
(一) 不能重分类进损益的其他综合收益		
1. 重新计量设定受益计划变动额		
2. 权益法下不能转损益的其他综合收益		
3. 其他权益工具投资公允价值变动		
4. 企业自身信用风险公允价值变动		
……		
(二) 将重分类进损益的其他综合收益		
1. 权益法下可转损益的其他综合收益		
2. 其他债权投资公允价值变动		
3. 金融资产重分类计入其他综合收益的金额		
4. 其他债权投资信用减值准备		
5. 现金流量套期储备		
6. 外币财务报表折算差额		

20×3年年度报表资料如下。

(1) 20×3年产品销售收入与成本如下。

① 销售商品收入65 190 000.00元，销售商品成本40 696 500.00元。

② 提供劳务收入10 048 200.00元，提供劳务成本5 700 000.00元。

(2) 营业外收入中包含取得供应商的违约金收入25 000.00元。

(3) 自主研发项目获得政府资金资助500 000.00元，但公司没有单独核算收入与支出，入账"营业外收入－政府补助"。

(4) 营业外支出明细如下。

① 工商罚款60 000.00元、税收滞纳金30 000.00元。

② 通过市人民政府向灾区捐赠现金150 000.00元；通过C公司向贫困地区捐赠现金100 000.00元；

③ 其他86 500.00元(可以税前扣除)。

(5) 期间费用明细如表4-55所示。

表4-55　期间费用明细表

费用项目	销售费用	管理费用	财务费用
职工薪酬	2 500 000.00	1 877 300.00	
咨询顾问费		500 000.00	
业务招待费	1 320 000.00		
广告费和业务宣传费	200 000.00		
折旧费	15 000.00	23 300.00	
办公费		1 179 480.00	
房租费		650 000.00	
差旅费	3 100 000.00	600 000.00	
邮寄费		80 000.00	
费用化税金		50 000.00	
研发费用		5 000 000.00	
利息支出			-240 000.00
其他费用		880 000.00	

(6) 20×2年05月01日，公司直接投资甲公司(统一社会信用代码：×××××××××××，非上市公司)5 000 000.00元，占股25%，20×3年10月23日甲公司公布利润分配决定，衡信教育科技有限公司获得股利500 000.00元。

(7) 20×3年度公司会计归集入账"B软件研发项目"费用化研发投入5 000 000.00元，其中：人员人工费用4 254 700.00(直接从事研发活动人员工资薪金3 112 436.00元，直接从事研发活动人员五险一金1 142 264.00元)；研发活动直接消耗材料费用200 000.00元、用于试制产品的检验费50 000.00元；用于研发活动的仪器的折旧费120 000.00元；用于研发活动的软件的摊销费用375 300.00元。该项目研发费用都为国内发生的研究开发。(备注：20×3年企业研发费用全部做费用化支出处理，符合加计扣除条件。)

固定资产净残值为5%，与生产经营有关的器具工具家具按5年计提折旧、电子设备按3年计提折旧，折旧采用平均年限法，无形资产按10年摊销，会计与税法无差异，资产明细如表4-56所示。

表4-56　资产折旧/摊销情况

资产	资产原值	本年折旧	累计折旧
与生产经营有关的器具工具家具	833157.89	158300.00	728180.00
电子设备	805263.15	255000.00	756700.00
无形资产(专利权)	3753000.00	375300.00	1726380.00

(8) 公司以余额百分比法计提坏账准备，计提比例为5%，20×3年期末应收账款余额为864 000.00元，其他应收款余额为520 000.00元，20×3年期初应收账款坏账准备余额为32 000.00元，其他应收款坏账准备余额为30 000.00元。

(9) 职工薪酬调整明细如表4-57所示。

表4-57 职工薪酬调整明细

项目	账载金额	实际发生额
职工工资	8 632 000.00	8 632 000.00
职工福利费	1 349 300.00	1 349 300.00
职工教育经费	210 000.00	210 000.00
工会经费	172 640.00	103 500.00
基本社会保险支出	300 000.00	300 000.00
住房公积金支出	200 000.00	200 000.00

(10) 管理费用中包括不符合税前扣除规定的白条、收据入账费用253 600.00元。

(11) 公司近5年盈利及亏损情况如表4-58所示。

表4-58 企业所得税弥补亏损明细表

年度	盈利额或亏损额	备注
20×8	25 103.00	
20×9	335 642.00	
20×0	459 600.00	
20×1	106 900.00	
20×2	1 250 300.00	

要求：请为衡信教育科技有限公司20×3年度企业所得税进行汇算清缴。

个人所得税纳税申报实操

学习目标

1. 能够正确计算个人所得税的应纳税额。

2. 掌握个人所得税申报报表填写，熟悉个人所得税申报流程，在税务实训平台完成个人所得税纳税申报。

个人所得税作为调节收入分配、促进公平的重要工具，对于改变个人收入分配结构，缩小高收入者和低收入者之间的收入差距有着十分重要的作用。在企业里，最常见的需要征收个人所得税的收入就是工资和劳务报酬。本章在讲述个人所得税理论知识的基础上，主要介绍以工资薪金、劳务报酬为主的居民综合所得代扣代缴个税的计算方法和纳税申报流程。

5.1 个人所得税的认知

1. 个人所得税的概念及特点

个人所得税是以个人(含个体工商户、个人独资企业、合伙企业中的个人投资者、承租承包者个人)取得的各项应税所得为征税对象所征收的一种税。

个人所得税具有以下特点。

(1) 实行分类征收。世界各国的个人所得税制大体分为3种类型：分类所得税制、综合所得税制和混合所得税制。我国个人所得税已由分类所得税制向综合所得税制改革。

(2) 超额累进税率与比例税率并用。分类所得税制一般采用比例税率，综合所得税制通常采用累进税率。我国现行个人所得税根据各类个人所得的不同性质和特点，将这两种形式的税率运用于个人所得税制中。

(3) 费用扣除额较宽。

(4) 计算简便。

(5) 采取课源制和申报制两种征税方法。

2. 个人所得税纳税人

个人所得税的纳税人分为居民纳税人和非居民纳税人。

1) 居民纳税人

判断是否为居民纳税人，有以下两个标准，只要具备一个就可以成为居民纳税人：①在中国境内有住所，是指因户籍、家庭、经济利益关系而在中国境内习惯性居住；②在中国境内居住满1年，是指在一个纳税年度(即公历1月1日起至12月31日止)内，在中国境内居住满183日。

2) 非居民纳税人

非居民纳税人的判定条件：①在我国无住所又不居住；②在一个纳税年度内在中国境内居住累计不满183天。

3. 个人所得税的征税对象

个人所得税针对个人的所得进行征税，具体征税对象如表5-1所示。

表5-1　征税对象分类表

项目		具体内容
劳动所得	工资、薪金所得	工资、薪金、奖金、年终加薪、劳动分红、津贴、补贴
	劳务报酬所得	从事设计、装潢、安装、制图、化验、测试、法律、咨询、讲学、新闻、广播、翻译、审稿、书画、雕刻、影视、录音、录像、演出、表演、广告、展览、技术服务、介绍服务、经济服务、代办服务，以及其他劳务取得的所得
	稿酬所得	作品以图书、报刊形式出版、发表而取得的所得
经营所得	个体工商户生产经营所得	个人独资企业投资人、合伙企业的个人合伙人来源于境内注册的个人独资企业、合伙企业生产经营所得
	有偿服务所得	从事办学、医疗、咨询，以及其他有偿服务活动取得的所得
	承包、承租经营所得	企业、事业单位承包经营、承租经营以及转包、转租取得的所得
	其他生产经营所得	个人从事其他生产、经营活动取得的所得
资本所得	利息、股息、红利	拥有债券、股权等而取得的利息、股息、红利所得
	财产租赁所得	出租不动产、机器设备、车船，以及其他财产取得的所得
	财产转让所得	转让有价证券、股权、合伙企业中的财产份额、不动产、机器设备、车船，以及其他财产取得的所得
其他所得	偶然所得	得奖、中奖、中彩，以及其他偶然性质取得的所得

4. 个人所得税的税率

1) 超额累进税率

超额累进税率适用于综合所得和经营所得。

(1) 综合所得，适用3%~45%的七级超额累进税率。具体税率如表5-2所示。

表5-2 个人所得税税率表(综合所得适用)

级 数	全年应纳税所得额	税率/%	速算扣除数
1	不超过36 000元的	3	0
2	超过36 000元至144 000元的部分	10	2 520
3	超过144 000元至300 000元的部分	20	16 920
4	超过300 000元至420 000元的部分	25	31 920
5	超过420 000元至660 000元的部分	30	52 920
6	超过660 000元至960 000元的部分	35	85 920
7	超过960 000元的部分	45	181 920

注：非居民个人取得工资薪金所得、劳务报酬所得、稿酬所得和特许权使用费所得，依照本表换算后计算应纳税额。

(2) 经营所得，适用3%~45%的五级超额累进税率，如表5-3所示。

表5-3 个人所得税税率表(经营所得适用)

级 数	全年应纳税所得额	税率/%	速算扣除数
1	不超过30 000元的	5	0
2	超过30 000元至90 000元的部分	10	1 500
3	超过90 000元至300 000元的部分	20	10 500
4	超过300 000元至500 000元的部分	30	40 500
5	超过500 000元的部分	35	65 500

注：本表所称全年应纳税所得额，是指依照税法规定，以每一纳税年度的收入总额减除成本、费用以及损失后的余额。

2) 比例税率

利息、股息、红利所得，财产租赁所得，财产转让所得和偶然所得依照税法规定分别计算个人所得税，适用20%的比例税率。

5. 个人所得税应纳税所得额的计算

由于个人所得税的应税项目不同，并且取得某项所得所需费用也不相同，因此，计算个人所得税应纳税所得额时，需要按照不同应税项目分项计算。某应税项目应纳税所得额等于该项目应收项目的收入额减去税法规定的该项目费用减除标准后的余额。

1) 应纳税所得额的计算

对纳税义务人的征税方法有三种：一是按年计征，如经营所得，居民个人取得的综合所得；二是按月计征，如非居民个人取得的工资、薪金所得；三是按次计征，如利息、股息、红利所得，财产租赁所得，偶然所得，非居民个人取得的劳务报酬所得，稿酬所得，特许权使用费所得6项所得。具体如表5-4所示。

表5-4 不同应税项目应纳税所得额的计算

征税项目	计税依据
居民个人取得综合所得	每年收入额减除费用60 000元以及专项扣除、专项附加扣除和依法确定的其他扣除后的余额

(续表)

征税项目	计税依据
非居民个人的工资、薪金所得	每月收入额减除费用5 000元后的余额为应纳税所得额；劳务报酬所得、稿酬所得、特许权使用费所得，以每次收入额为应纳税所得额
经营所得	以每一纳税年度的收入总额减除成本、费用，以及损失后的余额为应纳税所得额
财产租赁所得	每次收入不超过4 000元的减除费用800元； 4 000元以上的，减除20%的费用，其余额为应纳税所得额
财产转让所得	以转让财产的收入额减除财产原值和合理费用后的余额为应纳税所得额
利息、股息、红利所得、偶然所得	以每次收入额为应纳税所得额

2) 费用减除

(1) 专项扣除：包括居民个人按照国家规定的范围和标准缴纳的基本养老保险、基本医疗保险、实业保险等社会保险费和住房公积金等。

(2) 专项附加扣除：包括3岁以下婴幼儿照护、子女教育、继续教育、大病医疗、住房贷款利息、住房租金、养老人等7项支出，取得综合所得和经营所得的居民所得额时个人可以享受专项附加扣除。

① 3岁以下婴幼儿照护。

纳税人照护3岁以下婴幼儿子女的相关支出，按照每个婴幼儿每月2 000元(每年24 000元)的标准定额扣除。父母可以选择由其中一方按扣除标准的100%扣除，也可以选择由双方分别按扣除标准的50%扣除。

② 子女教育。

纳税人年满3岁的子女接受学前教育和学历教育的相关支出，按照每个子女每月投资2 000元(每年24 000元)的标准定额扣除。学前教育包括年满3岁至小学入学前教育；学历教育包括义务教育(小学、初中)、高中阶段教育(普通高中、中等职业、技工教育)、高等教育(大学专科、大学本科、硕士研究生、博士研究生)。父母可以选择由其中一方按扣除标准的100%扣除，也可以选择由双方分别按扣除标准的50%扣除。

③ 继续教育。

纳税人在中国境内接受学历(学位)继续教育的支出。在学历(学位)教育期间按照每月400元(每年4 800元)定额扣除。同一学历(学位)继续教育的扣除期限不能超过48个月(4年)。纳税人接受技能人员职业资格继续教育、专业技术人员职业资格继续教育支出，在取得相关证书的当年，按照3 600元定额扣除。个人接受本科及以下学历(学位)继续教育，符合税法规定扣除条件的可以选择由其父母扣除，也可以选择由本人扣除。纳税人接受技能人员职业资格继续教育、专业技术人员职业资格继续教育的，应当留存相关证书等资料备查。

④ 大病医疗。

在一个纳税年度内、纳税人发生的与基本医保相关的医药费用支出。扣除医保报销后个人负担(指医保目录范围内的自付部分)累计超过15 000元的部分由纳税人在办理年度汇算清缴时，在80 000元限额内据实扣除。纳税人发生的医药费用支出可以选择由本人或者其配偶扣除。

⑤ 住房贷款利息。

纳税人本人或配偶单独或共同使用商业银行或住房公积金个人住房贷款：为本人或其配偶购买中国境内住房，发生的首套住房贷款利息支出，在实际发生贷款利息的年度，按照每月1 000元(每年12 000元)的标准定额扣除，扣除期限最长不超过240个月(20年)。纳税人只能享受一套首套住房贷款利息扣除。经夫妻双方约定，可以选择由其中一方扣除。

⑥ 住房租金。

纳税人在主要工作城市没有自有住房而发生的住房租金支出：可以按照以下标准定额扣除：直辖市、省会(首府)城市、计划单列市以及国务院确定的其他城市：扣除标准为每月1 500元(每年18 000元)。除上述所列城市外市辖区户籍人口超过100万的城市，扣除标准为每月1 100元(每年13 200元)：市辖区户籍人口不超过100万的城市扣除标准为每月800元(每年9 600元)。夫妻双方主要工作城市相同的：只能由一方扣除住房租金支出。住房租金支出由签订租赁住房合同的承租人扣除。纳税人及其配偶在一个纳税年度内不得同时分别享受住房贷款利息专项附加扣除和住房租金专项附加扣除。

⑦ 赡养老人。

纳税人赡养一位及以上被赡养人的赡养支出，统一按以下标准定额扣除：纳税人为独生子女的按照每月3 000元(每年36 000元)的标准定额扣除：纳税人为非独生子女的，由其与兄弟姐妹分摊每月3 000元的扣除额度，每人分摊的额度最高不得超过每月1 500元。可以由赡养人均摊或者约定分摊。被赡养人是指年满60岁的父母，以及子女均已去世的年满60岁的祖父母，外祖父母。

(3) 劳务报酬所得、稿酬所得、特许权使用费所得

以劳务报酬所得、稿酬所得、特许权使用费收入的20%为减除费用。注意：稿酬所得的收入额减按70%计算。

6. 个人所得税应纳税额的计算

1) 居民个人综合所得应纳税额的计算

居民个人综合所得应纳税额的计算公式为

应纳税额=全年应纳税所得额×适用税率-速算扣除数

　　　　=(全年收入额-60000元-专项扣除-享受的专项附加扣除-享受的其他扣除)×

　　　　适用税率-速算扣除数

为了控制税源、防止漏税和逃税，居民个人综合所得税款的缴纳，多采用扣缴申报纳税(预缴税款)，不同项目所得的扣缴方法也各不相同。

(1) 居民个人取得工资、薪金所得的扣缴

扣缴义务人向居民个人支付工资、薪金所得时，应按照累计预扣法计算预扣税款，并按月办理扣缴申报。纳税年度终了时，年度预扣预缴税额与年度应纳税额不一致的，于次年3月1日至6月30日办理综合所得年度汇总清缴，税款多退少补。居民个人工资、薪金所得预扣预缴率如表5-5所示。

累计预扣预缴应纳税所得额=累计收入-累计免税收入-累计减除费用-累计专项扣除-累计专项附加扣除-累计依法确定的其他扣除

本期应预扣预缴税额=(累计预扣预缴应纳税所得额×预扣率-速算扣除数)-累计减免税额-累计已预扣预缴税款。

其中：累计减除费用=5 000元/月×受雇月份数

表5-5　居民个人工资、薪金所得预扣预缴率表

级 数	累计预扣预缴应纳税所得额	预缴率/%	速算扣除数
1	不超过36 000元的	3	0
2	超过36 000元至144 000元的部分	10	2 520
3	超过144 000元至300 000元的部分	20	16 920
4	超过300 000元至420 000元的部分	25	31 920
5	超过420 000元至660 000元的部分	30	52 920
6	超过660 000元至960 000元的部分	35	85 920
7	超过960 000元的部分	45	181 920

例：何天仁是浙江七鸣教育科技有限公司的一名员工，20×5年每月取得工资收入13 000元，每月缴纳社保费用和住房公积金800元。何天仁是家中独子，赡养父亲何大勇(身份证：×××××××××)，育有一子何雨浩(身份证：×××××××××)正在小学就读，何天仁的妻子是家庭主妇。何天仁享受子女教育、赡养老人专项附加扣除，请计算何天仁的工资、薪金扣缴义务人20×5年每月代扣代缴的税款金额。

20×5年1月：

累计预扣预缴应纳税所得额=13 000-5 000-800-(3 000+2 000)=2 200(元)

本期应预扣预缴税额=2 200×3%-0=66(元)

20×5年2月：

累计预扣预缴应纳税所得额=26 000-10 000-1 600-(3 000+2 000)×2=4 400(元)

本期应预扣预缴税额=4 400×3%-66=66(元)

20×5年12月：

累计预扣预缴应纳税所得额=156 000-60 000-9 600-(3 000+2 000)×12=26 400(元)

本期应预扣预缴税额=26 400×3%-726=66(元)

(2) 居民个人取得劳务报酬所得、稿酬所得、特许权使用费所得的扣缴办法

扣缴义务人向居民个人支付劳务报酬所得、稿酬所得、特许权使用费所得时，应按次或按月预扣预缴税款。在年度综合所得汇算清缴时，将依法计算劳务报酬所得、稿酬所得、特许权使用费所得的收入额，并入年度综合所得计算应纳税款，税款多退少补。居民个人劳务报酬所得预扣预缴率如表5-6所示。

劳务报酬所得应预扣预缴税额=预扣预缴税额应纳税所得额×预扣率-速算扣除数

稿酬所得、特许权使用费所得应预扣预缴税额=预扣预缴税额应纳税所得额×20%

表5-6　居民个人劳务报酬所得预扣预缴率表

级 数	预扣预缴应纳税所得额	预扣率/%	速算扣除数
1	不超过20 000元的	20	0
2	超过20 000元至50 000元的部分	30	2 000
3	超过50 000元的部分	40	7 000

2) 经营所得应纳税额的计算

经营所得应纳税额的计算公式为

应纳税额=全年应纳税所得额×适用税率-速算扣除数

　　　=(全年收入总额-成本、费用以及损失)×适用税率-速算扣除数

3) 财产租赁所得应纳税额的计算

若每次/月收入不超过4000元的，财产租赁所得应纳税额的计算公式为

应纳税额=[每次月/收入额-准予扣除项目-修缮费用(800元为限)-800元]×适用税率

若每次/月收入超过4000元的，财产租赁所得应纳税额的计算公式为

应纳税额=[每次月/收入额-准予扣除项目-修缮费用(800元为限)-800元]×(1-20%)×适用税率

4) 财产转让所得应纳税额的计算

财产转让所得应纳税额的计算公式为

应纳税额=应纳税所得额×适用税率=(收入总额-财产原值-合理费用)×20%

5) 利息、股息、红利所得和偶然所得应纳税额的计算

利息、股息、红利所得和偶然所得应纳税额的计算公式为

应纳税额=应纳税所得额×适用税率=每次收入额×20%

5.2　个人所得税纳税模拟实训

5.2.1　案例资料

杭州艾普出版社有限公司20×5年01月份有8名境内人员。公司财务人员张霆计算并发放员工的工资薪金、奖金等，以及预扣预缴个人所得税，8名境内人员的个人所得与个人所得税计算数据如表5-10、表5-11、表5-12、表5-13所示。

表5-10　杭州艾普出版社有限公司员工基础信息表

工号	姓名	性别	身份证号	联系电话	任职日期	任职受雇从业类型	国籍(地区)
001	杨李	男	××××××××××	××××××××××	2016-10-08	雇员	中国
002	张霆	女	××××××××××	××××××××××	2017-08-15	雇员	中国
003	洪艺芳	女	××××××××××			其他	中国
004	叶美珍	女	××××××××××			其他	中国
005	林芳	女	××××××××××			其他	中国
006	陈小勇	男	××××××××××			其他	中国
007	伊晟	男	××××××××××			其他	中国
008	肖智	男	××××××××××			其他	中国

表5-11　20×5年01月杭州艾普出版社有限公司工资保险明细表

工号	姓名	应发工资合计	基本养老保险金	基本医疗保险金	失业保险金	住房公积金
001	杨李	12 000.00	144.00	36.00	180.00	300.00
002	张霆	8 000.00	144.00	36.00	180.00	600.00

备注：

(1) 杨李家庭情况：杨李现居杭州，是独生子女。需赡养自己母亲(母亲：张凤玉；身份证号：××××××××××)，赡养老人按照规定进行扣除；已婚(妻子：谢雨；身份证号：×××××××××××)，有一个女儿(女儿：杨雯；身份证：××××××××××)于20×4年09月进入浙江理工大学就读大一，子女教育由父亲杨李一人全额扣除。

(2) 张霆家庭情况：未婚，在杭州租房居住(租赁房屋地址：杭州市西湖区闻言小区11幢三单元301室；租赁时间：20×4年07月—20×5年07月；出租方类型：个人)，住房租金按照规定进行扣除。

表5-12 综合所得申报-劳务报酬所得

姓名	所得项目	收入金额
洪艺芳	一般劳务报酬所得	126 930.56
叶美珍	一般劳务报酬所得	10 596.42
肖智	一般劳务报酬所得	96 050.36

表5-13 综合所得申报-稿酬所得

姓名	所得项目	收入金额
林芳	稿酬所得	8 692.69
陈小勇	稿酬所得	3 600.00
伊晟	稿酬所得	259 030.26

要求：请审查20×5年01月份杭州艾普出版社有限公司的个人所得税计算数据是否正确，并进行个人所得税预扣预缴纳税申报。(20×5年杭州市公积金扣除上限为3 600元)

注意：模拟实训时将电脑时间调整为20×5年2月3日。

5.2.2 模拟申报

个人所得税的申报分为个人申报及企业代扣代缴，本实训以企业代扣代缴方式进行讲解。个人所得税申报大致可分为4个环节，现结合案例演示申报的具体操作步骤。

1. 人员信息采集

登录实训平台，进入自然人税收管理系统扣缴客户端。进行人员信息采集的操作步骤如下。

(1) 单击"人员信息采集"按钮，进入人员信息采集页面。

(2) 根据采集信息人员的具体信息，切换"境内人员"或"境外人员"标签，如图5-1所示。杭州艾普出版社有限公司所有员工均为境内人员，选择"境内人员"。

(3) 人员信息采集可通过两种途径完成，如图5-2所示。

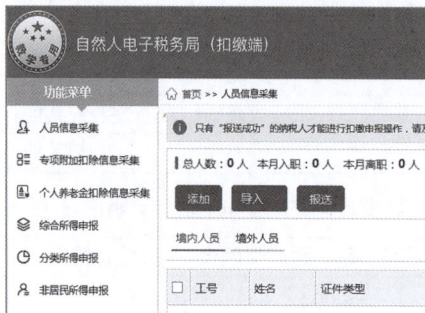

图5-1 人员信息采集页面

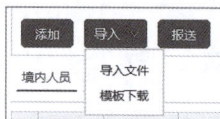

图5-2 人员信息采集的两种途径

途径一：单击"添加"按钮，弹出如图5-3所示"境内人员信息"对话框，根据采集信息人员的具体信息逐一录入后，单击"保存"按钮。

图5-3　"境内人员信息"对话框

途径二：单击"导入"按钮，在下拉菜单中选择"导入文件"。在弹出"导入Excel文件"对话框中选择提前填制好的人员信息采集Excel模板文件。需要注意：如果采用途径二进行人员信息采集，需要在提前下载自然人税收管理系统提供的"人员信息采集导入模板"并按照模板的格式要求，将采集信息人员的具体信息填入模板。

人员信息采集完成后，页面将显示如图5-4所示人员信息列表。

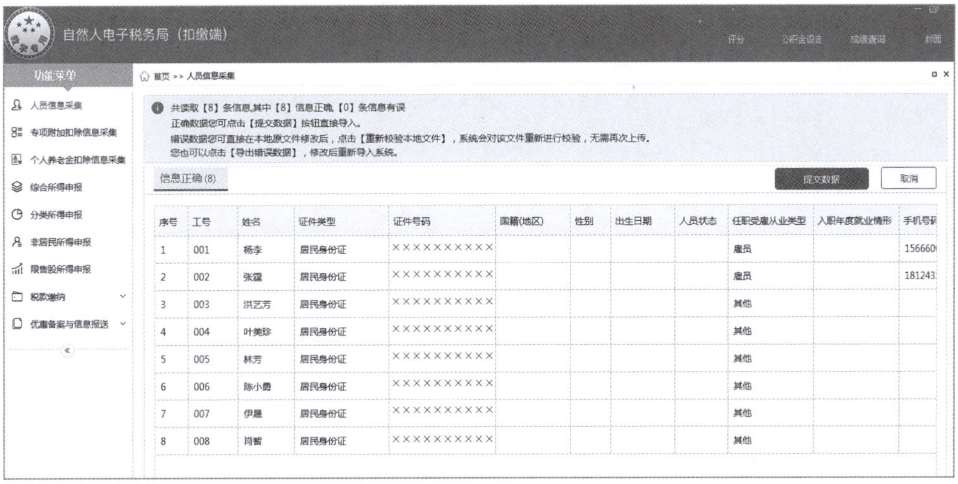

图5-4　人员信息采集信息列表

(4) 单击"提交数据"按钮，如图5-4中所示，并确认，此时，列表中人员的报送状态为"待报送"，身份验证状态为"待验证"，如图5-5所示。

图 5-5　报送前的人员信息采集列表

(5) 单击"报送"按钮，确认报送后，列表中人员的报送状态显示为"报送成功"，身份验证状态为"验证成功"。

2. 专项附加扣除信息采集

人员信息采集成功后，进行专项附加扣除信息采集。杭州艾普出版社有限公司员工杨李涉及子女教育、赡养老人杭州艾普出版社有限公司员工杨李，杭州艾普出版社有限公司员工张霆涉及住房租金杭州艾普出版社有限公司员工杨李。下面仅以子女教育支出信息采集为例，讲解专项附加扣除信息的填制方法。

(1) 单击"专项附加扣除信息采集"按钮，进入专项附加扣除信息采集界面。

(2) 专项附加扣除采集可通过两种途径完成。

途径一：单击"添加"按钮，弹出图5-6所示的"专项附加扣除信息 新增"对话框，根据采集信息人员的具体信息录入配偶信息后，单击"子女教育"按钮，在子女教育专项附加扣除信息页面单击"新增"按钮，出现序号为1的空白表格，如图5-7所示。按照案例信息填写杨雯的相关信息后，单击"保存"按钮。

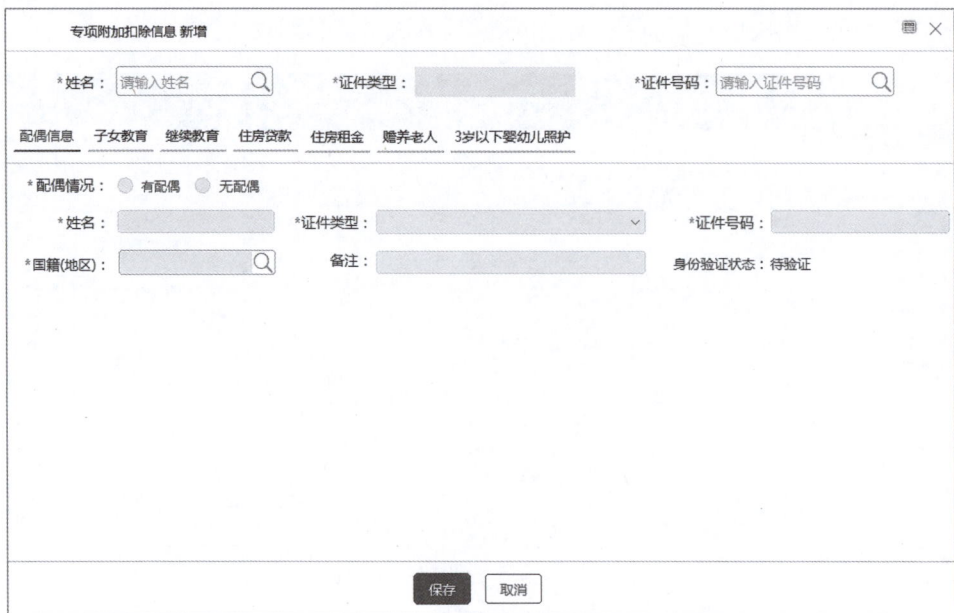

图 5-6　"专项附加扣除信息 新增"对话框

图 5-7　"子女教育专项附加扣除信息"填写对话框

途径二：单击"导入"按钮，在下拉菜单中选择"导入文件"。在弹出的"导入Excel文件"对话框中选择提前填制完成的专项附加扣除信息Excel模板文件。需要注意：如果采用途径二进行专项附加扣除信息采集，需要在提前下载自然人税收管理系统提供的"专项附加扣除信息导入模板"并按照模板的格式要求，将采集信息人员的专项附加扣除信息填入模板。

子女教育专项附加扣除信息填写完成后，页面将显示如图5-8所示专项附加扣除信息列表。

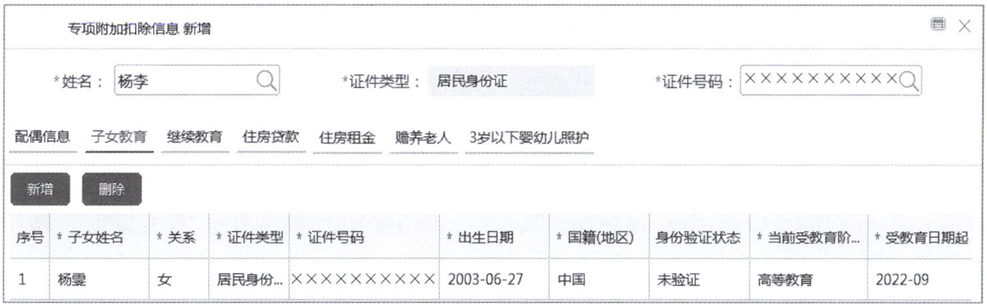

图 5-8　完成填写的子女教育专项附加扣除信息

(3) 全部人员专项附加扣除信息填写完成后，单击"报送"按钮，进行信息报送，如图5-9所示。

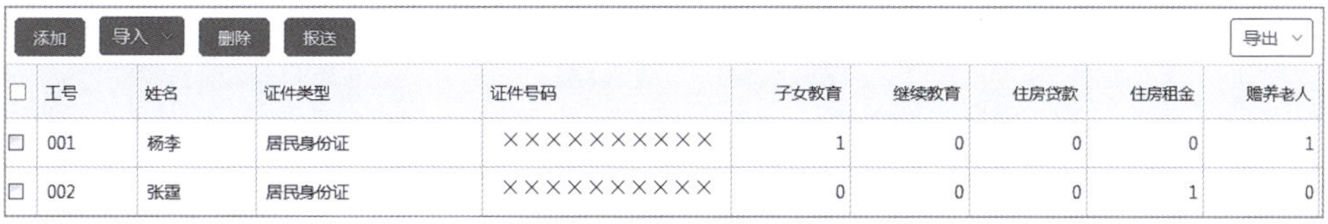

图 5-9　全部人员专项附加扣除信息列表

3. 综合所得申报

点击"综合所得申报"按钮，进入综合所得申报页面，分四个环节进行综合申报。

1) 收入及减除填写

在综合所得预扣预缴表页面，按照申报事项所属项目进行报表的填写，本案例涉及正常工资薪金所得、一般劳务报酬所得、稿酬所得三个项目报表的填写，下面以正常工资薪金所得报表填写为例。

(1) 点击正常工资薪金所得栏目对应"填写"按钮，如图5-10所示，弹出正常工资薪金所得填报页面。

1 收入及减除填写 >>	2 税款计算 >>	3 附表填写 >>	4 申报表报送

:01月 综合所得预扣预缴表

所得项目名称	填写人数	收入合计	操作
正常工资薪金所得	0	0.00	填写
全年一次性奖金收入	0	0.00	填写

图 5-10　综合所得预扣预缴表填报项目列表

(2) 正常工资薪金所得填报数据的填写有两种途径，一是单击"添加"按钮，使用标准模板导入或生成零工资记录，用户手工修改的方式增加收入数据，如图5-11所示。二是单击"导入"按钮，在下拉菜单中选择"导入文件"。在弹出"导入Excel文件"对话框中选择提前填制好的正常工资薪金所得Excel模板文件。

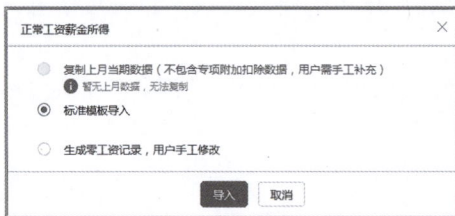

图 5-11　添加正常工资薪金所得填报数据的导向对话框

(3) 数据填写完成后，单击"提交数据"按钮。

(4) 单击"预填专项附加扣除"按钮，弹出如图5-12的提示对话框，根据案例勾选相应选项后，单击"确认"按钮。预填报后专项附加扣除信息出现在正常工资薪金所得列表中，如图5-13所示。

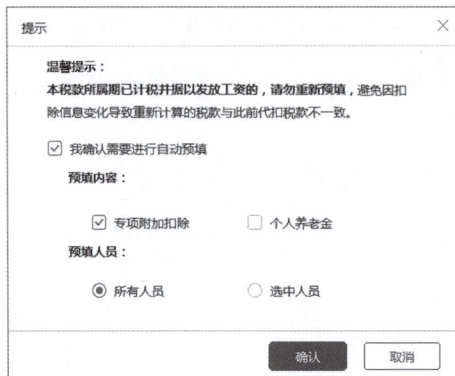

图 5-12　预填专项附加扣除提示对话框

图 5-13　专项附加扣除预填报后的正常工资薪金所得列表

比照类似步骤，在综合所得预扣预缴表页面中，完成一般劳务报酬所得、稿酬所得报表的填写，如图5-14所示。

图 5-14　完成填写的综合所得预扣预缴表填报项目列表

2) 税款计算

完成数据采集后，包括各项扣除的填写后，单击"税款计算"选项，系统将自行计算相关税费。

3) 附表填写

如果申报收入中存在个人所得税的减免事项、商业健康保险、税延养老保险等内容，进入附表，进行相应内容的填写。本案例稿酬所得涉及减免事项，具体操作步骤如下。

(1) 单击"附表填写"按钮，弹出"确认信息"对话框，如图5-15所示。

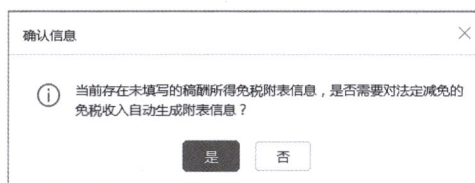

图 5-15　确认信息对话框

(2) 单击"是"按钮，系统会自动生成减免事项的填写，如图5-16所示。

在附表填写列表清单中，单击"填写"按钮，可以看到如图5-17减免事项的填写详情。

| 1 收入及减除填写 | >> | 2 税款计算 | >> | 3 附表填写 | >> | 4 申报表报送 |

01月 其他附表

附表名称	填写人数	金额合计	填写状态	操作
减免事项附表	3	65093.51	已填写	填写
商业健康保险附表	0	0.00	无需填写	填写
税延养老保险附表	0	0.00	无需填写	填写
准予扣除的捐赠附表	0	0.00	无需填写	填写

图 5-16　附表填写列表

01月 个人所得税减免事项报告表　填写人数：3 人　免税收入：65093.51 元

返回　导入　修改　　　　　　　　　　　　　　　　　　　导出　展开查询条件

免税收入　减免税额

工号	姓名	证件类型	证件号码	所得项目	免税收入	填写状态	操作
005	林芳	居民身份证	××××××××××	稿酬所得	2086.25	已填写	填写
006	陈小勇	居民身份证	××××××××××	稿酬所得	840.00	已填写	填写
007	伊晟	居民身份证	××××××××××	稿酬所得	62167.26	已填写	填写

图 5-17　个人所得税减免事项报告表

2) 申报表发送

单击综合所得申报页面的"申报表报送"选项，进入"申报表报送"页面，单击"发送申报"按钮，如图5-18所示。申报后，单击"获取反馈"，会获取个人所得税申报的反馈结果，如图5-19所示。

01月 申报表报送

申报类型　申报状态
正常申报　待申报　　　　　　　　　　　　　　　　　　导出申报表 ∨　发送申报

报表名称	申报人数	本期收入	累计收入	应纳税额	已缴税额	应补(退)税额	是否可申…
⊕ 综合所得预扣预缴表	--	524900.29	20000.00	89482.70	0.00	89482.70	是
减免事项附表	3	--	--	--	--	--	是

图 5-18　申报表发送页面

| 1 收入及减除填写 | >> | 2 税款计算 | >> | 3 附表填写 | >> | 4 申报表报送 |

01月 申报表报送

申报类型　申报状态
正常申报　申报成功,待缴款(更新)　　　　　　导出申报表 ∨　获取反馈　作废申报　更正申报

报表名称	申报人数	本期收入	累计收入	应纳税额	已缴税额	应补(退)税额	是否可申…
⊕ 综合所得预扣预缴表	--	524900.29	20000.00	89482.70	0.00	89482.70	是
减免事项附表	3	--	--	--	--	--	是

图 5-19　获取反馈

如果申报发生错误，可单击"更正申报"按钮，对申报数据进行修改。

注意：如果是利息、股息、红利、财产租赁、财产转让和偶然所得，进入分类所得申报，如果是非居民所得，进入非居民所得申报。比照类似操作步骤完成申报即可。

4. 进行税款缴纳

核对无误后，单击"税款缴纳"按钮，进入税款缴纳页面，单击"立即缴税"按钮，在"请选择三方协议"对话框中勾选缴费银行账户后，单击"确认扣款"按钮，如图1-20所示，完成税款缴纳。

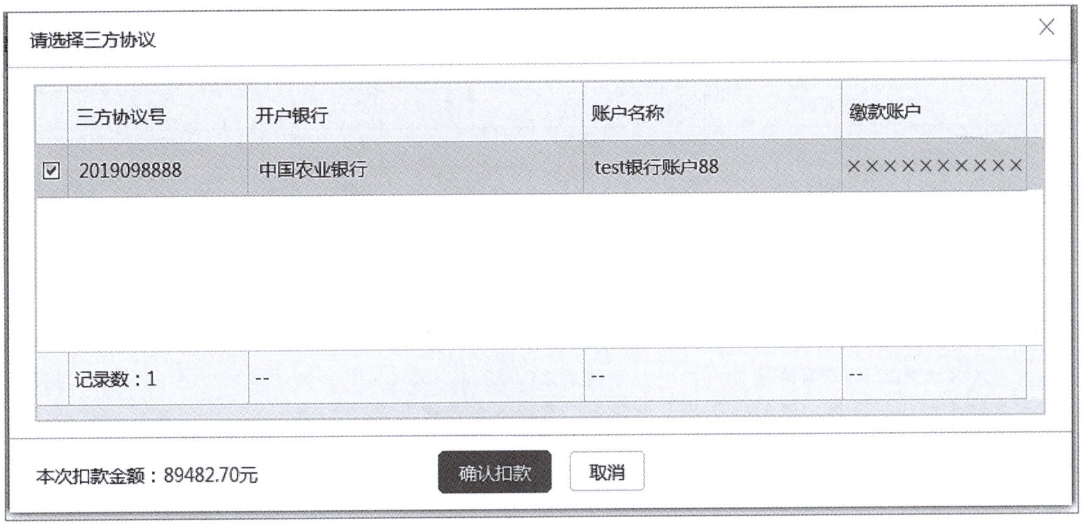

请选择三方协议				×
	三方协议号	开户银行	账户名称	缴款账户
☑	2019098888	中国农业银行	test银行账户88	××××××××××
记录数：1		--	--	--

本次扣款金额：89482.70元　　　　确认扣款　　取消

图 5-20　税款缴纳确认扣款页面

实战演练：

浙江七鸣教育科技有限公司20×4年01月份有10名境内人员。公司财务人员伊晟计算并发放员工的工资薪金、奖金等，以及预扣预缴个人所得税，10名境内人员的个人所得与个人所得税计算数据如资料1至资料2。

资料1：

表5-14　员工基础信息表

工号	姓名	性别	身份证号	联系电话	任职日期	任职受雇从业类型	国籍（地区）
001	何天仁	男	××××××××××	××××××××××	2016-02-01	雇员	中国
002	陈体国	男	××××××××××	××××××××××	2016-02-05	雇员	中国
003	伊晟	男	××××××××××	××××××××××	2016-03-01	雇员	中国
004	赵瑞伟	男	××××××××××	××××××××××	2016-04-01	雇员	中国
005	肖智	男	××××××××××	××××××××××	2017-05-02	雇员	中国
006	杨李	男	××××××××××	××××××××××	2017-06-01	雇员	中国
007	叶美珍	女	××××××××××	××××××××××	2017-08-09	雇员	中国
008	薛明	男	××××××××××	××××××××××	2018-02-01	雇员	中国
009	林如海	男	××××××××××	××××××××××	2018-03-01	雇员	中国
010	张霆	女	××××××××××	××××××××××	2018-04-01	雇员	中国

资料2：

公司正常工资薪金收入明细与个人所得税计算表如表5-15所示。

表5-15　20×4年01月浙江七鸣教育科技有限公司工资保险明细表

工号	姓名	应发工资合计	基本养老保险金	基本医疗保险金	失业保险金	住房公积金	代扣个人所得税	实发工资
001	何天仁	12 000	244	61	15	300		
002	陈体国	8 000	244	61	15	800		
003	伊晟	15 896	244	61	15	1 200		
004	赵瑞伟	12 563.21	244	61	15	1 200		
005	肖智	5 968	244	61	15	500		
006	杨李	9 861.36	244	61	15	900		
007	叶美珍	3 420	244	61	15	300		
008	薛明	4 310.25	244	61	15	400		
009	林如海	6 930.09	244	61	15	600		
010	张霆	4 692.3	244	61	15	300		

注：收到总经理何天仁提交的专项附加扣除信息表，家庭情况如下：妻子苏如(身份证：×××××××××)是家庭主妇，家中独子何雨浩(身份证：×××××××××)于20×2年09月进入杭州建德小学读一年级，何天仁也是家中独子，需赡养父亲何大勇(身份证：×××××××××)，母亲林如梅(身份证：×××××××××)。

实训要求：

请审查20×4年01月份浙江七鸣教育科技有限公司的个人所得税计算数据是否正确，并进行个人所得税预扣预缴纳税申报。(20×5年杭州市公积金扣除上限为3 600元)

其他税种纳税申报实操

学习目标

1. 掌握房产税、城镇土地使用税、印花税应纳税额的计算。
2. 掌握房产税、城镇土地使用税、印花税的纳税申报。

企业除了要进行增值税、消费税、所得税等主要税种的申报，还需完成其他税种的日常申报工作。本章主要讲述房产税、城镇土地使用税、印花税等其他税种的申报工作。

6.1 房产税的认知

6.1.1 房产税的概念和特点

房产税是以房屋为征税对象，以房屋的计税余值或租金收入为计税依据，向产权所有人征收的一种财产税。

房产税属于财产税中的个别财产税，征税范围限于城镇的经营性房屋，通过区别房屋的经营使用方式来规定征税办法。

房产税属于地方税，征收房产税可以为地方财政筹集一部分市政建设资金，解决地方财力不足的问题。对房屋拥有者征收房产税，可以调节纳税人的收入水平，有利于加强对房屋的管理，提高房屋的使用效益，控制固定资产的投资规模，配合国家房产政策的调整，合理调节房产所有人和经营人的收入。

6.1.2　房产税的税率和应纳税额的计算

1.房产税的税率

我国现行房产税采用的是比例税率。由于房产税的计税依据分为从价计征和从租计征两种形式,因此房产税的税率也包含以下两种。

(1) 从价计征:按房产原值一次减除10%～30%后的余值计征,税率为1.2%。

(2) 从租计征:按房产出租的租金收入计征,税率为12%。

2.房产税应纳税额的计算

(1) 从价计征的计算。从价计征是按房产的原值扣除一定比例后的余值计征,其计算公式为应纳税额=应税房产原值×(1-扣除比例)×1.2%

(2) 从租计征的计算。从租计征是按房产的租金收入计征,其计算公式为应纳税额=租金收入×12%(或4%)

6.1.3　房产税的征收管理

房产税实行按年计算、分期缴纳的征收方法,具体纳税期限由省、自治区、直辖市人民政府确定。

房产税在房产所在地缴纳。房产不在同一地方的纳税人,应按房产的坐落地点分别向房产所在地的税务机关纳税。

房产税的纳税人应按照条例的有关规定,及时办理纳税申报,并如实填写《房产税纳税申报表》。

6.2　房产税纳税申报流程

(1) 登录电子税务局,单击"我要办税"|"税费申报及缴纳"|"财产和行为税纳税申报",单击"新增申报",选择"房产税"|"房产税税源信息采集"|"新增房产",填写房产基本信息、应税明细,带有*等内容都是必填项。填写完成后,单击"保存",如图6-1所示。

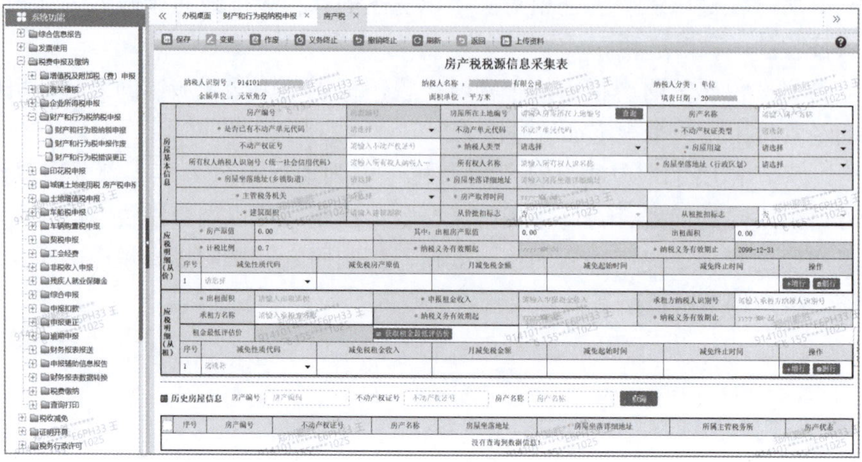

图6-1　房产税纳税申报表页面

(2) 填写完成后，在申报表页面，再次确认填写的信息，确认后单击"申报"即可。

6.3 城镇土地使用税的认知

6.3.1 城镇土地使用税的概念及征税范围

城镇土地使用税是以国有土地或集体土地为征税对象，对拥有土地使用权的单位和个人征收的一种税。

城镇土地使用税的征税范围包括城市、县城、建制镇和工矿区内国家所有和集体所有的土地。对于建立在城市、县城、建制镇和工矿区以外的工矿企业，不需要缴纳城镇土地使用税。

6.3.2 城镇土地使用税的税率

城镇土地使用税采用定额税率。每平方米土地年税额规定如下。

(1) 大城市1.5～30元。

(2) 中等城市1.2～24元。

(3) 小城市0.9～18元。

(4) 县城、建制镇、工矿区0.6～12元。

6.3.3 城镇土地使用税计税依据

城镇土地使用税以纳税义务人实际占用的土地面积为计税依据。其应纳税额计算的基本公式为

全年应纳税额=实际占用应税土地面积(平方米)×适用税额

单独建造的地下建筑物的税额计算公式为

全年应纳税额=证书确认应税土地面积或地下建筑物垂直投影面积(平方米)×适用税额×50%

城镇土地使用税按年计算，分期缴纳。使用城镇土地，一般是从次月起发生纳税义务，只有新征用耕地是在批准使用之日起满一年时开始纳税。

6.4 城镇土地使用税纳税申报流程

城镇土地使用税的纳税人应按照有关规定，及时办理纳税申报。具体申报步骤如下。

(1) 登录电子税务局，单击"我要办税"|"税费申报及缴纳"|"财产和行为税纳税申报"，单击"新增申报"，选择"城镇土地使用税"|"税源信息采集"|"新增城镇土地"，填写土地基本信息、土地应税明细，带有*等内容都是必填项。如有符合的减免情

形，则需要勾选对应的"减免性质代码"，填写"减免面积"。填写完成后，单击"保存"，如图6-2所示。

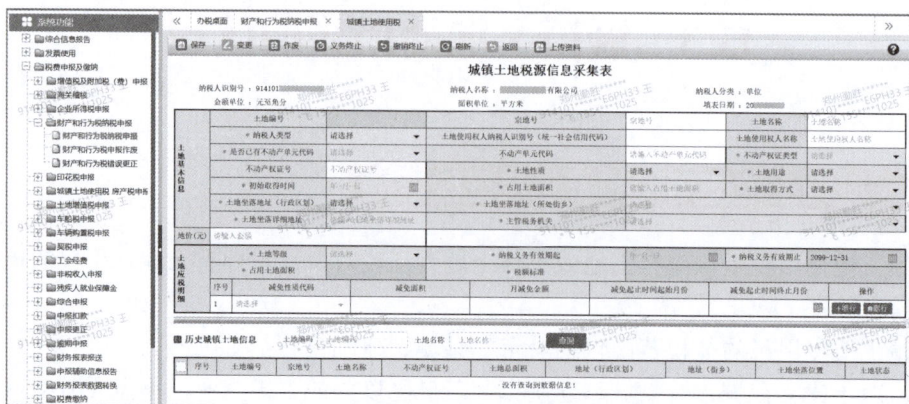

图 6-2　城镇土地使用税纳税申报表页面

(2) 在申报表页面，再次确认填写的信息，确认后单击"申报"即可。

6.5　印花税的认知

6.5.1　印花税的概念和特点

印花税是对经济活动和经济交往中订立、领受经济凭证，或者进行证券交易的行为为征税对象征收的一种税。印花税具有征税范围广、税率低、税负轻、纳税期限较长的特点。

6.5.2　印花税的税目与税率

1. 印花税税目

印花税税目采用正列举的方式，凡有列举的项目都须征税，未列入范围的则不用征收。印花税的征税范围如表6-1所示。

表 6-1　印花税税目表

税目类型	具体内容
应税合同	买卖合同、借款合同、融资租赁合同、租赁合同、承揽合同、建设工程合同、运输合同、技术合同、保管合同、仓储合同、财产保险合同
产权转移书据	土地使用权出让和转让书据，房屋等建筑物、构筑物所有权，股权，商标专用权，著作权，专利权，专有技术使用权转让书据
权利许可证照	不动产权证书、营业执照、商标注册证、专利证书
营业账簿	营业账簿属于财务会计账簿，按其反映内容的不同，可分为记载资金的账簿和其他账簿
证券交易	依法设立的证券交易所上市交易或者在国务院批准的其他证券交易场所转让公司股票和以股票为基础发行的存托凭证

提示：根据《财政部税务总局关于对营业账簿减免印花税的通知》(财税〔2018〕50号)的规定，自2018年5月1日起，对按0.5‰税率贴花的资金账簿减半征收印花税，对按件贴花5元的其他账簿免征印花税。

2.适用税率

现行印花税采用比例税率和定额税率两种形式。

(1) 比例税率。印花税的比例税率分为5档，即1‰、0.5‰、0.3‰、0.25‰、0.05‰。

(2) 定额税率。适用定额税率的是权利许可证照，采取按件规定固定税额，单位税额均为每件5元。这类凭证没有金额记载，规定按件定额征税，可以方便征纳，简化手续。

印花税税目、税率表如表6-2所示。

表6-2　印花税税目、税率表

税目		税率	说明
应税合同	(1) 买卖合同	支付价款0.3‰	动产买卖合同
	(2) 借款合同	借款金额0.05‰	银行业金融机构和借款人(不包括银行同业拆借)订立的借款合同
	(3) 融资租赁合同	租金0.5‰	
	(4) 租赁合同	租金1‰	
	(5) 承揽合同	支付报酬0.3‰	
	(6) 运输合同	运输费用0.3‰	货运合同和多式联运合同(不包括管道运输合同)
	(7) 技术合同	支付价款、报酬或者使用费0.3‰	
	(8) 借款合同	借款金额0.05‰	
	(9) 保管合同	保管费1‰	
	(10) 仓储合同	仓储费1‰	
	(11) 财产保险合同	保险费1‰	不包括再保险合同
产权转移书据	土地使用权出让和转让书据，房屋等建筑物、构筑物所有权，股权(不包括上市和挂牌公司股票)，商标专用权，著作权，专利权，专有技术使用权转让书据	支付价款0.5‰	
权利许可证照	不动产权证书、营业执照、商标注册证、专利证书	按件5元	
营业账簿		实收资本(股本)、资本公积合计金额0.25‰	
证券交易		成交金额1‰	对证券交易的出让方征收，不对证券交易的受让方征收

6.5.3 印花税应纳税额的计算

印花税应纳税额按照下列方法计算。

(1) 应税合同的应纳税额为价款或者报酬乘以适用税率。

(2) 应税产权转移书据的应纳税额为价款乘以适用税率。

(3) 应税营业账簿的应纳税额为实收资本(股本)、资本公积合计金额乘以适用税率。

(4) 应税权利许可证照的应纳税额为适用税额。

(5) 证券交易的应纳税额为成交金额或者按照《印花税暂行条例》第七条的规定计算确定的计税依据乘以适用税率。

6.5.4　印花税征收管理

印花税纳税义务发生时间为纳税人订立、领受应税凭证或者完成证券交易的当日。证券登记结算机构为证券交易印花税的扣缴义务人,证券交易印花税扣缴义务发生时间为证券交易完成的当日。

印花税按季、按年或者按次计征。实行按季、按年计征的,纳税人应当于季度、年度终了之日起15日内申报并缴纳税款。实行按次计征的,纳税人应当于纳税义务发生之日起15日内申报并缴纳税款。

证券交易印花税按周解缴。证券交易印花税的扣缴义务人应当于每周终了之日起5日内申报解缴税款及孳息。

6.6　印花税纳税申报流程

印花税的纳税人应按照有关规定,及时办理纳税申报,具体申报步骤如下。

(1) 登录电子税务局,单击"我要办税"|"税费申报及缴纳"|"财产和行为税纳税申报",单击"新增申报",选择"印花税"|"税源信息采集"|"新增采集信息",勾选"印花税采集所属期选择",填写税源信息,如应税凭证名称、申报期限类型等,带有*的内容都是必填项,如图6-3所示。

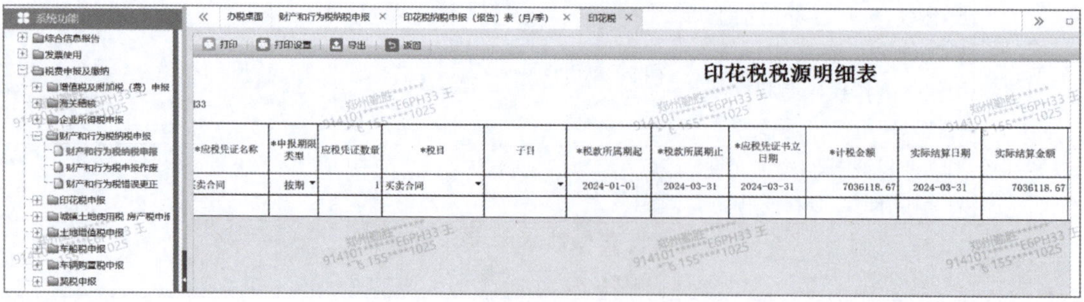

图6-3　印花税纳税申报界面

填写完毕后,单击"保存"按钮。系统弹出提示框,提示保存成功,单击"是"完成申报工作。

6.7　房产税、城镇土地使用税、印花税纳税申报模拟实训

6.7.1　案例资料

纳税人名称：烟雨江南有限责任公司；统一社会信用代码：××××××××××；所属行业：烟叶行业；公司成立时间：2010年10月26日；法人代表名称：李海国；身份证号：××××××××××；注册资本：500万元；资产总额：4 590万元；从业人数：2000人；主管税务局：浙江省杭州市富阳区税务局；注册地址及电话号码：杭州市富阳区教工路10号11～20楼，0571-××××××××××；开户银行及账号：中国农业银行杭州教工路支行××××××××××；营业地址：杭州市富阳区305省道旁；注册类型：股份有限公司；会计主管：姜来；适用的会计准则：企业会计准则（一般企业）；会计档案存放地：公司档案室；会计核算软件：用友；记账本位币：人民币；会计政策和估计是否发生变化：否；固定资产折旧方法：年限平均法；存货成本计价方法：先进先出法；坏账损失核算方法：备抵法。

企业主要经营范围：烟叶种植、收购、进行烟叶的加工、储备和出口；开拓卷烟市场，开采矿产资源。

公司为非小型微利企业、非上市公司；属于增值税一般纳税人，假设以下金额均不含增值税，不适用增值税小规模纳税人减征政策。

20×4年4月1日，烟雨江南公司在杭州市富阳区高桥镇高富路15-3号购买一幢华润超市单独建造的地下储藏室用于存放烟叶，合同载明价款600 000元；于20×4年4月1日签署合同并办理权属转移、变更登记手续，在4月15日取得了地下储藏室产权证书及土地使用证书，注明土地面积45平方米，土地性质：国有，土地等级：5等，土地编号：(2024)第0700004，城镇土地使用税减免性质代码：10129901，减免税额45元；房产编号：(2024)第0700378，房产税的减免性质代码08129913，按照相关规定，工业用途房产，以房屋原价的50%作为应税房产原值。

富阳区城镇土地使用税单位年税额为每平方米12元；浙江省政府规定计算房产余值扣除比例为30%，产权转移数据0.05%，烟雨江南公司房产税、城镇土地使用税及印花税适用按季度申报方式。(假设除本事项外，以下事项均不考虑印花税)

要求：请为烟雨江南公司在20×4年7月15日申报第二季度该房产税、城镇土地使用税及印花税。

6.7.2　模拟申报

(1) 进入小税种系统选择界面，如图6-4所示，选择电税财产和行为税申报系统。

图 6-4　电税财产和行为税申报系统选择页面

(2) 依次单击"实训"按钮、"进入系统"按钮、"登录"按钮、"办理"按钮，如图6-5至图6-9所示。

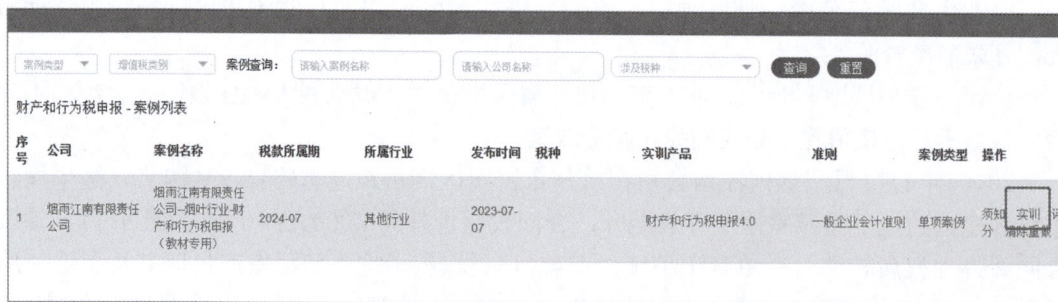

图 6-5　财产和行为税申报登录

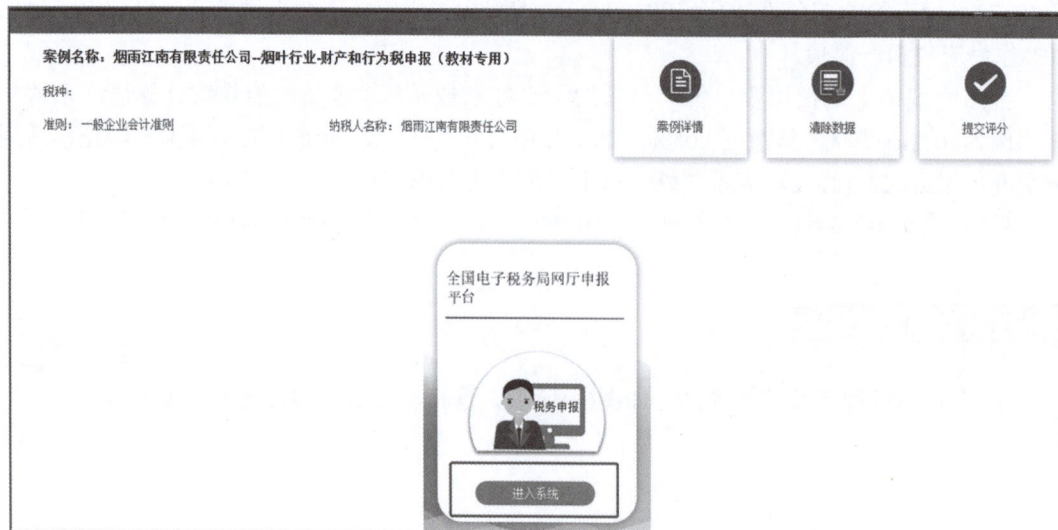

图 6-6　财产和行为税申报登录

图 6-7 财产和行为税申报登录

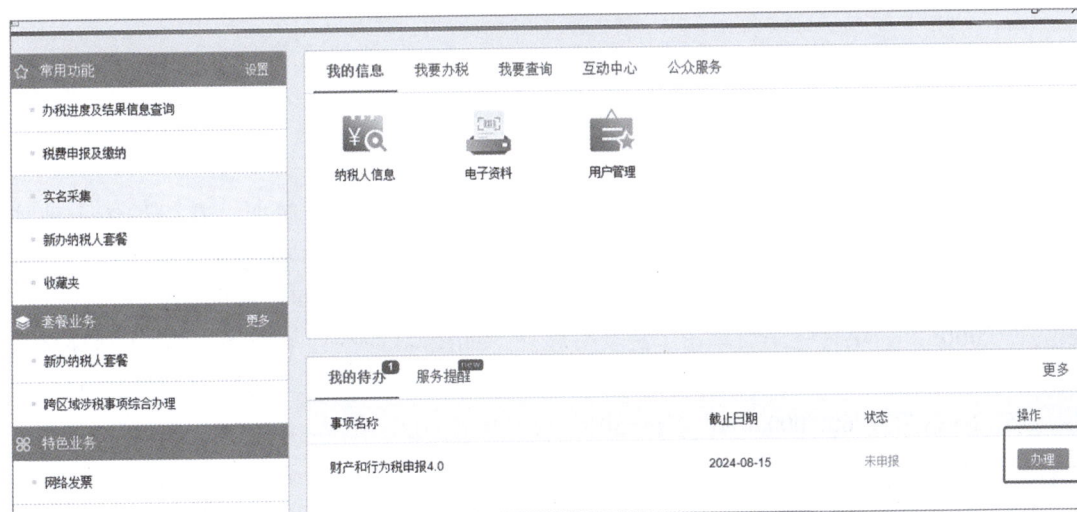

图 6-8 财产和行为税申报登录

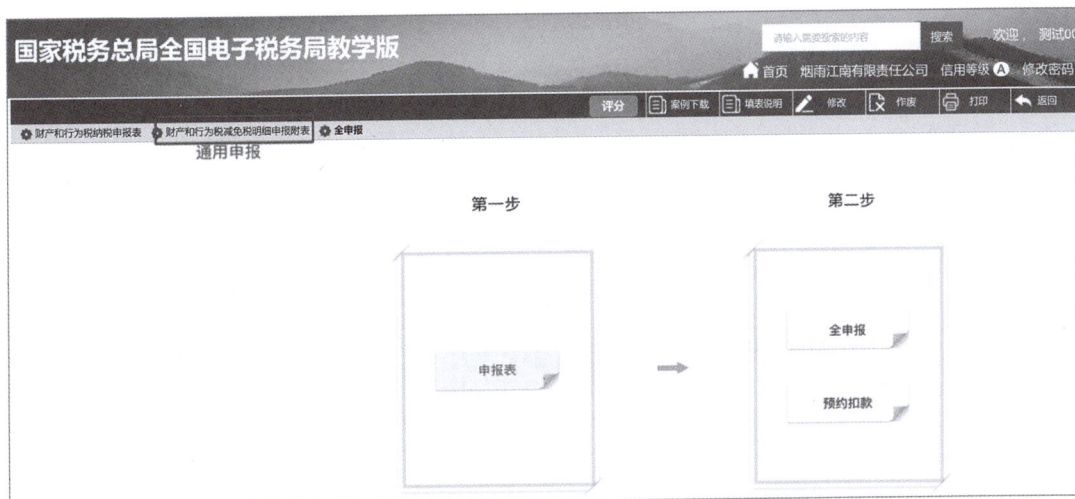

图 6-9 财产和行为税申报登录

(3) 单击"财产和行为税减免税明细申报附表",进入填写界面,依据案例资料,填写土地编号、税款所属期、选择减免税性质代码和项目名称,减免税额。填写完毕单击"提交"按钮,如图6-10所示。

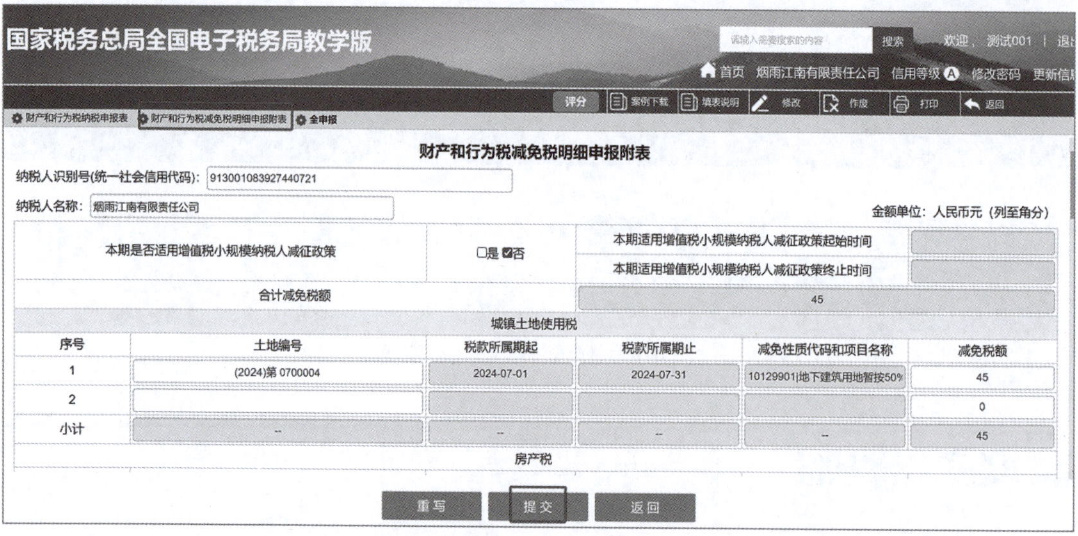

图 6-10　财产和行为税减免税明细申报附表

(4) 单击"财产和行为税纳税申报表"按钮,填写税款所属期,其中城镇土地使用税的"计税依据"填写"7.5","税率"填写"12",房产税的"计税依据"填写"35000","税率"填写"0.012",印花税的"计税依据"填写"600000","税率"填写"0.0005"。填写完毕后单击"提交"按钮,如图6-11所示。(备注:城镇土地使用税和房产税从办理权属转移、变更登记手续的次月起征收,因此第二季度需要征收2个月的税款,45/12×2=7.5,600 000×50%×(1-30%)/12×2=35 000)

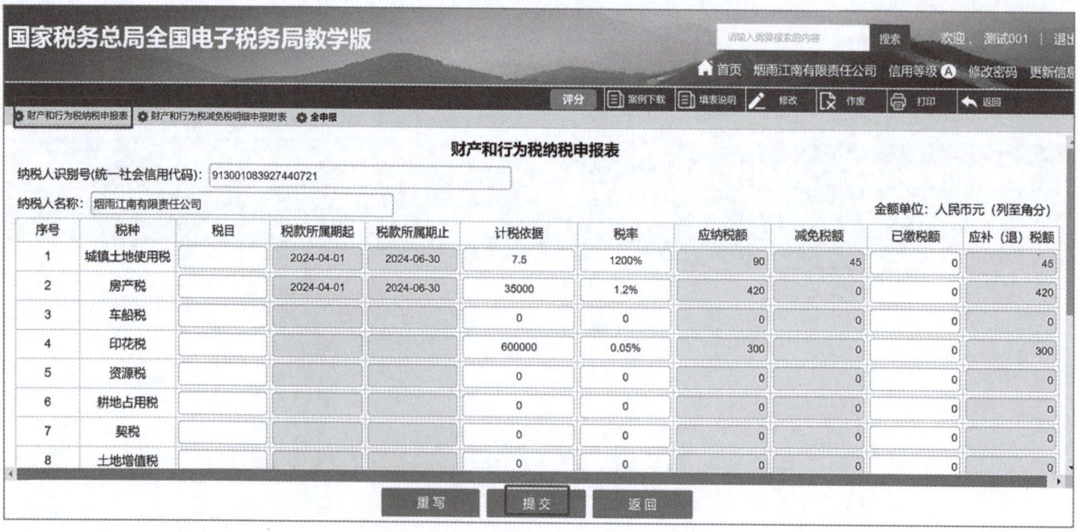

图 6-11　财产和行为税纳税申报表

实战演练:

公司名称:杭州速快物流有限公司

纳税人识别号：×××××××××

所属行业：物流业

纳税人资格：一般纳税人

企税核定类型：查账征收

企业所得税申报期限：月季

纳税信用等级：A

纳税人状态：正常

登记日期：2018 年 06 月 20 日

法定代表人：桑天浩

身份证件号码：××××××××××

经济性质：有限责任公司

注册资本：500 万元

会计准则：一般企业会计准则

开户银行：杭州银行钱江支行

银行账号：××××××××××

注册地址：杭州市滨江区长河街道华星创业 B 座 205

电话号码：0571-××××××××××

生产经营地址：杭州市滨江区长河街道华星创业 B 座 205

生产经营范围：运输、储存保管、装卸搬运、包装、流通加工等(依法须经批准的项目，经相关部门批准后方可开展经营活动)

会计核算软件：亿企代账

记账本位币：人民币

会计档案存方地：公司档案室

会计政策和估计是否发生变化：否

固定资产折旧方法：年限平均法

存货成本计价方法：先进先出法

所得税计算方法：资产负债表债务法

主管税务机关：国家税务总局杭州市滨江区税务局

是否出口退税企业：否

业务资料：

杭州速快物流有限公司20×3年拥有面积为10 000平方米的土地使用权，其中9 000 平方米为大宗商品仓储设施占地，该设施 90%自用，10%出租；1000 平方米为该企业管理服务设施占地。当地城镇土地使用税标准为每平方米12元。(经税务机关核定，该土地为应税土地，土地等级为一等级，宗地地号：杭政储出〔2019〕25号)

注：对物流企业自有的(包括自用和出租)大宗商品仓储设施用地，减按所属土地等级适用税额标准的50%计征城镇土地使用税。物流企业的办公、生活区用地及其他非直接从事大宗商品仓储的用地，不属于优惠范围，应按规定征收城镇土地使用税。

要求：请进行杭州速快物流有限公司 20×3 年城镇土地使用税的申报。

参考文献

[1] 崔婕. 会计 出纳 税务 财务报表 从入门到精通[M]. 北京：清华大学出版社，2024.

[2] 王红，卿玲丽. 纳税申报实训[M]. 北京：中国人民大学出版社，2022.

[3] 梁文涛，苏杉. 纳税申报实务[M]. 北京：清华大学出版社出版，2025.

[4] 何炳荣，李高齐. 企业纳税申报与筹划实务[M]. 北京：清华大学出版社，2024.

[5] 包红霏，贾婷婷，杨丽娜. 会计 出纳 做账 纳税申报 财务岗位实用手册[M]. 北京：中华工商联合出版社，2023.

[6] 中国注册会计师协会. 税法[M]. 北京：中国财政经济出版社，2025.

[7] 曹越，谭光荣，唐明. 税法[M]. 北京：中国人民大学出版社，2024.

[8] 高萍. 税法[M]. 北京：北京大学出版社，2025.